Bildung und Lernen im Zeichen der Nachhaltigkeit

Konzepte für Zukunftsorientierung, Ökologie und soziale Gerechtigkeit

Das Hören ist ein Sehen oder wider die Passivität

Das „begleitende Zeichnen“ (zu Veranstaltungen) entstand zunächst als Konzentrationshilfe und Gedächtnisstütze in jahrelanger Praxis – beide Gehirnhälften sind aktiviert. Die Wahrnehmung ist ganzheitlich – es finden harmonische oder aggressive Tendenzen, Ordnung oder Unstrukturiertheit des Erlebten ihren Ausdruck und hinterlassen Spuren. Mit der Zeit entwickelt die zeichnende Hand ein gewisses Eigenleben und bedient sich eines erarbeiteten Repertoires.
Es entstehen so bei Seminaren oder Vorträgen Stenogramme mit persönlichen Kürzeln und Chiffren, mitunter gegenständlich, gelegentlich karikierend. Als Projektionsflächen dienen meist Landschaftskulissen. Anlaß oder Einstiegsmotiv in die Arbeit kann Auffallendes oder Irritierendes in Diktion oder Inhalt, Gestik des Vortragenden sein. Als Beispiel mag die Zeichnung „Alphabet“ auf Seite 127 dienen. Ein Flipchart zu Beginn einer Seminarveranstaltung, beschrieben mit einem „militärisch“ angeordneten Alphabet wirkte störend, also wurden die isolierten Buchstaben miteinander verknüpft und vernetzten sich zu einer Einheit – „Kontext“ entstand. Notabene: Es finden sich alle Buchstaben des Alphabets wieder.

Anmerkungen des Künstlers
Hans Huber zu den Zeichnungen vor den Kapiteln

Wolfgang Beer, Jobst Kraus,
Peter Markus, Roswitha Terlinden (Hrsg.)

Bildung und Lernen im Zeichen der Nachhaltigkeit

Konzepte für Zukunftsorientierung, Ökologie und soziale Gerechtigkeit

WOCHEN
SCHAU
VERLAG

Die Deutsche Bibliothek – CIP-Einheitsaufnahme
Bildung und Lernen im Zeichen der Nachhaltigkeit :
Konzepte für Zukunftsorientierung, Ökologie und
soziale Gerechtigkeit / Wolfgang Beer ... (Hrsg.).
– Schwalbach/Ts. : Wochenschau-Verl., 2002
ISBN 3-87920-073-4

Information:www.wochenschau-verlag.de

UMWELT STIFTUNG
DEUTSCHE
BUNDESSTIFTUNG
UMWELT

Diese Publikation wurde durch die Unterstützung der Deutschen Bundesstiftung Umwelt, Osnabrück, ermöglicht.

Redaktion: Wolfgang Beer
Umschlag: Ohl Design
Die Zeichnungen wurden von Hans Huber während der Seminare angefertigt und für diesen Band zur Verfügung gestellt.

Gedruckt auf chlorfreiem Papier
Printed in Germany
ISBN 3-87920-073-4

Inhaltsverzeichnis

Vorwort

1992 kamen in Rio de Janeiro Verantwortliche aus der ganzen Welt zusammen zur Konferenz für Umwelt und Entwicklung. Das Leitbild einer nachhaltigen Entwicklung wurde als internationale Strategie befürwortet und die Agenda 21 als Aktionsprogramm bekannt gegeben. Der Weg dorthin war lang, seit 1974 der Club of Rome erstmals die „Grenzen des Wachstums“ aufgezeigt hat.

Nachhaltigkeit ist seitdem in aller Munde: In Parteiprogrammen, lokalen Agenda-21-Büros, ja, es gibt sogar einen Rat für Nachhaltige Entwicklung, der vom Bundeskanzler einberufen wurde. Im kommenden Jahr soll, zehn Jahre nach Rio, in Johannesburg überprüft werden, auf welche Weise die Nationen die Beschlüsse umgesetzt haben.

Wie aber findet nachhaltige Entwicklung statt, welche Form von Bildung brauchen wir, um zur Nachhaltigkeit, zu einem nachhaltigen Lebensstil zu ermutigen? Angeblich können nur 13 Prozent der Bevölkerung mit dem Begriff „nachhaltige Entwicklung“ etwas anfangen. Und diejenigen, die ihn kennen, beziehen ihn meistens ausschließlich auf den Umweltschutz. Dabei will Nachhaltigkeit ja gerade die sozialen Fragen, die ökonomischen Herausforderungen und die ökologische Dimension einbeziehen.

Unsere Akademien haben in den vergangenen zwei Jahren, allerdings nicht erst seitdem (!), mit Förderung der Bundesstiftung Umwelt ein Projekt durchgeführt: Nachhaltige Entwicklung und Bildung. Ich freue mich darüber, dass die Ergebnisse der insgesamt vier Tagungen nun in einem Band vorliegen. Evangelische Akademien sind immer wieder Orte für den öffentlichen Diskurs, für manchen ein dritter Ort, an dem verschiedene Aspekte zusammenkommen können. Zum vorliegenden Thema könnten Akademien regelrecht als Agenturen der Nachhaltigkeit bezeichnet werden. Aus theologischer Sicht ist Nachhaltigkeit bereits im Schöpfungsbericht angelegt. Die Erde ist zu bebauen und zu bewahren, Menschen sind Haushälterinnen und Haushalter Gottes, sie sind rechenschaftspflichtig für ihr Tun und Lassen. Insofern hat das Konzept der Nachhaltigkeit als säkulare Fassung der Schöpfungsbewahrung einen ethischen Anspruch, der Orientierung gibt in den großen Fragen nach der Zukunft.

Ich freue mich, dass mit dem vorliegenden Band ein Impuls gegeben wird, der sowohl die Widerstände und manchmal auch Widersprüche aufgreift, als auch Impulse für die nachhaltige Entwicklung sowie das Lernen von Nachhaltigkeit gibt. Ganz deutlich ist, dass Kommunikation von zentraler Bedeutung sein wird, wenn Nachhaltigkeit Kurs bestimmend werden soll.

So hoffe ich auf eine nachhaltige Lektüre!

Margot Käßmann (Landesbischöfin)

Wolfgang Beer

Einführung zum Buch

Seit der Konferenz für Umwelt und Entwicklung in Rio de Janeiro 1992 ist der Begriff „Nachhaltige Entwicklung“ zwar nicht in aller, aber doch in vieler Munde – und das weltweit. Nachhaltigkeit ist zu einem der Zauberworte der gegenwärtigen politischen und gesellschaftlichen Diskussion geworden. Nachhaltig ist alles oder soll es werden, gleich ob es sich um öffentliche Haushalte, Rentenreform, Sicherheitspolitik, Arbeitsmarktentwicklung oder die Umweltpolitik handelt. Die politische Rhetorik hat den Begriff okkupiert. Das macht das Schlagwort bekannt – aber es verwässert das Konzept, nicht selten bis zur Unkenntlichkeit. Ähnlich wie ein anderes Zauberwort an der Jahrtausendwende, die „Globalisierung“, als nur selten seriös definierte Begründung für die unterschiedlichsten ökonomischen und sozialen Zumutungen und Zwänge herhalten muss, steht die „Nachhaltigkeit“ für Verantwortungsbewusstsein und Zukunftssicherung. Der Anstoss, den die Verantwortlichen der Welt 1992 mit der Strategie der nachhaltigen Entwicklung geben wollten, nämlich ein konsequentes Zusammendenken von Umwelt und Entwicklung in globaler Perspektive, diese wirklich bahnbrechende Initiative gerät in den Wolkengebirgen eines medienorientierten Populismus nur allzuschnell aus dem Blick.

Wenn man das Nachhaltigkeitskonzept in seinen beiden zentralen Komponenten, der ökologischen Ressourcenschonung und der Verteilungsgerechtigkeit, ernst nimmt und die geographische und zeitliche Reichweite einbezieht, so wird deutlich, welche Chancen in diesem Ansatz liegen – aber auch, welche enorme Aufgabe und Neuorientierung er darstellt. Mit dem Nachhaltigkeitskonzept hat sich ein Ansatz als politische Zielprojektion durchgesetzt, der drei zentrale Veränderungsdimensionen im Vergleich zur Ökologie- und Entwicklungsdebatte der 70er- und 80er-Jahre aufweist:

Der Ansatz der Nachhaltigkeit verknüpft die Sicherung der ökologischen Lebensgrundlagen der Menschheit mit der internationalen Verteilungsgerechtigkeit in ökonomischer, sozialer und ökologischer Perspektive. Gleichzeitig ist der Nachhaltigkeitsansatz global angelegt und bezieht explizit die Lebenschancen zukünftiger Generationen ein: Er weist also eine umfassende geographische und zeitliche Dimension auf.

Das Nachhaltigkeitskonzept ist nicht begrenzt auf die Vermeidung ökologischer Bedrohungsszenarien und Zerstörungen, sondern ist ein komplexes Entwicklungskonzept, das die zentralen gesellschaftlichen Bereiche – Ökonomie, Wissenschaft und Technik, Politik und kulturelles Selbstverständnis – zusammenführt. Es zielt als umfassendes Paradigma auf eine grundlegende Umorientierung in den genannten Bereichen und wird somit zu einer neuen Kultur – und dies in globaler Perspektive.

Beim Nachhaltigkeitsparadigma handelt es sich nicht um einen gesellschaftlichen Utopieentwurf ökologisch orientierter und entwicklungspolitisch engagierter Minderheiten, sondern um offizielle Ziele der Regierungspolitik in der internationalen Gemeinschaft. Dies ist bei aller Widersprüchlichkeit, Halbherzigkeit und Inkonsequenz in der Umsetzung der einzelnen Schritte, zum Beispiel in der Klimapolitik, eine zentrale qualitative Veränderung.

Das Nachhaltigkeitskonzept als politische Strategie für eine zukunftsfähige globale Entwicklung weist vier Metaziele auf, die einerseits miteinander verknüpft und andererseits jeweils einzeln in viele Schritte der Konkretion zerlegt werden müssen:

- Vorsorge, d.h. die absolute Reduzierung des Verbrauches an Stoffen, Energie und Fläche im globalen Maßstab;
- Verteilungsgerechtigkeit, d.h. die Verbesserung der Lebensbedingungen der notleidenden Menschen vor allem – aber nicht nur – in den Armutsregionen der Erde;
- Verhandlungsstrategien, d.h. die Entwicklung eines politischen Diskurses, der innergesellschaftlich und international trag- und konsensfähige politische Handlungskonzeptionen für eine nachhaltige Entwicklung ermöglicht;
- Vermittlungsarbeit, d.h. Bewusstseinsbildung vor allem – aber nicht nur – in den reichen Industrieregionen für einen kulturellen Wandel im Sinne einer ökologisch-nachhaltigen Orientierung.

Der letzte Punkt der Vermittlungsarbeit und Bewusstseinsbildung verweist darauf, dass das Nachhaltigkeitskonzept eine immense Bildungsaufgabe beinhaltet. Die ihm innewohnende Umorientierung kann nicht administrativ oder durch gesellschaftliche Eliten angeordnet werden, sondern muss von der Mehrheit der Menschen mitgetragen und umgesetzt werden.

Die beiden Komponenten nachhaltiger Entwicklung, ökologische Ressourcenschonung und globale Verteilungsgerechtigkeit erfordern ein grundlegendes Umdenken, eine Veränderung von Lebensstilen, Produktionsformen und Konsumverhalten. Damit stellt der Leitwert der nachhaltigen Entwicklung eine zentrale Bildungsaufgabe in Schule, Jugend- und Erwachsenenbildung dar. Die Strategie der nachhaltigen Entwicklung und das Aktionsprogramm der Agenda 21 sind Bildungs- und Lernherausforderungen allerersten Ranges. Zudem bieten sie für die einzelnen Menschen wie für die Gesellschaft ungeheure Lern- und Entwicklungschancen, die es zu vermitteln und wahrzunehmen gilt. Das Konzept der Nachhaltigkeit eröffnet und erfordert große Gestaltungspotenziale in den Bereichen Wissensentwicklung und -management, Bildungsverständnis und -organisation, Lernformen und -arrangements. Die Innovationschancen und -notwendigkeiten beziehen sich dabei auf die Bildungsinhalte ebenso wie auf die unterschiedlichen Bildungseinrichtungen, auf die Lehrenden gleichermassen wie auf die Lernenden, auf die Träger von Bildungs- und Lernorten ebenso wie auf deren Förderer.

Dem hier deutlich werden Zusammenhang von „Nachhaltiger Entwicklung und Bildung" war ein Tagungsprojekt gewidmet, welches die Evangelischen Akademien in Deutschland (EAD) e.V. mit Unterstützung der Bundesstiftung Umwelt 1999 und 2000 durchgeführt haben. Mit den vier Tagungen des Projektes sollte die bundesweite Verbreitung neuer Erkenntnisse und Erfahrungen zum Verhältnis von Nachhaltigkeit und Bildung ermöglicht werden. Dabei wurden die akademietypischen Zugangsmöglichkeiten und Arbeitsweisen zur Ansprache neuer Zielgruppen einerseits und für die Zusammenführung sehr unterschiedlicher Akteure andererseits genützt. Die Absicht war dabei, dass die Teilnehmenden als Multiplikatoren die erarbeiteten und diskutierten Erkenntnisse und Ideen in ihre Tätigkeitsfelder vor Ort in den Regionen und Institutionen weitertragen. Im Rahmen des Projektes wurde diskutiert, wie Nachhaltigkeit auf verschiedenen Ebenen und in unterschiedlichen Bereichen weiterentwickelt werden kann. Dabei lag ein Schwergewicht auch auf der Vorstellung und Diskussion von Methoden und Ansätzen für neue Verhaltens- und Handlungsperspektiven in der Bildung und in der „nachhaltigen Lebenswelt". Schließlich waren bezogen auf unterschiedliche institutionelle Kontexte auch Gegenstand der Erörterungen die Analyse, Reflexion und Perspektive der politischen, gesellschaftlichen, bildungs- und förderungspolitischen Rahmenbedingungen nachhaltiger Bildungsansätze und -arbeit.

Die folgenden vier Tagungen des Projektes fanden zwischen Mai 1999 und Oktober 2000 statt:

- *Zukunftsfähige Gesellschaft und innovative Bildung*
  Pädagogische Konzepte zur Förderung einer nachhaltigen Entwicklung
  Evangelische Akademie Iserlohn
- *Landschaftsplanung und Bürgerbeteiligung*
  Vom ökologischen Wissen zum verantworteten Planen
  Evangelische Akademie Hofgeismar
- *Nachhaltigkeit als Dorf- und Stadtgespräch*
  Bildungs- und Öffentlichkeitsarbeit in lokalen und regionalen Agenda 21-Prozessen
  Evangelische Akademie Bad Boll
- *Nachhaltig bilden*
  Nachhaltige Bildung als Gesamtrahmen einer neuen Lernkultur
  Evangelische Akademie Tutzing

Der vorliegende Band ist nun keine Dokumentation dieser Tagungen des Projektes, sondern greift Beiträge und Ergebnisse auf, die gebündelt und zueinander in Beziehung gesetzt das Verhältnis von nachhaltiger Entwicklung und Bildung auf die verschiedenen Ebenen in beiden Bereichen beziehen. Es ist der Versuch, Grundlagen einer Nachhaltigkeitsbildung einerseits aufzuzeigen und andererseits die Chancen und Aufgaben darzustellen, die der Nachhaltigkeitsansatz insgesamt für die Bereiche Bildung und Wissen eröffnet. Dementsprechend ist die Gliederung des Bandes nicht an den Tagungen ausgerichtet, sondern greift grundsätzliche und praktische Aspekte der beiden Bezugsfelder auf.

So wird im ersten Kapitel zunächst gefragt, inwieweit die „Nachhaltigkeitsbildung“ mehr ist als eine weitere Bindestrichpädagogik, vergleichbar mit Medienpädagogik, Sexualpädagogik, Entwicklungspädagogik, Umweltpädagogik, interkultureller Pädagogik, Ausländerpädagogik, Elternbildung, Mädchenbildung, Seniorenbildung ... Handelt es sich bei der Nachhaltigkeit um einen zusätzlichen Problem- oder Zielgruppenbereich, dem nun seine eigene Pädagogik mit demnächst eigenen „Nachhaltigkeitspädagogen“ zugeordnet wird, oder wohnt dem Nachhaltigkeitskonzept eine spezifische innovative und strukturierende Qualität inne? Die einzelnen Beiträge des Eingangsteils vermitteln aus unterschiedlicher Perspektive, dass das Nachhaltigkeitskonzept mit dem Einstieg in ein lebenslanges Lernen im Sinne eines selbstorganisierten und kontinuierlichen Verbesserungsprozesses gekoppelt ist und somit zum Innovationsfaktor für die Umgestaltung der unterschiedlichen Bildungsfelder und Lernorte wird. Es werden Motivations- und Reflexionshilfen, aber auch konkrete Gestaltungsanregungen und -strategien angeboten für die Umgestaltung unseres an den Standards der Wettbewerbs- und Konsumgesellschaft orientierten pädagogischen Systems. Es wird deutlich, dass umfassende Um-Orientierungs- und Lernprozesse hin zu einer neuen Sozialkultur gesellschaftlicher Eigeninitiativen notwendig sind, die die Vermittlung von fächer- und länderübergreifenden Zusammenhängen voraussetzt. Retinität im Sinne einer „Gesamtvernetzung“ wird vor diesem Hintergrund zum Leitbegriff.

Im zweiten Kapitel wird den erweiterten Dimensionen des Nachhaltigkeitskonzeptes in ihrer Auswirkung auf die Bereiche Bildung und Wissen nachgegangen. Ausgehend von einem Paradigmenwechsel vom traditionellen Fortschrittsparadigma zum Nachhaltigkeitsparadigma fragen die Autoren, nach den Folgen für die „Gestaltungskompetenz“ in der Wissensgesellschaft, nach einer veränderten Orientierung in der politischen Bildung und nach der zunehmenden Bedeutung nichtformaler Qualifikationen. Dabei wird deutlich, dass das Nachaltigkeitspostulat veränderte Anforderungen an die Wissensbestände von Individuen und Gesellschaft stellt, auch zu einem neuen Verständnis von Allgemeinwissen führt. Die Umsetzung des Nachhaltigkeitsansatzes in die Wirklichkeit der Lebensstile und -gefühle der Menschen weist den Weg zu einer neuen kulturellen Orientierung der Gesellschaft mit veränderten, auf die Leitziele ökologische Ressourcenschonung und Verteilungsgerechtigkeit bezogenen Werten. Der angedeutete Paradigmenwechsel erfordert ein Ensemble nichtformaler Qualifikationen, die u.a. zu beschreiben sind als transdisziplinär und transsektoral verknüpfte Expertise, Partizipationsfähigkeit und Konvivenz. Insgesamt beschreiben die Beiträge des 2. Kapitels Horizonterweiterungen, veränderte Sichtweisen, neue Leitbilder und Verknüpfungen, die sich für das Verständnis von und den Umgang mit Wissen und Bildung aus dem Nachhaltigkeitsparadigma ergeben und somit auch die paradigmatische und konzeptionelle Diskussion um Wissensverständnis und -definition, um Lern- und Bildungsprozesse beeinflussen und zumindest partiell neu strukturieren.

Die nächsten beiden Kapitel beschäftigen sich mit praktischen Erfahrungen nachhaltigen Lernens in unterschiedlichen Kontexten. Zunächst geht es um die lernende Region für eine zukunftsorientierte und damit nachhaltig wirkende Entwicklung. Dieser Prozess muss in konkreten Aktionsfeldern mit konkreten Akteuren, Optionen und Zielen initiiert und organisiert werden. Bildungseinrichtungen in unterschiedlichen Feldern können Initiatoren und Promotoren regionaler Lern- und Handlungsinitiativen sein, bevor diese zu einem sich selbst tragenden Prozess werden können. Die nachhaltige Entwicklung einer Region ist in wesentlichen Bereichen eine Bildungsaufgabe. Im dritten Kapitel werden konkrete Ansätze und Erfahrungen, übertragbare Modelle und innovative Projekte nachhaltigen Lernens und Bildens aus Prozessen der Agenda 21, aus dem Natur- und Umweltschutz, dem Unternehmensbereich und der Schule vorgestellt. In diesen Beispielen werden Strategien, Methoden, Qualifikationsanforderungen, Qualitätskriterien und nicht zuletzt die politischen und infrastrukturellen Rahmenbedingungen von Prozessen der lernenden Region deutlich.

Trotz vieler Versuche und Strategien, die Nachhaltigkeitsidee, den Anspruch und die Zielsetzung von Agenda-21-Prozessen bürgernah und anschaulich darzustellen, trotz aller Bemühungen vieler Engagierter bleibt die Resonanz oft gering, erreicht auf jeden Fall nicht das gewünschte und notwendige Ausmaß. Es erweist sich als ausgesprochen schwierig, Nachhaltigkeit zum Dorf- und Stadtgespräch zu machen. Liegt es an den „Bleiwüsten“ der Gestaltung von Materialien, am „Moralin“ in den einschlägigen Appellen zum Umdenken oder an der mangelnden Attraktivität des Angebotes an Risiko- und Katastrophenszenarien: Das mangelnde Engagement und die offenbar fehlende Motivation der Vielen trotz durchaus vorhandenen Problembewusstseins lässt die Wenigen, die besorgt und aktiv sind, oft verzweifeln. Die Beiträge des vierten Kapitels spüren den möglichen Formen, Ansätzen und übertragbaren Beispielen eines Sozialmarketings für die Nachhaltigkeit als ergänzende Form zum Bildungsangebot nach. Die Autorinnen und Autoren wollen auf die kommunikative Seite des Nachhaltigkeitsprozesses aufmerksam machen und bieten konzeptionelle Grundlagen und erfolgreiche Praxiserfahrungen an. Nachhaltigkeit soll Spaß und nicht nur schlechtes Gewissen machen, soll Gewinn- und nicht nur Verzichtsperspektiven eröffnen, soll als zukunftsweisende Erfolgsstory erlebt werden statt als Katastrophenabwehr.

Um die Einführung des Nachhaltigkeitsgedankens in das Selbstverständnis und den Alltag von Bildungseinrichtungen und um Nachhaltigkeit als Qualitätskriterium für Bildungsangebote und -anbieter geht es im letzten Kapitel des Bandes. Vor dem Hintergrund einer zunehmenden Ökonomisierung auch des öffentlichen und öffentlich geförderten Bildungswesens wird diskutiert, inwieweit Nachhaltigkeit mit ihren beiden Leitwerten zu einem unverzichtbaren Kriterium im Qualitätsentwicklungsprozess von Bildungseinrichtungen werden kann. Die Akteure in vielen Bildungseinrichtungen stehen angesichts auch zunehmend notwendiger Marketinganstrengungen im Hinblick auf Teilnehmergewinnung und Akquisition von Fördermitteln vor der Notwendigkeit, ein eigenes Profil zu entwickeln und zu pflegen. Hier kann Nachhaltigkeit als gesellschaftliche Aufgabe und als imagebildender Leitwert den Eingang in Bildungskonzeption, Programmangebot und Selbstdarstellung einer Einrichtung finden. Die Beiträge des Abschlusskapitels beschreiben Nachhaltigkeit als Maßstab in völlig unterschiedlichen Kontexten und aus sehr verschiedenen Sichtweisen: Nachhaltigkeit als Kriterium für die Förderung von Projekten zur Umweltkommunikation und -bildung durch die Bundesstiftung Umwelt; Nachhaltigkeit als Qualitätskriterium für die Organisation und das Angebot von Volkshochschulen und aus dem Blickwinkel des Politikers auf Akademien als Kompetenzzentren für Nachhaltigkeit.

Die Beiträge dieses Bandes beleuchten anhand unterschiedlicher Zugänge das vielfältig verwobene Beziehungsgeflecht zwischen dem Nachhaltigkeitskonzept und seiner Einführung und Umsetzung in Bildungsbereich und Wissensmanagement. Dies bezieht sich auf die deutsche Situation und die vergleichbarer Industrienationen. Aus dem Blickwinkel der nachhaltigkeitsbezogenen Bildungsanforderungen eines asiatischen, afrikanischen oder lateinamerikanischen Landes würde sich diese Diskussion naturgemäß sehr anders darstellen. Es wäre sicher sehr viel weniger von ökologischem Gleichgewicht in z.B. der Verkehrs- und Infrastrukturplanung die Rede als z.B. von akutem Wassermangel, dem zu teuren Saatgut und der Ungerechtigkeit des Welthandels. Dieser Seitenblick auf die Differenz zwischen dem nördlichen und dem südlichen Nachhaltigkeitsdiskurs verweist auf eine Gefahr, in der die Nachhaltigkeitsdiskussion inklusive der Agenda-21-Prozesse bei uns steht und zeigt gleichzeitig eine ebenso wichtige wie oft schwierige Aufgabenstellung von Nachhaltigkeitsbildung auf: darauf zu achten, dass nicht einseitig die ökologische Komponente des Nachhaltigkeitskonzeptes betont und gefördert wird. Neben dem Ziel der ökologischen Ressourcenschonung muss auch das unverzichtbar gleichwertige Ziel der sozialen, internationalen und intergenerativen Verteilungsgerechtigkeit Eingang finden in die Leitbilder, Programme, Handllungs- und Organisationsstrukturen von Bildungseinrichtungen. Hier gilt es auch und gerade im Bildungsbereich dem Defizit, das in der politischen Diskussion in den Industrienationen generell, aber auch in vielen Agenda-21-Prozessen zu beobachten ist, entgegenzuwirken. Die aufgrund von fehlenden Betroffenheitszusammenhängen und begrenzten Handlungsmöglichkeiten vor allem im Bereich der internationalen Gerechtigkeit nachvollziehbare, wenn auch nicht akzeptable Überbetonung des Ökologieaspektes gefährdet den Erfolg des Nachhaltigkeitskonzeptes insgesamt: Seine globale Wirksamkeit kann es nur entfalten, wenn Ressourcenschonung und Verteilungsgerechtigkeit gleichberechtigt und konsequent aufeinander bezogen werden. Gerade in der Zusammenführung von Ökologie und Gerechtigkeit liegt die großartige Chance des Nachhaltigkeitsansatzes: lokal und global, aktuell und bezogen auf die kommenden Generationen. Gerade in der Betonung und Vermittlung dieses Zusammenhanges bestehen Aufgabe und Chancen einer auf nachhaltige Entwicklung bezogenen Bildung.

Absicht des Projektes „Nachhaltige Entwicklung und Bildung" und damit auch dieses Bandes ist es, den Nachhaltigkeitsgedanken als Gestaltungschance im Bildungsbereich weiter zu verankern, Beiträge zur Konzeptionsdiskussion und zur konkreten Praxis zu leisten. Wissen, Lernen und Bildung sind zentrale Voraussetzungen auf dem Weg zu einer nachhaltigen Gesellschaft. Deshalb wird die Diskussion um eine Nachhaltigkeitsbildung, die keine neue Bindestrichpädagogik, sondern strukturelles Gestaltungselement und Leitbild zugleich ist, weitergehen ebenso wie die Praxis nachhaltigen Lernens als eine hoffentlich immer wieder überraschende und stets auf Neue zu beginnende Suchbewegung.

Bedanken möchte ich mich – auch im Namen der Mitherausgeberin und Mitherausgeber Roswitha Terlinden, Jobst Kraus und Peter Markus – bei der Deutschen Bundesstiftung Umwelt für die erhaltene Förderung und die kooperative Zusammenarbeit. Ebenso bei den Autorinnen und Autoren dafür, dass sie uns ihre Beiträge zur Verfügung gestellt haben und schließlich beim Wochenschau Verlag für die Lektorierung und verlegerische Betreuung.

Wir hoffen, dass die Beiträge dieses Bandes Ihnen als Leserinnen und Lesern Anregungen, Impulse und Ideen geben bei Ihrer Suche auf dem Weg zu einem nachhaltigen Lernen und in eine nachhaltige Gesellschaft.

Kapitel I

Mehr als eine neue Bindestrichpädagogik?

Zur Bildungsdiskussion um das Zauberwort Nachhaltigkeit

Roswitha Terlinden

Einführung: Mehr als eine neue Bindestrichpädagogik?

Zur Bildungsdiskussion um das Zauberwort Nachhaltigkeit

Einführung

Zwischen der gesellschaftspolitisch erkannten Relevanz und den Maßnahmen und Umsetzungen nachhaltiger Bildung gibt es offensichtliche Lücken.

Jede Innovation, also auch das Leitbild der Nachhaltigkeit, muss sich in einer Gesellschaft durchsetzen, die auf vorhandene Muster ausgerichtet ist. Für Bildungsprozesse beinhaltet dies Fähigkeiten, die noch nicht und nie ganz durch formal definierbare Qualifikationen gewährleistet werden. In der Dynamik moderner Wissensgesellschaften liegt es an allen Trägern des gesellschaftlichen Zusammenlebens, eine Kultur des Wandels zu entwickeln. Diese ist u.a. gekennzeichnet durch Fehler-Freundlichkeit und die Bereitschaft, Störungen und Unterbrechungen als Chance zu sehen.

„Die klassische Thematisierung ökologischer Probleme steckt in der Krise. Ihre Akzeptanz in schulischer und außerschulischer Bildung sowie in der Erwachsenenbildung nimmt ab, ihr Anteil ist auf etwa ein bis zwei Prozent zurückgegangen. Als „Bindestrich-Pädagogik" droht sie, auf der Strecke zu bleiben. Es gibt keinen Mangel an umweltpolitischen Absichtserklärungen, Initiativen oder Programmen, aber zwischen Anspruch und Wirklichkeit der Umweltbildung klaffen große Lücken" (Prof. Dr. Markus Vogt, Clearingstelle Kirche & Umwelt in seinem Beitrag *Zukunftsinvestition Bildung. Ethische und pädagogische Impulse der Agenda 21*).

Bei der Verknüpfung von Bildungsdiskussion mit dem Nachhaltigkeitsbegriff muss zunächst eine Präzisierung des Bedeutungsschwerpunktes erfolgen. Paradoxe Phänomene – lebenslanges Lernen ist als bildungspolitisches Leitbild gefordert, die Inhalte werden aber immer kurzfristiger – konfrontieren mit der Problematik einer „fast-food"-Bildung. Vor diesem Hintergrund entwickelt sich die Diskussion darüber, wie die Erkenntnis, dass nachhaltige Bildung als Gesamtrahmen einer neuen Lernkultur zu verstehen ist, in den bildungspolitischen und bildungspraktischen Bereich diffundiert werden kann.

So kommen in den Beiträgen dieses Kapitels Lernziele, didaktische Ansätze, Methoden, organisatorische Maßnahmen und Strukturen des außerschulischen Bildungskonzeptes notwendigerweise auf den Prüfstand.

Im ersten Beitrag *Von der Nachhaltigkeit zur Forderung von Nachhaltigkeit, oder: Vom Beten zum Lernen* definiert Karlheinz A. Geißler Zukunftsgestaltung als den gemeinsamen Nenner der beiden Konzepte „Nachhaltigkeit" und „Bildung".

In einem historischen Rückblick setzt er die Lerngeschichte in Bezug zum gesellschaftlichen Wandel und der Veränderung religiöser Traditionen – versinnbildlicht in der Formel „Von der Zeit Gottes zu den Zeiten der Individuen".

Die „abstrakter" gewordenen „Heiligen" – Flexibilität, Mobilität und Globalisierung – zwingen zu lebenslangen Lernprozessen. Lebenslanges Lernen ist in unserer Gesellschaft zum neuen Integrationsmedium geworden. Nachhaltige Bildung fördere aktives, subjektorientiertes Bildungsverhalten, sichere soziale Gerechtigkeit beim Zugang zu den Lernmöglichkeiten, verteidige aber auch das Recht, „ohne soziale Diskriminierung auf das Lernen verzichten zu können."

Antworten auf die schwierige Frage *Warum kommt die Nachhaltigkeitsdiskussion so schwer in Gang?* entwickelt Heike Leitschuh-Fecht. Sie problematisiert den inflationären Gebrauch des Begriffs Nachhaltigkeit. Die erfreuliche Nebenwirkung, dass dieses Leitbild „sprachlich in den Alltag diffundiert ist" offenbare zugleich die zentrale Schwäche des derzeitigen Nachhaltigkeitsansatzes: interessengebundene Uminterpretationen geraten in Widerspruch zur Leitidee. Vor allem die Aktivitäten der Lokalen Agenda Prozesse bedürften politisch kohärenter nationaler Nachhaltigkeitsstrategien. Nachhaltigkeit als gesellschaftspolitisches Konzept durchzusetzen, setze eine Politisierung der Debatte voraus.

An den Schnittstellen von Ökonomik und Pädagogik setzt Gerhard Pfister in seinem Beitrag *Nachhaltigkeit und Humanressourcen – Sind Eigennutz und „Nachhaltigkeitsgesinnung" ein Widerspruch?* an. Nachhaltige Entwicklung in der Definition der Ökonomik behauptet im Gegensatz zur ökologischen Sichtweise die Ersetzbarkeit der natürlichen Umwelt. Die entsprechend gegensätzlichen Perspektiven – Erhalt der von natürlichen Systemen gelieferten bedürfnisbefriedigenden Funktionen vs. Erhaltung der natürlichen Systeme als solche – führt zur Frage nach einer „unendlich nutzbaren" Ressource. Wissen, so Pfister, erhöht die Innovationsfähigkeit der Volkswirtschaft und damit ihre Möglichkeiten, ökologische Knappheiten zu überwinden.

Um die Widersprüche zwischen Eigennutz und Nachhaltigkeit auszuräumen, müsse die Zielorientierung von Pädagogen künftig mehr auf die Vermittlung von Orientierungswissen im Sinne einer Entscheidungshilfe gerichtet sein.

Andreas Fischer unterscheidet in seinem Beitrag *Überwindung von Widerständen: Anknüpfung an und Erweiterung von traditionellen Lehr-Lern-Arrangements* zwischen Makro- (gesellschaftlicher Diskurs), Meso- (Lehr-Lern-Kultur) und Mikroebene (Lehrangebot) als Strukturierungshilfe.

Auch er sieht die Schwierigkeit, dass trotz integrativer Perspektive der ökologischen, sozialen und ökonomischen Dimensionen nachhaltiger Entwicklung unterschiedliche Gewichtungen bei Umweltgruppen/Umweltministerien einerseits und Wirtschaft andererseits den Konsens erschweren. Das instrumentalistisch ausgerichtete ökonomische Interesse an Weiterbildung vernachlässige die vielfältigen Dimensionen von Bildung wie den Objekt- und Subjektebene verknüpfenden Partizipationsgedanken.

Die sowohl im Bildungs- als auch im Beschäftigungssystem verortete Weiterbildung könne sich auf Dauer dem Nachhaltigkeits-Diskurs nicht entziehen. Entscheidend sei, dass die Weiterbildung dies als Chance begreife, um den gesellschaftlichen Wandel proaktiv mitzugestalten.

Aus unterschiedlichen Perspektiven vermitteln die einzelnen Beiträge, dass das Sustainability-Konzept mit dem Einstieg in lebenslanges Lernen im Sinne eines „selbstorganisierten, kontinuierlichen Verbesserungsprozesses“ gekoppelt und somit Innovationsfaktor für die Umgestaltung außerschulischer Bildung und Lernorte ist.

Sie enthalten Motivationshilfen zur notwendigen Umgestaltung unseres pädagogischen Systems, das sich nach wie vor primär an den Standards der Wettbewerbs- und Konsumgesellschaft orientiert.

Die hier geforderte Ausrichtung der gesellschaftlichen Entwicklung am Maßstab der Nachhaltigkeit erfordert, wie gezeigt, umfassende neue Orientierungs- und Lernprozesse. Konkretisiert für den außerschulischen Bereich bedeutet dies, dass eine Bildung, die eine kritische und konstruktive Beteiligung der Öffentlichkeit an politischen Entscheidungsfindungen ermöglichen soll, über die Vermittlung ökospezifischer Kompetenz hinausgehen muss. Sie sollte Sozialkompetenz, Fähigkeiten der öffentlichen Kommunikation, des Umgangs mit den Medien sowie der Organisation von Prozessen der Meinungsbildung, der Konfliktbewältigung und der politischen Mitwirkung vermitteln mit dem Ziel einer neuen Sozialkultur gesellschaftlicher Eigeninitiativen. Eine solchermaßen nachhaltig verortete Bildung setzt die Vermittlung „fächer- und länderübergreifender Querschnittszusammenhänge“ voraus – ihr Leitbegriff ist, wie in den Beiträgen gezeigt wird, „Gesamtvernetzung“ (Retinität).

Karlheinz A. Geißler

Von der Nachhaltigkeit zur Forderung von Nachhaltigkeit oder: Vom Beten zum Lernen

Nachhaltigkeit im Bereich der Bildung, das ist ein Thema, das, wie die Weltkugel auf den Schultern des Atlas, auch mich notwendigerweise kleiner macht, als ich bin.

Was ist nachhaltig, was ist Bildung? Solch strittige Begriffe zu einem Thema zusammenzuschnüren ist eine Zumutung. Das Verständnis beider Begriffe ist höchst umstritten, das der Nachhaltigkeit erheblich kürzer als das der Bildung. Jede gesellschaftliche Gruppe hat eine diesbezüglich eigene Definition und färbt sie gerne nach ihrem Gusto so ein, dass sie sich über die Begriffsdefiniton stärkt – was die Begriffe selbst wiederum schwächt. Über „Nachhaltigkeit" werden umweltpolitische Regelungsperspektiven, demokratische Prinzipien und ethische Forderungen, wie etwa Gerechtigkeit, in Anspruch genommen. Über den Bildungsbegriff alles das, was mit individueller und gesellschaftlicher Entwicklung, mit Zukunftsgestaltung und mit einer gerechten Gesellschaftsordnung zu tun hat. Kurz gesagt: Es geht bei beiden Begriffen – wenn sie ins konkrete Handeln umgesetzt werden sollen – ums gute Leben bzw. um eine Antwort auf die Frage: „Wie wollen und sollen wir in Zukunft leben?" Zukunftsgestaltung ist der gemeinsame Nenner beider Konzepte. Zukunft aber gab es nicht immer, genauso wenig wie Bildungsdebatten und Nachhaltigkeitsdiskussionen. Weil das so ist, liegt es nahe etwas dazu zu sagen, wie wir zu dem Thema „Nachhaltige Bildung" eigentlich gekommen sind.

Lehren und Lernen ist ja aus der Sicht der Lehrenden und auch aus der der Lernenden, an die Erwartung gekoppelt, dass sich im Verhältnis zum gegenwärtigen Zustand in der Zukunft etwas verbessert. Lehren und Lernen setzt also ein Denken voraus, das Zukunft kennt und die Zukunft als aktiv beeinflussbar definiert. „Zukunft", so wie wir sie heute kennen, gab es aber nicht immer, und es wurde mit ihr früher auch ganz anders umgegangen.

Die Zukunft ist eine Erfindung der Neuzeit. Sie hat, wie das Lehren, das Lernen und die Beratung, eine Geschichte. Diese beiden Geschichten haben etwas miteinander zu tun. In relativ groben Strichen gemalt sehen sie folgendermaßen aus:

Bis ins 17./18. Jahrhundert hinein wurde nicht auf eine offene Zukunft hin gelebt und gearbeitet. Die Ereignisse, die Dinge, die geschahen, kamen auf die Menschen zu. Man ertrug oder erwartete sie. Das Alte, so die handlungsbestimmende Vorstellung damals, ist besser als das Neue. Die Zukunft war die Ankunft des Vorherbestimmten. Die Neugier auf das Kommende, die „curiositas", wurde (so z.B. von Augustinus) zu den Lastern gezählt. Sie galt als Makel, nicht als Tugend. Das tödliche Schicksal des Ikarus war bereits in der Antike ein mahnendes Symbol für die unstatthafte Neugierde. Die Vormoderne war die Zeit des Wiederholens, der Weitergabe des Erfahrungswissens von Generation zu Generation in mündlicher Form. Die Hoffnung, die Erwartung orientierte sich in Mitteleuropa dabei an der christlich geprägten Weltsicht und an deren Zeitordnung. Jene, die sich mit der Zukunft beschäftigten, insbesondere waren das Propheten und Weissager, konzentrierten ihre Seherfähigkeiten nicht auf das Unbestimmte und Offene, das, was wir heute Zukunft nennen, sondern auf das Kommende oder das bereits vorab Bestimmte. Dies galt es vorherzusehen oder, wie von den Apokalyptikern präferiert, „vorherzufürchten".

Das antike Orakel ist dafür ein gutes Beispiel. Dieses war kein Ort privater Zukunftsdeutung, sondern eine Stätte, an der die Götter mithilfe eines Mediums die an sie gerichteten Fragen beantworteten. Jene, die sich des Orakels bedienten, waren durch die Geisteshaltung der Erwartung bestimmt, nicht durch die einer aktivitätsorientierten Zukunftsvorsorge. Die Zeit wurde nicht als ein Phänomen verstanden, mit dem disponiert und kalkuliert werden konnte. Man schwamm quasi in und mit der Zeit und ließ sich wie selbstverständlich im Strom der Zeit treiben. Dies jedoch auf engem Raum. Die Welt wurde als das wahrgenommen, was man vom Kirchturm aus sah, und sie endete dort, wo man die Glocken des Kirchturms nicht mehr hören konnte.

In einer solchen Gewissheitsgesellschaft musste nur das gelernt werden, was sicherte, dass alles möglichst so blieb, wie es bereits war. Typisch dafür ist die Formulierung aus der Thorner Zunfturkunde von 1523, die den Fortschritt – das Wort gab es damals noch nicht – verbietet: „Kein Handwerksmann soll etwas Neues erdenken, erfinden oder gebrauchen, sondern jeder soll aus bürgerlicher und brüderlicher Liebe seinem Nächsten folgen und sein Handwerk ohne des Nächsten Schaden treiben." In der Grundhaltung dieses Denkens werden die wirtschaftlichen Interessen den Zwecken des sozialen Friedens untergeordnet. Es ist der ehrliche und nicht, wie heute, der erfolgreiche Kaufmann, der gesellschaftlicher Anerkennung sicher sein kann.

Ein weiterer Beleg, der aus dem Jahr 1784 stammt, zeigt, dass auch noch 200 Jahre später – zumindest im Handwerk – das vormoderne, nicht gerade innovationsfördernde Denken und Handeln geläufige Praxis war. Die Formulierung stammt aus dem „Handbuch für alle Handwerksmeister, Gesellen und Lehrburschen, zur Beförderung der häuslichen Ordnung": „Der Lehrling ist verbunden, alles so zu machen, wie ich ihn anweise, und weder an den Handgriffen noch an der Art und Weise nach seinem eigenen Sinn etwas zu ändern. Auch wenn ein

Geselle bey mir in Arbeit stehet, muß er nicht nach diesem in der Art sich richten, sondern nach mir; weil ich sein Herr und Meister bin, der besser als der Geselle wissen muß, was zur Arbeit gehöre. Sollte es sich jedoch treffen, daß ein Geselle im Arbeiten eine wirklich brauchbare Manier an sich hätte, so werde ich dieselbe dem Lehrburschen selbst beybringen und empfehlen, indem er über das bessere und schlechtere noch nicht selbst urtheilen kann; erwartet er diese nicht, so werde ich es als strafbare Verachtung seines Lehrherrn auslegen" (zitiert nach Stratmann, K.: Die gewerbliche Lehrlingserziehung in Deutschland. Modernisierungsgeschichte der betrieblichen Berufsbildung. Band 1: Berufserziehung in der ständischen Gesellschaft. Frankfurt/M. 1993, S. 231).

Neues lernen wurde zu dieser Zeit, in der die übliche Antwort auf die neugierige Frage, wie etwas zu tun sei, stets mit „so wie immer schon" beantwortet wurde, nicht verlangt und auch nicht erwartet. Die existentielle Unsicherheit, die es ja damals auch gab, wurde durch die Gnadengewissheit und die Hoffnung auf zukünftige Erlösung bearbeitet. Um das zu erfahren, was von der Zukunft zu erwarten war, musste man weder beraten werden noch eine Lernveranstaltung aufsuchen. Vielmehr musste man den Worten der Priester folgen, die sich ihrerseits weitgehend an der Offenbarung des Johannes orientierten. Veränderungen im Leben wurden als Befehle Gottes bzw. auch Verkündigung des göttlichen Willens empfangen, nicht jedoch als Ergebnisse persönlicher Entscheidungen verstanden. Die Bitte an den Allmächtigen, uns zu lehren, dass wir sterben müssen, wurde beispielsweise vom irdischen Personal der Kirchen nicht als eine Aufforderung interpretiert Lernveranstaltungen, in den man das Sterben lernen kann, anzubieten. Diese Bitte war vielmehr ein Hinweis darauf, alles Irdische, also das Lernen und das zielstrebige Handeln und überhaupt das menschlich Tun im Angesicht des Todes als vorläufig und hinfällig zu erkennen. Neues entstand in dieser Zeit zwar auch – aber man schrieb dieses nicht einem Lern- oder einem Erkenntnisprozess zu, sondern dem Glauben an Wunder. Man glaubte fest an die Wirksamkeit des Kontaktes mit heiligen Gegenständen und an die des Gebetes sowie an die Anordnungen der Geistlichkeit. So hatte man sich beispielsweise vor einigen hundert Jahren in der Poebene dadurch vom Hochwasser zu schützen versucht, indem man einen durch den Bischof legitimierten Befehl in den Fluss warf, der die Fluten aufforderte, unverzüglich in ihr Bett zurückzukehren. Größeren Schutz, mehr Heil erwartete sich die Bevölkerung in der Vormoderne von Gebeten und den Befehlen der irdischen Stellvertreter Gottes. Durch diese fühlte man sich ehemals abgesichert. Die heutigen Bewohner der Poebene dagegen versprechen sich Schutz und Heil von jenen gründlich ausgebildeten Ingenieuren, die für die baulichen Maßnahmen eines funktionierenden Hochwasserschutzes da sind, die sich beraten lassen und ihre Kompetenzen regelmäßig lernend auf den neuesten Stand bringen.

Systematisches Lehren und Lernen, also Fort- und Weiterbildung, waren also in der Vormoderne nicht notwendig. Menschen mit Leidensdruck versprachen sich die Reduktion dieses Leidensdruckes durch Erlösung, nicht durch Beratung und Weiterbildung. Gebete waren daher üblicher als Bildungsmaßnahmen. Sie machten das Erlöstwerden wahrscheinlicher. Die Religion, nicht die Bildungsinstitutionen, erfüllten die Erwartungen, dass allem, was geschah, ein Sinn innewohnt. Man kommunizierte mit Gott und nicht mit fest angestelltem Lehrpersonal oder freiberuflichen Beratern. Mit Vorliebe zündete man, wenn's um die Zukunft ging, Kerzen vor Heiligenbildern an und begab sich nicht, wie heute, wenn die Zukunft geplant werden soll, auf die Suche nach einem passenden Bildungsangebot.

Ein grundlegender Wandel zu einer völlig neuen Weltsicht zeichnete sich mit dem Beginn der Renaissance ab. Der Humanist Pico della Mirandola, von dem wir nicht das Geburtsdatum, aber das Todesjahr (1494) kennen, betonte erstmalig die Eigenverantwortung des Menschen für die Gestaltung der Welt. Damit wurde im Denken und Handeln der Menschen von Vergangenheit und Gegenwart auf Zukunft hin umgeschaltet. Die Verbesserung der menschlichen Gesellschaft, die Vervollkommnung der körperlichen und der geistigen Gaben der Menschen, selbstverständlich im Rahmen des göttlichen Heilsplans, gerieten schließlich als etwas Machbares und Beeinflussbares in den Blick. Die Menschen gingen ab dieser Zeit mit der Zeit aktiv handelnd um. Die Zeit kommt, räumlich gesehen, nicht mehr nur auf einen zu, sie ist nicht mehr ausschließlich „Eigentum Gottes", man geht vielmehr in gestaltender Art und Weise auf diese zu. Die Neugier zählt konsequenterweise in diesen modernen Zeiten nicht mehr zu den Lastern, im Gegenteil, sie wird zunehmend zu einer Tugend. Die pure Nachahmung dessen was war und ist, verliert ihre soziale Anerkennung als ausschließlich erwünschtes Handeln. Das Denken des bisher noch nicht Gedachten, das Erkennen des bisher Unbekannten, das Entdecken des Unentdeckten wurden zum sozialen Erfolgsmaßstab. Die Suche nach der Wahrheit und dem Neuen erhält in den Gründungen von Universitäten ihren angesehenen institutionellen Ort. Mithilfe der Wissenschaft, speziell von technisch angewandter Naturwissenschaft und systematischer Ökonomie und eines gewachsenen Vertrauens in die individuelle Vernunft, wurden Verbesserungen des sozialen Lebens und die Verringerung der Übel in dieser Welt angestrebt.

Die Zukunft, so die neue, die *moderne* Vorstellung, kann beeinflusst werden. Sie ist Gegenstand menschlicher Sorge, insbesondere was ihre Richtung betrifft, in die sie sich entwickeln soll. Langfristige gesellschaftliche Zielvorgaben werden bestimmt, Perspektiven entwickelt. An ihnen sollen sich die Individuen, als Teil einer Gesellschaft, und zur Förderung dieser dynamisch verstandenen Gesellschaft orientieren. Das kreisförmige Wiederholungsdenken des Mittelalters wird durch eine lineare Zeit-Vorstellung abgelöst. Das Denken und Handeln im Alltag, speziell aber das ökonomische Denken und Handeln, wurde hierdurch verzeitlicht – und zwar zuallererst auf Zukunft hin. Pointiert ausgedrückt: Neues kann von Menschen gemacht werden. Modernisierung geschieht primär durch menschliches, nicht durch göttliches Handeln. Dies gilt speziell für das politische Wirken der Staatsmänner. Sie fühlten sich verantwortlich für die Zukunft ihrer Bürger und Bürgerinnen. Zukunft wird mit Fortschritt – ein Begriff, der im 18. Jahrhundert entstand – verbunden. Und dieser Fortschritt wird „gemacht", indem Natur in bearbeitete Natur verwandelt wird, der Mensch also zu einem erzogenen Menschen wird. Das heißt: Man verspricht sich in der Moderne die Verbesserung und die Vervollkommnung des Menschengeschlechts sowie die der gesellschaftlichen Ordnung zuallererst durch Erziehung. Und diese findet im 18. und 19. Jahrhundert bevorzugt am Tag des Herren, also am Sonntag statt. Die Sonntagsschulen sind auch ein Zeichen dafür, dass Erziehung zum Gottesdienst wird bzw. an dessen Stelle trat. Der Engländer John Locke propagierte die Lehre von der Abhängigkeit des gesellschaftlichen Fortschreitens und des nationalen Wohlstandes von der Förderung der Vernunft und der Erziehung. Die Veredelung der Gesellschaft und der darin lebenden Individuen mittels vernunftfördernder Erziehung strebten Comenius, Pestalozzi und Condorcet, letzterer der fortschrittsgläubigste Bildungspolitiker der Französischen Revolution, an. In Lessings Schrift „Die Erziehung des Menschengeschlechts" fand die Idee des Fortschritts mittels pädagogischer Möglichkeiten schließlich auch im deutschsprachigen Raum ihr systematisches Fundament. Comenius steht am Anfang der modernen Didaktik, jener Lehre, die das Lernen lehrt. Ausgerichtet ist diese auf die Verbesserung der Welt mit maßgeblicher Hilfe der Pädagogik. 1657 formuliert er in diesem Sinne das Ziel und die Absicht seiner „didactica magna". Sie ist „die vollständige Kunst, alle Menschen zu lehren auf sichere und unverzügliche Art und Weise, in allen Gemeinden, Städten und Dörfern eines jeden christlichen Landes Schulen zu errichten, in denen die gesamte Jugend beiderlei Geschlechts ohne jede Ausnahme rasch, angenehm und gründlich in den Wissenschaften gebildet, zu guten Sitten geführt, mit Frömmigkeit erfüllt und auf diese Weise in den Jugendjahren zu allem, was für dieses und das künftige Leben nötig ist, angeleitet werden kann".

Einflussreiche Menschen (Staatsmänner, Unternehmer, Militärs, Kardinäle und Bürgermeister) entscheiden in dieser Zeit über die Ziele und den Umfang erzieherischer Aktivitäten, die häufig mit großen Zukunftsentwürfen verbunden werden. Diese Vorstellungen reichen von einer zukünftigen friedlichen Volksgemeinschaft über uhrwerkartig funktionierende soziale Systeme bis hin zur klassenlosen Gesellschaft und zu utopischen Volkswohlstandsmodellen. Die Herrschenden behaupteten zu wissen, wo es langzugehen hat. Erziehung ist, so gesehen, in der Moderne das entscheidende und das beliebteste Mittel, durch das die

Erlösung, die jetzt als Fortschrittserwartung daherkommt, gefördert werden soll. Der Mensch löst sich zunehmend von der Natur und von Gott. Er tritt an Gottes Stelle, richtet über gut und schlecht und über das Zukünftige. Er entscheidet über die Zeit, deren Ordnung und deren Maß. Dadurch verabschiedet er sich vom ehemals dominierenden religiösen Vorstellungshorizont. Die Zeit wird von ihrer Ausrichtung aufs Jenseits abgekoppelt und zu einem Gegenstand des Diesseits. Sie soll zum Dienst an der Vervollkommnung der Menschheit genutzt werden. Die vormoderne Kultur der Begrenztheit weicht damit einer Kultur potentieller Unbegrenztheit. Analog einem mechanischen Uhrwerk, so das angestrebte Ideal, sollen die Menschen und soll die gesamte Gesellschaft funktionieren. Damit dies gelingt, wird u.a. die Schulpflicht eingeführt. Und diese hat, laut Preußischem Generalschulreglement von 1763 den Zweck, nicht mehr nur Untertanen, sondern „geschickte und bessere Untertanen zu erziehen". Damals aber waren die durch Disziplinierung und planvolle Ausrichtung gekennzeichneten Erziehungsmaßnahmen fast ausschließlich auf Kinder und Jugendliche hin ausgerichtet. Von Weiterbildung und von lebenslangem Lernen war noch nichts zu sehen. Eine diesbezügliche Lernkultur, wie wir sie heute besitzen und pflegen, setzt einen weiteren grundlegenden Perspektivenwechsel voraus. Dieser nun zeichnet sich insbesondere dadurch aus, dass sich die utopischen Potentiale heutzutage mit den Lernvisionen einer lebenslangen Schülerschaft verbinden. Der Erlösungsgedanke, der in der Moderne zu einem irdischen Projekt wurde, wird jetzt privatisiert.

Wir sind heute nicht mehr von Kaisern, Königen und Bürgermeistern abhängig, eher sind wir es von Softwareherstellern und jenen Menschen, die unsere Website installieren. Aber noch mehr sind wir von uns selbst abhängig. Im Zeitalter der Individualisierung und der Ablösung des Fruchtbarkeitskultes durch die Mehrwertsteuer, wurde schließlich auch die Zukunft individualisiert. Die orientierenden Leistungen traditioneller Vorstellungen, wie die der Religionen, der Utopien, der welterklärenden Philosophien sind zunehmend flüchtig geworden. Wir können nicht länger behaupten, die Wahrheit in unserem Besitz zu haben und wir können uns nicht mehr auf eine gemeinsam geteilte Zukunftsperspektive stützen. „Wir können nur sicher sein, dass wir nicht sicher sein können, ob irgendetwas von dem, was wir als vergangen erinnern, in der Zukunft so bleiben wird, wie es war", bemerkte Niklas Luhmann (1992).

Im Alltagsdeutsch heißt das: „Man kann sich auf nichts mehr verlassen."

Es gibt, so das nachmoderne Denken, keinen festen Boden, keine scharfen Begrenzungen mehr, nur mehr allseitige Bewegung. Der Glaube an den in der Moderne erfundenen Fortschritt, an einen emanzipatorischen Geschichtsverlauf auf der Basis von Erziehungsmaßnahmen, ist inzwischen erschüttert. Die Einzelnen müssen und sollen jetzt für ihre eigene Zukunft selber sorgen. Diese ist im je subjektiven Sinne zu optimieren. Die Zukunft wird privatisiert und damit pluralisiert. Es gibt nicht mehr nur einen richtigen Weg, der in eine befriedigende Zukunft führt, es gibt viele Wege. Das macht viel Hoffnung, eröffnet Chancen, ruiniert aber auch die traditionellen Fundamente unserer Stabilität. Die Gewissheit des Ungewissen versetzt uns alle in den Zustand des Schwebens und des Suchens. Nicht mehr nur die Arbeit ist es, die den Einzelnen zum erhofften Glück verhilft, auch die Spekulation an der Börse vermag den geldwerten Glückszustand zu realisieren – wenigstens potentiell. Ganz zu schweigen von den Möglichkeiten, die das staatlich sanktionierte Glücksspiel eröffnet. „Wir machen Millionäre" verspricht die Lottogesellschaft auf dem Plakatwänden landauf, landab. Wir müssen also viele Wege in die Zukunft gleichzeitig gehen um, wie der Untertitel eines Kinofilms es verspricht, zum Helden des eigenen Lebens zu werden. Man ist gezwungen, die Welt im Hinblick auf sich selbst hin zu arrangieren, denn wenn die Welt als Ganzes schon nicht besser wird, so sollen doch den Einzelnen die Wege in eine bessere Welt offen stehen. Dies aber geht nur lernend und das lebenslang. Dieses lebenslange Lernen bekommt immer häufiger den Charakter der Multiaktivität. „Bei uns können sie lernen und lachen", verspricht die Sprachenschule Fokus in der Münchner U-Bahn. „Gleichzeitigkeit" ist das Wasserzeichen der verschärften Moderne, die wir manchmal auch Postmoderne nennen, lachend lernen, lernend lachen und dabei vielleicht noch telefonieren, zumindest aber Musik hören oder Auto fahren. Das liegt im Trend, der zunehmend die Zukunft ersetzt.

Jede Gegenwart produziert eine jeweils neue Zukunft, die unbekannt ist, aber individuell beeinflusst werden soll, und sei es dadurch, dass die gegenwärtigen Probleme in die Zukunft verlagert werden. Die sinnbestimmenden Großkonzepte und die wärmenden Gewissheiten, die für die existentiellen Problemlagen moderner Gesellschaften und für deren Mitglieder ehemals notwendig waren und an denen sich die Individuen stabilisierten, sind weitgehend verbraucht. Veränderungen, Veränderungshoffnungen und Veränderungsangst sind damit zur Normalität geworden. Uns Heimatlosen, die verlernt haben anwesend zu sein, verspricht nur mehr die Bausparkasse: „Wir geben Ihrer Zukunft ein Zuhause". Doch jeder weiß, die einzig verbindliche Zukunft, die wir heute haben, ist unser Altwerden. Lernend aber versuchen wir auch das zu verleugnen. Die Veranstaltungsangebote für eine pädagogische Form der Kosmetik sind nicht mehr zu übersehen. Sie richten sich an alle Älteren, die jung bleiben wollen.

Weder die Wahrsager noch die Politiker, kaum mehr die Eltern und noch weniger Bürgermeister und Bischöfe dürfen wir heute fragen, wenn wir wissen wollen, was uns die Zukunft bringt. Wir müssen uns selbst fragen und anschließend ins Netz gehen. Das ist die Gegenwart der Zukunft. Dies erhöht unsere Unruhe, weil wir immerzu von Verlusterfahrungen, von Vereinsamung, von Bindungslosigkeit und Computerabstürzen bedroht sind. Wer tröstet uns, wenn die Zukunft nicht so wird, wie wir sie uns vorgestellt haben und wen – außer uns selbst – können wir dann dafür verantwortlich machen? Gottfried Benns sarkastische Diagnose trifft die Realität: „Vor wem sollen wir noch knien? Der Alte hat uns im Stich gelassen, die Lage ist bitter."

Wenn sich die soziale Ordnung und mit ihr die zeitliche rascher verändern, dann veralten die Eltern und alle Personen, die in unübersichtlichen Situationen ehemals für den notwendigen Überblick sorgten, mit ebenso zunehmend höherer Geschwindigkeit. Sie kennen sich nicht im Internet und auch nicht im Cyberspace aus. Die Folge: Jedermann muss selbst herausfinden, was gut und sinnvoll ist – und jede Frau ebenso. Aber niemand kann es alleine und niemand für längere Zeit. Weil kein Mensch mehr auf dem Laufenden ist, laufen so viele zum Lernen und zur Beratung.

Wenn sich die Welt nur mehr als Ansammlung unübersichtlicher, mehrdeutiger und risikoreicher Lebenssituationen darstellt, steigt der Bedarf nach Angeboten, die Übersicht, die Eindeutigkeit und die Risikominimierung versprechen. Die mannigfaltige Ratgeberliteratur und deren an der Höhe der ausliegenden Bücherstapel erkennbaren Erfolge, sind ein sichtbares Ergebnis dieser Nachfrage der sich selbst fragwürdig gewordenen Käufer und Käuferinnen. Ein anderer zeigt sich in den steigenden Teilnehmerzahlen bei Weiterbildungskursen. Insbesondere das Lernmodell „Beratung" gewinnt seine Attraktivität durch das Versprechen, dabei den sehnlichst erhofften Sinn für das, was man tut, und das, was man besser lässt, zu liefern. Beratung und Bildung sind nämlich immer dann gesuchte Leistungen, wenn sich Sinnstrukturen – wie heute der Fall – verflüchtigen. Einige offensichtliche Beispiele: Es verfällt die große Sinnstruktur „Beruf". Der Berufswechsel, nicht mehr der Lebensberuf, ist heute die Normalität. Zwar kann man ohne Berufsabschluss nichts mehr werden, aber mit Berufsabschluss ist man auch kaum mehr etwas. Ebenso ist der „Fortschritt" eine jener „großen Erzählungen", die zunehmend weniger Sinn produzieren. Die Regierungen, die Gewerkschaften, die Wirtschaftsverbände, die Eltern und Vorgesetzten, alle diese Sinngebungsinstanzen, haben mit sichtbarer und spürbarer Altersschwäche zu kämpfen. Kaiser und Könige sind daher ja auch bis auf einen folkloristisch ausbeutbaren Rest ausgestorben. Im Internet haben sie nichts zu bestimmen. Heute ist der Kunde König und Kunden sind wir alle.

Bildung und Beratung werden angefordert, wenn man weiß, dass es so, wie es ist, nicht weitergeht. Sie werden in Situationen, in denen „Sinn und Unsinn innig geknetet beieinander" liegen (Kleist), zum Sinnersatz. Sie machen wieder neuen Sinn zugänglich, aber meist nur kurzfristig. Denn letztlich können Beratung und Lernen auch nur darauf aufmerksam machen, dass der Sinn der verschärften Moderne darin besteht, permanent nach dem Sinn zu suchen. Zweifelsohne profitieren sie vom herrschenden Zwang zur aktiven individuellen Zukunftsgestaltung und davon, dass die heutige Vielfalt an Vorstellungs- und Handlungsmöglichkeiten in keinem Verhältnis mehr zu jener Zeit steht, die wir für eine sinnvolle Auswahl bräuchten. In der Beratung und bei Bildungsveranstaltungen versucht man sich (vorübergehend) vom alltäglichen Entscheidungs- und Zeitdruck zu entlasten, um Kraft und Argumente für den Entscheidungs- und Zeitdruck, der außerhalb von Beratungs- und Lernsituation wartet, zu sammeln. So zum Beispiel für die unser Leben so entlastenden neuen Geräte.

Was wird uns unter permanentem Zeit- und Lerndruck stehenden Kunden nicht alles zur Entlastung angeboten: Mobiltelefone, Faxgeräte, Computer aller Art – stationäre und transportfähige –, Autos in allen Klassen, Typen und Farben mit und ohne satellitengestütztem Verkehrsleitsystem und demnächst sogar mit Internetanschluss. Und wenn wir diese entlastenden Geräte alle angeschafft haben, merken wir nach kurzer Zeit, dass wir uns von dieser Form der Entlastung eigentlich wieder gerne entlasten würden. Also „daten wir up", aber dazu muss man erst ein wenig neue Belastung und etwas mehr als den üblichen Zeitdruck auf sich nehmen. Zuerst ist es dabei notwendig, wenigstens eine minimale Orientierung im Dschungel der Angebote zu erlangen, am besten lässt man sich beraten – aber dies ist ja auch nicht ohne zusätzlichen Zeitaufwand zu schaffen. Hat man dann endlich Orientierung gefunden und eine Kaufentscheidung getroffen, steht die zeitintensive Anstrengung an, sich selbst upzudaten; zu deutsch, man muss sich ans Lernen machen. Lernt man dann etwas, merkt man sehr schnell, dass man noch mehr lernen müsste, denn andere, mit denen man all das Neue lernt, wissen immer mehr als man selbst gerade weiß.

Ein Ende des Lernens ist nicht in Sicht, denn wenn man schließlich seinen Weiterbildungskurs hinter sich hat, wurde die Technik, die ja der Anlass des Lernprozesses war, bereits wieder revolutioniert. Erlebt man das mehrmals, drängt sich die Einsicht auf, dass die Technik vielleicht doch nicht dazu da ist, die Menschen zu entlasten, sondern fürs Gegenteil. Es sieht so aus, als belaste uns heute nichts so sehr wie die überall offerierte technisch aufgerüstete Entlastung.

Dies gilt nicht nur für die sich rasch und immer rascher verändernde Technik. Auch die ungeheure Zunahme an Wissen produziert ein exponentielles Wachstum von Nichtwissen, von Ohnmacht und Unsicherheit, dem wir durch Lernen beizukommen versuchen. Sysiphos lässt grüßen. Speziell dann, wenn man erkennt, dass die Notwendigkeit des Entlernens zunimmt. Denn die einmal gelernten, aber inzwischen veralteten Qualifikationen müssen ja auch entsorgt werden, Selbstverständlich durch Lernen – wie auch sonst? Die Lernergebnisse erhalten – wie auch andere Produkte, die wir herstellen – ein Verfallsdatum.

Das alles geschieht lebenslang – d.h. bis ans Ende subjektiver Lebensführung. Die vielen Seniorenprogramme unserer Volkshochschulen und jene unserer Universitäten zeugen davon. In unserer World-Wide-Web-Kultur werden demnächst die Medien auch ihren Teil zur Lerngesellschaft beitragen: Die Programme fürs Edu-Commerce sind – wie man hört – in der Erprobung. Dann können vielerlei Lernoptionen auch mittels Online-Bildung wahrgenommen werden, und – das ist abzusehen – in nicht allzu ferner Zukunft werden wir uns dann auch an einem Aktienfonds beteiligen, der Anteile an den attraktivsten und marktfähigsten Bildungsunternehmen hält. Klüger werden wir dadurch wahrscheinlich nicht, aber vielleicht reicher. Und die Eulen, die wir ehemals nach Athen getragen haben, schicken wir heute per E-Mail. Wenn das kein Fortschritt ist.

Beschreiben wir die historischen Veränderungen unserer Heilserwartungen und unseres darauf aufbauenden Zukunftshandelns mit der Formel „Von der Zeit Gottes zu den Zeiten der Individuen", so entspricht dieser Entwicklung der relativ lange Weg von den Gebeten zu den Bildungs- und Beratungsangeboten. Zunehmende Verweltlichung ist das Kennzeichen; sowohl unseres Handelns auf Zukunft hin, als auch unseres Umgangs mit den Erlösungshoffnungen. Diese Erlösungserwartungen kommen heute als Erfolgsmotive daher. Das beliebteste Mittel um in diesen Zeiten das Gefühl zu bekommen, etwas hinsichtlich der Erlösung tun zu können, ist eben die Anmeldung bei einer Beratung oder diejenige zu einer Bildungsveranstaltung. Und wenn man sich dabei die riesige Anzahl der Interessenten vergegenwärtigt, dann scheint der Drang nach erhoffter Erlösung über die Jahrhunderte hinweg eher größer als geringer geworden zu sein. Aus der Lerngeschichte kann man also lernen, dass die Menschen nicht allzuviel gelernt haben. Wenn man das gelernt hat, kann man weiterlernen.

Nun mehren sich jedoch die Zeichen, dass wir Dauerlerner eine Rückfahrkarte gekauft haben, als wir uns auf die Fahrt vom Beten zum Lernen machten. War die Weltsicht in der Vormoderne in religiöse Vorstellungen eingebunden und durch kirchliche Rituale und Feste zeitlich strukturiert, so ist das Leben eines Großteils unserer Bevölkerung heute in der Postmoderne an einer Vorstellungswelt orientiert, die durch die unterschiedlichen Lernphasen und Lernmöglichkeiten bestimmt wird. Lernen und Beratung übernehmen die ehemals von der kirchlichen Liturgie gestalteten Ritualisierungen des Alltagslebens und des Lebenslaufs. Sie haben die Nachfolge der Offenbarungsreligionen angetreten. Der spätmoderne Mensch nutzt das Lernen als Religionsersatz und die Wissenschaft als Substitut für die kirchliche Anbindung. Aber, im Gegensatz zum vormodernen Beten, vermag das Lernen nicht mehr zur Gewissheit zu führen, im Jenseits einen festen Platz zu finden und im Diesseits erst recht nicht. Das macht uns heimat- und ratlos und treibt uns daher weiterhin zu den Beratungs- und Lernangeboten, die uns aber auch nicht vermitteln können, wozu Lernen eigentlich gut ist. Aber sie geben uns zumindest die sichere Erkenntnis, dass es ohne Lernen mit uns, in der Wirtschaft und in der Gesellschaft nicht weitergeht.

Auch wenn im Alltag die Prinzipien und die Werte des christlichen Weltbildes, die der christlichen Botschaft und die der theologischen Vernunft immer mehr an Einfluss verlieren, so kann man bei genauem Hinsehen nicht von einer Reduktion religiösen bzw. quasi religiösen Verhaltens sprechen. Die Heiligen, die wir in dieser modernisierten Moderne anbeten, stehen nicht mehr im Kalender und ihre Gebeine liegen auch nicht in prunkvoll ausgestatteten Truhen in den Seitenkapellen unserer Kathedralen. Die Heiligen sind abstrakter geworden. Sie heißen heute Flexibilität, Mobilität und Globalisierung. Deren Anbetung geschieht durch Formen des Lernens und des Managens, und dies rund um die Uhr. So ist es nur konsequent, dass viele Führungskräfte und noch mehr jene, die es werden wollen, ihre schwergewichtigen Zeitplansysteme mit den vielen Beratungsterminen wie Monstranzen vor sich hertragen. Hingegen haben wir Gott – modernisierungsbedingt – in eine Seniorenresidenz (so heißen die Altersheime heute) – abgeschoben. Ihn brauchen wir nicht mehr, weil wir uns selbst zu engelsgleichen Wesen gemacht haben. Den Gesetzen der Schwerkraft unterliegen wir nicht mehr im Internet und im Cyberspace, und die Grenzen von Raum und Zeit überwinden wir so mühelos, wie sich das unsere christlich geprägten Vorfahren nur bei den Engeln vorstellen konnten. Die Technologie und dabei speziell das Telelearning werden heutzutage zu Vollstreckern der Theologie. Wir kennen keinen Ort mehr, nur mehr Raum, wir kennen keine Jahreszeiten und keine Zeitzonen mehr, nur mehr Tempo. Alles zu jeder Zeit, immer, überall und sofort. Scheinbar sind wir im Paradies gelandet. Nur – und das macht doch den gravierenden Unterschied zum wirklichen Paradies aus –, wir müssen zuallererst lernen, all die uns zur Verfügung stehenden Möglichkeiten auch zu erwerben und zu nutzen. Wir sind dazu verurteilt, uns Paradieskompetenzen zu erarbeiten. Und zusätzlich sind wir gezwungen, diese täglich und demnächst wohl stündlich zu erneuern. Das Paradies macht also viel Arbeit, und so ganz zeitlos ist es anscheinend auch nicht! Vielleicht aber handelt es sich bei dem Weg von der Arbeits- in die Dienstleistungsgesellschaft doch nur um eine paradiesische Hölle, auf die wir da zusteuern, oder etwas volkstümlicher formuliert: ein Weg vom Regen hin zur Traufe!

Eine jüngst erschienene Empfehlung des Bundesministeriums für Bildung und Forschung liefert diesbezüglich einige Indizien. Dort plädiert man, ich zitiere, für die „Erschließung von Warteräumen, Zugabteilen und Sonderzügen als Lernorte sowie den Ausbau von Lerngelegenheiten bei realen und virtuellen Studienreisen, zusätzlich noch den flexiblen Einsatz von Lernbussen und Technologiebussen, die Einrichtung von Bildungsparks, Wissenschaftsparks und das Anlegen von Bildungsrouten für Wochenendtouren". Dies alles soll zu einer – ich zitiere wieder – „bürgerlich-solidarischen Lernbewegung" führen. Das nun ist ein eindeutiger Beleg: „Lernen" heißt heute der beliebteste und der am meisten akzeptierte Glaube. Die Lerngelegenheiten ersetzen die Brückenheiligen und all die ehemals unübersehbaren Kapellen am Wegesrand. Niemals zuvor hat man so intensiv an die Macht des Lernens geglaubt. Denn traditionelle Gesellschaften stabilisierten sich durch den Glauben an Mythen und an religiösen Erzählungen, moderne, speziell aber nachmoderne Gesellschaften, berufen sich rituell auf den durchs Lernen zu befördernden Fortschritt. Dieser aber ist nicht nur an die Stelle der Mythen getreten, er ist selbst zu einem Mythos geworden. Der Glaube hat also, entgegen anders lautenden Interpretationen, nicht abgenommen, er wurde auch nicht durchs Lernen ersetzt. Wir glauben vielmehr ans Lernen, und dieser Glaube soll mit fleißiger Unterstützung des Bundesbildungsministeriums zu einer Bürgerbewegung werden – kaum zu glauben. Das haben wir nun davon, dass wir uns von der uns umgebenden Natur, sowie von Gott und der Kirche, emanzipiert haben. So bringt das Lernen etwas von jener Transzendenz in unser Leben zurück, von der wir doch meinen, wir bräuchten diese nicht mehr. Das Lernen ist der Fundamentalismus der postmodernen Zivilisation. Es ist die kulturelle Religion des fortschrittsorientierten abendländischen Menschen, der meint, alles in die eigene Hand nehmen zu können und zu müssen.

Mehrheitlich erleben wir diese fürsorgliche Belagerung durch lebenslange Lernprozesse als einen Schritt zu größerer Freiheit. Aber ist er das wirklich? Oder haben wir nicht vielleicht doch nur eine Abhängigkeit durch eine andere ersetzt? Es sieht fast so aus. Wozu bräuchte das lebenslange Lernen ansonsten so viel Propaganda?

Findet die Freiheit dort ihre Erfüllung, wo man Lehrenden zuhört, wo man Sprachkassetten ins Autoradio schiebt oder Lernvideos in den bereitstehenden Recorder? Lernen, lernen, lernen – das klingt eigentlich nicht nach Freiheit, das klingt eher nach selbst gewähltem Arrest mithilfe einer pädagogischen Fußfessel.

Wenn Vernünftige freiwillig lebenslang lernen und die anderen es müssen, dann sind die Grenzen des gesellschaftlich-sozialen Anerkennungsterritoriums inzwischen mit den Grenzen des Lernterritoriums identisch. „Mancher wähnt sich frei und siehet nicht die Bande, die ihn schnüren", mahnt Friedrich Rückert. Doris Lessing hat dafür die passende Formulierung geprägt: „Prisons we choose to live inside". „Lernen" also heißt das Selbsteinsperrungsurteil, das wir mehrheitlich deshalb gerne annehmen, weil uns Pädagogen fleißig dabei behilflich sind, die mentalen Gitterstäbe, hinter denen wir zu leben haben, bunt anzustreichen. Wer aber geht in Revision und bei welcher Instanz könnten wir diese einbringen?

Am treffendsten lässt sich die Situation, in der wir uns befinden, mit der Paradoxie beschreiben, dass der Zwang zum Lernen zwar abnimmt, aber der Druck immerzu als Lernender zu begreifen und zu präsentieren dafür zunimmt. Dementsprechend stehen wir heute vor dem gleichen Problem, das bereits Kant beschäftigte: Wie gelingt die „Kultivierung der Freiheit bei dem Zwange"?

Ehemals war es das Beten, dann die Arbeit und heute schließlich das Lernen, das als maßgeblicher Ordnungsfaktor die Gesellschaft stabilisierte. Eine Gesellschaft, die wie die heutige, sich immer weniger über Arbeit zu definieren und zu regulieren fähig ist, braucht ein neues, zumindest ein zweites Integrationsmedium. Dieses ist das lebenslange Lernen. Das Ansehen eines Bürgers als ein „ordentlicher Bürger" ist nicht mehr länger allein an den Sachverhalt geknüpft, dass dieser auch ordentlich arbeitet. Heute muss er, wenn er schon keine ordentliche Arbeit bekommt, wenigstens ordentlich nach einer ordentlichen Arbeit suchen. Dies drückt er am besten dadurch aus, dass er fleißig lernt. So fällt dem Lernen immer mehr jene gesellschaftliche Ordnungsfunktion zu, deren Monopol ehemals die Arbeit hatte. Die Statistiken zeigen es deutlich. Die Arbeitszeiten sind – speziell in der jüngsten Zeit – wesentlich kürzer geworden, die Lernzeiten wurden dafür erheblich ausgebaut. Die Anwesenheit von Schülern und Schülerinnen in den schulischen Bildungsanstalten haben im 20. Jahrhundert (so Zahlen aus der Schweiz) um 24 Prozent zugenommen und die von Erwachsenen in Lernprozessen um dreistellige Prozentsätze. In unserer Gesellschaft steigt der Anteil der Lebenszeit, der fürs Lernen aufgebracht wird, massiv gegenüber jenem, der fürs Arbeiten genutzt wird. Wir schlittern von einer Arbeits- in eine Weiterbildungsgesellschaft. Deren dominante und attraktive Kommunikationsmedien heißen „Lernen" und „Beraten-Werden".

Nur wer ordentlich lernt, also häufig Aus- und Weiterbildungsveranstaltungen besucht, sich selbst etwas beibringt oder sich beraten lässt, kann damit rechnen, gesellschaftlich als ein „guter" und ein „ordentlicher" Bürger anerkannt zu werden. Das Arbeitsamt hat bereits die Konsequenz gezogen, es ist zum „Lernamt" geworden, denn die Vermittlung der Arbeitsuchenden in Bildungsmaßnahmen ist inzwischen zu dessen Haupttätigkeit geworden. Lernen wird zur Arbeit, Arbeit zum Lernen und das lebenslange Lernen zum Beruf bzw. zu dessen Ersatz. „Weiterbildung statt Lohnsprünge" titelte jüngst der Wiener „Standard" in seinem Wirtschaftsteil. Man sieht, Bildung macht nicht reicher – möglicherweise sogar ärmer –, hoffentlich nicht auch im Geiste.

Vielleicht wäre ja die Flucht hinter Klostermauern eine Alternative, dem Lernzwang zu entkommen. Aber auch dort wird fleißig am Zeitgeist gearbeitet. Die Orte des Betens werden zu Kathedralen des Lernens, die Oasen der Stille zu kundenorientierten und umtriebigen Bildungszentren mit Umweltlabor und Internet-Café.

Ein in vormodernem Geist aufgewachsener Mönch – wahrscheinlich ein Franziskaner – sucht Anschluss an solch postmoderne Entwicklungen um ihn herum. Dies nicht unbedingt freiwillig, vielmehr genötigt durch den dezenten Hinweis seines Abtes, doch einmal zu prüfen, ob man das Kloster durch Bildungsveranstaltungen nicht etwas stärker an den marktwirtschaftlichen Trend ankoppeln könnte. Inspiriert von diesem Gedanken bittet der Franziskaner bei der vatikanischen Glaubenskongregation um eine Antwort auf die ihn beschäftigende

Frage: „Darf man denn beim Beten lernen?" Die Antwort, die zu erwarten war, heißt „Nein".

Etwa zur gleichen Zeit fragt ein im Lerngeschäft überaus erfolgreicher Jesuit, geplagt von einigen Zweifeln, ob sich seine Lehrtätigkeit mit den Regeln seines Ordens vereinbaren ließe, ebenso bei der vatikanischen Glaubenskongregation an. Ihn jedoch beschäftigt die leicht modifizierte Frage: „Darf man beim Lernen beten?" Die Antwort: „Selbstverständlich ja".

Auch daraus wiederum kann man lernen. Und zwar Folgendes: Entscheidend im Leben sind die Fragen, die Antworten sind immer nur eine Konsequenz!

Stimmt das? Oder habe ich etwa das Falsche gelernt?

Zum Weiterlesen:

Geißler Kh. A./Orthey F.M.: Der große Zwang zur kleinen Freiheit. Berufliche Bildung im Modernisierungsprozeß. Stuttgart 1998.

Sechs Markierungen zur Frage: Wie könnte nachhaltige Bildung aussehen?

1. Nachhaltige Bildung priorisiert jene Bildungsinhalte und Bildungsformen, die die längerfristige Relevanz des Gelernten gewährleisten.
2. Nachhaltige Bildung fördert ein aktives, subjektorientiertes Bildungsverhalten mit hohem Selbstverantwortungsanteil der Lernenden.
3. Nachhaltige Bildungspolitik sichert eine kostenlose allgemeine und berufliche Grundbildung sowohl auf nicht-akademischem als auch auf akademischem Niveau.
4. Nachhaltige Bildung fördert und sichert soziale Gerechtigkeit beim Zugang zu Lernmöglichkeiten, dies speziell zwischen den Geschlechtern, den verschiedenen Altersgruppen, den verschiedenen Berufsgruppen und Hierarchieebenen.
5. Nachhaltige Bildung fördert Inhalte, Methoden und Zeitbedingungen des Lernens, die ökologischen Prinzipien gehorchen.
6. Nachhaltige Bildung verteidigt das Recht, ohne soziale Diskriminierung auf das Lernen verzichten zu können. Sie sieht im Lernen nicht den Königsweg gesellschaftlicher Entwicklung und Problemlösung.

Heike Leitschuh-Fecht

Warum kommt die Nachhaltigkeitsdiskussion so schwer in Gang?

Von Nachhaltigkeit keine Spur

Viele kennen die offizielle Definition der Brundtland-Kommission für Sustainable Development/Nachhaltige Entwicklung: *Eine Entwicklung ist dann nachhaltig, wenn sie die aktuellen Bedürfnisse der Menschen befriedigt, ohne künftigen Generationen die Chance zu nehmen, auch die ihren zu befriedigen. Deshalb müssen die sozialen, ökologischen und ökonomischen Ziele miteinander in Einklang gebracht werden.* Wer wollte sich dem widersetzen? Zumindest ist die Ichbezogenheit der Menschen noch nicht weit genug fortgeschritten bzw. gesellschaftlich noch nicht ausreichend akzeptabel, als dass sich jemand öffentlich traute, diesem Ziel zu widersprechen – trotz heftiger Bemühungen einiger, die das Leben nur noch als eine einzige große Abzockerei zu betrachten scheinen und bisweilen die Werbeindustrie auf ihrer Seite haben. Doch die Schwierigkeiten fangen natürlich dort an, wo es darum geht, Konsequenzen für politische, wirtschaftliche, aber auch Alltagsentscheidungen zu treffen, um Nachhaltigkeit lebendig werden zu lassen. Unsere Art zu wirtschaften, zu arbeiten und zu leben ist – auch acht Jahre nach Rio – alles andere als sustainable. Das renommierte Worldwatch-Institute in Washington nennt in seinem jährlichen Bericht „State of the World" Besorgnis erregende Trends:

- die Weltbevölkerung wächst (wenn auch langsamer) weiter,
- die globale Temperatur nimmt zu,
- die Grundwasserspiegel sinken,
- das verfügbare Ackerland pro Kopf nimmt ab,
- die Fisch- und Waldbestände sinken dramatisch
- und die Artenvielfalt ebenso.

Auf der sozialen und ökonomischen Seite sieht die Bilanz derzeit kaum besser aus:

- die Arbeitslosigkeit nimmt weltweit zu,
- die sozialen Bedingungen zwischen den Entwicklungs- und den Industrieländern driften weiter auseinander, aber auch innerhalb der Länder selbst, kurz: immer mehr Reiche und immer mehr Arme,

- militärische regionale Konflikte nehmen zu,
- die ökonomische Macht konzentriert sich in immer weniger Händen (der Umsatz einiger global agierender Großunternehmen ist größer als das Bruttosozialprodukt mittelgroßer Nationen),
- die Finanzmärkte spielen eine immer wichtigere Rolle in der globalen Ökonomie, können ganze Nationen beeinflussen, werden aber auch zunehmend fragiler.

So viele Definitionen wie Interessen

Eigentlich sollte die Nachhaltigkeit eine Leitidee sein, die Lösungskonzepte für alle diese Probleme anbietet. Doch in der öffentlichen Debatte dominieren noch immer die ökologischen Aspekte. Das Drei-Säulen-Modell (alle Entscheidungen sollen darauf abgeklopft werden, ob sie ökonomisch tragfähig, sozial gerecht und ökologisch verträglich sind) offenbart eine zentrale Schwäche des derzeit kommunizierten Nachhaltigkeitsansatzes: Die verschiedenen Ziele geraten leicht zum Spielball der Interessen und je nachdem, wie die Machtkonstellationen aussehen, variieren auch die Ergebnisse. Doch die Belastungsgrenzen des ökologischen Systems sind *nicht beliebig verschiebbar* und geben daher die Leitplanken für ökologische und soziale Ziele vor. Andererseits sollten sich ökonomische Ziele eigentlich vor allem aus den sozialen Bedürfnissen der Menschen ableiten. Leider werden im Zuge der Globalisierungsprozesse diese Zusammenhänge pervertiert: Wirtschaften scheint ein Selbstzweck geworden zu sein, bzw. schlimmer, eine Veranstaltung, von der immer weniger Menschen profitieren, dafür aber umso heftiger. Neben dem Leitbild der Nachhaltigkeit hat sich nämlich noch ein anderes auf die Bühne der Welt geschlichen, das der „Ecomony first!“, „Erst die Wirtschaft!“ – und dessen Vertreter kommen immer lauter und selbstbewusster daher.

Das Konsensprinzip, das vor allem in Lokale-Agenda-Prozessen sehr hoch gehalten wird, hat also auch seine Tücken: Es darf nicht darüber hinwegtäuschen, dass es bisweilen auch unversöhnliche Interessen gibt. Man sollte sich nicht davor drücken, diese zu identifizieren. Denn wir beobachten derzeit den Wettstreit um die Meinungsführerschaft – nachhaltige Entwicklung contra ungehinderte Ökonomisierung und Monetarisierung der Gesellschaft. Im Moment sieht es ganz danach aus, als ob die Propagandistinnen und Propagandisten der Nachhaltigkeit wenig zu melden hätten. Dies stimmt nur zum Teil und liegt auch an falschen Strategien. Doch dazu später mehr.

Die Leitidee Nachhaltigkeit spielt inzwischen weltweit eine große Rolle und zwar in nahezu allen gesellschaftlichen Bereichen. Doch während in den ersten Jahren nach Rio bei allen Akteuren noch der ernsthafte Wille vorherrschte, ihren Beitrag zur Realisierung zu leisten, was auch bedeutete, sich von alten Politik- und

Verhaltensmustern zu verabschieden. Nachhaltigkeit erfordert ressortübergreifendes Denken – statt egoistisch, Partialinteressen zu verfolgen – und die Bereitschaft, gesellschaftlich divergierende Ziele auszuhandeln und kooperative Lösungsansätze zu suchen, ein sicher oft mühsamer, aber *nachhaltiger* (im Sinne von langfristig erfolgreichem) Prozess. Während also in den ersten Jahren regelrechte Aufbruchstimmung herrschte, ist heute unter dem Druck der wirtschaftlichen Globalisierung zu beobachten, wie die Akteure mehr und mehr in ihre alten Schützengräben zurückkriechen: Die *Umweltverbände* reden nicht mehr – wie mit der BUND/Wuppertal-Studie „Zukunftsfähiges Deutschland" 1996 spannend und ungewöhnlich begonnen – von gesamtgesellschaftlichen Visionen eines anderen, guten Lebens, sondern haben sich wieder auf ihren angestammten Platz gesetzt und kritisieren – zu Recht – den nicht-nachhaltigen Umgang mit Ressourcen. Nur noch ab und zu schimmert ein kleines Fragezeichen an das kapitalistische Wachstumsdogma oder an die konsumorientierte Lebensweise in den reichen Ländern durch.

Für die *Gewerkschaften* dagegen ist es nachhaltig, Arbeitsplätze zu schaffen, und sie wollen es (wieder) oft um jeden Preis (ÖTV und Flughafenausbau FfM), sowie den Lebensstandard und die Rechte der Beschäftigten zu sichern; irgendwie ja auch verständlich angesichts der massiven Umwälzungsprozesse in den Unternehmen, aber auch angesichts dessen, dass der Sozialstaat zunehmend in Frage gestellt wird – bloß: mit Nachhaltigkeit hat es halt wenig zu tun. Und insbesondere die *Wirtschaftslobbyisten* in BDI und DIHT benutzen neuerdings die ökonomische Nachhaltigkeit als k.-o.-Kriterium und interpretieren das Leitbild in ihrem Sinne um: Erst müsse die Wirtschaft boomen, bevor man sich an andere Ziele machen könne. Dass sich soziale, ökologische und ökonomische Zukunftssicherung gegenseitig bedingen, wird vom Tisch gewischt. (Inzwischen wird mehr über die Wirtschaftsverträglichkeit der Nachhaltigkeit geredet als über die Nachhaltigkeit der Wirtschaftsweise.)

Wo stehen wir heute, neun Jahre nach Rio?

Das zentrale Dokument von Rio ist die Agenda 21, das Aktionsprogramm für das 21. Jahrhundert. Um zu kontrollieren, ob und wie die Länder dem Ziel Nachhaltigkeit näher kommen, gründete die UN 1993 die CSD, die Commission on Sustainable Development (Kommission für Nachhaltige Entwicklung), der 53 Nationen angehören und die ihren Sitz in New York hat. Sie hat vor allem die Aufgabe, dafür zu sorgen, dass die Agenda 21 in die Tat umgesetzt wird, was auch bedeutet, die Beschlüsse von Rio zu konkretisieren.

Was bei den Verhandlungen herauskommt, ist der kleinste gemeinsame Nenner von Ländern mit höchst unterschiedlichem Entwicklungstand und Interessen. Aber immerhin, ein *gemeinsames* Ergebnis. Doch leider sind die Regierungen nicht an die verabschiedeten Beschlüsse und Aktionsprogramme gebunden.

Ein anderes Problem ist, dass bei der CSD bisher nur die Umwelt- und Entwicklungsminister und -ministerinnen vertreten sind, während Nachhaltigkeit jedoch insbesondere auch ein Thema für die Wirtschafts- und Finanzpolitik ist.

Praktisch kommt leider wenig voran. Ein maßgeblicher Grund dafür ist, dass die Beschlüsse der CSD und die Arbeit anderer Weltorganisationen, allen voran der Welthandelsorganisation WTO, weit auseinander klaffen. Während die CSD versucht, Handlungsziele zu erarbeiten, um in allen Bereichen einen nachhaltigen Entwicklungsweg einzuschlagen, spielen in der WTO ökologische und soziale Kriterien bislang kaum eine Rolle. Die WTO ist derzeit fast ausschließlich darauf konzentriert, ganz im Sinne der Globalisierungsideologie „Ecomomy first!" bestehende Hemmnisse für den internationalen Handel abzubauen und als solche werden umweltpolitische und inzwischen auch viele soziale Standards eingestuft. Rolle und Einfluss der CSD müssen daher gestärkt werden. Dieses hängt jedoch untrennbar damit zusammen, wie der Nachhaltigkeitsdiskurs in den einzelnen Ländern weiterentwickelt wird und ob es gelingt, ihn aus den politischen und wissenschaftlichen Expertenzirkeln und aus der reinen Öko-Ecke auf die gesellschaftliche Ebene zu heben.

National: Gute theoretische Grundlagen ...

In der Agenda 21 werden die Nationen aufgefordert, langfristig angelegte so genannte *„Nationale Nachhaltigkeitsstrategien"* zu entwickeln, um sicherzustellen, dass das Leitbild Nachhaltigkeit auch tatsächlich in die tägliche Praxis eingeht.

Als ersten Schritt dahin hat in Deutschland die Enquête-Kommission des Deutschen Bundestags „Schutz des Menschen und der Umwelt" in der Zeit ihres Bestehens (von 1992 bis 1998) einen großen Beitrag zum besseren Verständnis des Leitbilds geleistet. Ihr Verdienst war es, die Nachhaltigkeit aus der reinen Öko-Ecke herauszuholen, indem sie am Beispiel Bauen und Wohnen auch soziale und ökonomische Nachhaltigkeitsregeln formulierte. Hier zeigte sie auch, welche Auswirkungen es für das praktische Handeln hat, wenn das Prinzip der Nachhaltigkeit konsequent angewandt wird.

Die Kommission empfahl, einen „Rat für eine nachhaltig zukunftsverträgliche Entwicklung" zu schaffen, der dafür sorgen solle, dass Nachhaltigkeit zu einem übergeordneten Politikziel wird, indem der Rat vor allem eine *Nachhaltigkeitsstrategie* auf der Grundlage eines gesellschaftlichen Diskussionsprozesses ausarbeitet.

Mit großer Verzögerung hat nun die Bundesregierung einen solchen Rat berufen, in dem 16 Persönlichkeiten aus den Bereichen Umwelt, Soziales und Wirtschaft mitarbeiten. Er kann eine gewichtige Rolle spielen, dabei zu helfen, eine Nachhaltigkeitsstrategie auszuarbeiten, aber auch die Idee der Nachhaltigkeit breit zu kommunizieren. Im Moment ist jedoch nicht klar, wie ernst das Bundeskanzleramt, bei dem das Gremium angesiedelt ist, den Rat tatsächlich nimmt.

… aber politisch wird konzeptlos gewurstelt

Die Politik in Deutschland ist noch meilenweit von einem schlüssigen und im Sinne von Rio zukunftsfähigem Gesamtkonzept entfernt. Schlimmer: Viele Entscheidungen der verschiedenen Ministerien sind absolut widersprüchlich. Deshalb braucht es dringend eine *nationale Nachhaltigkeitsstrategie*, bei der die wechselseitigen Abhängigkeiten und Einflussfaktoren der unterschiedlichen Politikbereiche aufeinander abgestimmt werden. Sicher lässt sich so etwas nicht von heute auf morgen entwickeln. Langwierige kontroverse Abstimmungsprozesse gehen dem voraus, denn die Interessen divergieren stark. Doch wenn *Politik kohärent* werden soll, d.h. wenn nicht mehr der eine mit dem Hintern umschmeißt, was die andere vorne gerade aufgebaut hat, gibt es keine Alternative zu einem solchen Verfahren. Sicher müssten auch auf Bundesebene die Erfahrungen der Lokale-Agenda-Prozesse beachtet und mit professionellen Moderatoren gearbeitet werden. Ein höchst ungewöhnliches Verfahren für Minister, sicher – aber was ist schon gewöhnlich in Zeiten wie diesen?

Im Übrigen sind die Briten schon ein wenig mutiger gewesen, was die Umsetzung der Agenda 21 anbelangt. Die Blair-Regierung hat bereits 1998 so genannte „green ministers“ ernannt, die in allen Ministerien darauf achten sollen, dass Umweltbelange beachtet werden. Ausserdem erstellte Labour 1999 einen Katalog von 15 Nachhaltigkeitsindikatoren „Quality of life counts“, der z.B. die Indikatoren Chancengleichheit, ehrenamtliche Tätigkeiten, Atemwegserkrankungen oder Emissionen von Klimagasen enthält. Jährlich soll nun untersucht werden, inwieweit die britische Gesellschaft in Richtung Nachhaltigkeit vorankommt. 20 Millionen DM stecken die Briten in eine begleitende Werbekampagne.

Jenseits der (großen) Politik tut sich was.

Von der Politik bislang allein gelassen beteiligen sich in Deutschland dennoch eine Reihe gesellschaftlicher Akteure an der Suche nach Wegen hin zu einer nachhaltigen Gesellschaft. Einzelne Unternehmen, Regionen, Kommunen.

Die lokale Ebene ist sicher am besten geeignet, um den Such- und Lernprozess, das try-and-error auf dem Weg zur Nachhaltigkeit zu praktizieren.

Wie kann das Leitbild mehr Einfluss gewinnen?

Umwelt-Professionals sind begeistert von der nachhaltigen Entwicklung, der große Rest der Menschen zuckt eher mit den Schultern. Woran liegt das?

Viele meinen, das sei in erster Linie ein Kommunikationsproblem. Zugegeben: „Nachhaltigkeit“, das ist nicht so richtig „hip“. Zukunftsfähig – darunter können sich viele schon etwas mehr vorstellen. Manche schlagen eine Werbekampagne vor im Stil der überaus erfolgreichen Aids-Aufklärungskampagne des Bundesgesundheitsministeriums. Mit zeitgemäßen Plakaten, Werbespots etc. könnte die Zahl der Menschen, die heute etwas von Sustainable Development wissen, sicher erheblich gesteigert werden. Doch peppige Informationen alleine reißen auch niemanden vom Hocker, wenn die Botschaft, die da vermittelt werden soll, die Herzen nicht erreicht. Nachhaltigkeit ist eine „Vision ohne Herzblut" meint Professor Karl-Werner Brand von der Münchner Projektgruppe für Sozialforschung (MPS). *„Nachhaltige Entwicklung (...) beflügelt keine Fantasien"*, sagt er. Da kommen wir der Sache schon etwas näher. So wie die Debatten – auch in vielen Lokale-Agenda-Prozessen – derzeit laufen, sind sie wirklich nur für gut gebildete Kenner der Materie nachvollziehbar, bzw. für hart gesottene, von vielen Sitzungen mit Hornhaut am Hintern ausgestattete Profis erträglich: Da geht es um „Leitbilder", „Indikatoren", „Oberziele", „Unterziele", „Maßnahmen" und allerlei andere dröge Dinge. Alles das muss auch sein. Doch breitere Teile der Bevölkerung werden so kaum zu erreichen sein.

Nachhaltige Entwicklung, das ist nicht bloß ein Korrekturprogramm, um die ökologisch zerstörerischen Mechanismen des Kapitalismus in Watte zu packen, um ihnen somit die harte Spitze zu nehmen. Nachhaltigkeit ist nicht nur die Vision einer abfallfreien, öko-effizienten Wirtschaftsweise, einer Gesellschaft mit Solarautos, Nullenergiehäusern und hundert Prozent ökologischem Landbau und artgerechter Viehzucht. Viele meinen, die Vision sei mit technischen Innovationen alleine zu realisieren und letztlich nur eine Frage marktwirtschaftlicher Anreizsysteme. So wichtig das alles ist, gerät aber so die Vision zu einem technokratischen, seelenlosen Konstrukt.

Eine nachhaltige Gesellschaft ist eine völlig andere als die heutige. Denn die Zerstörungskraft des kapitalistischen Prinzips betrifft nicht nur das Ökosystem, sondern alle Bereiche des Lebens.

Die jetzige Gesellschaft ist nicht zukunftsfähig

Wer von Nachhaltigkeit redet, sollte die ganze Gesellschaft in den Blick nehmen. Die Widersprüche nehmen zu. Immer mehr Arbeitslose und Sozialhilfeempfänger – immer mehr Millionäre. Immer mehr Firmenpleiten – satte Gewinne der Banken. Mehr und mehr Menschen, die überernährt, gestresst und beziehungsgestört sind – immer mehr, die kaum das Nötigste zum Leben haben. Und während der Wunsch nach intakter Natur, Ruhe und Erholung wächst, sinken die Chancen auf seine Erfüllung im gleichen Maße. So kommt es, dass in einem der reichsten Länder der Erde – reich an materiellen Gütern – viele Menschen zivilisationskrank und unglücklich sind. (*„Herz-Kreislauf-Erkrankungen, Krebs, Diabetes, Rheuma* *und Aids, Ängste und Depressionen nehmen zu. Aggressivität, Gewalt und Verrohung greifen um sich. Unsoziales Verhalten, Drogen- und Alkoholsucht, Medikamentenmissbrauch und psychosomatische Störungen sind die Antworten auf einen Lebensstil, der ‚immer schneller, immer mehr' zum obersten Prinzip hat" (Toblacher Thesen, 1992).*

Immer mehr, immer schneller, das sind die Triebkräfte unserer Entwicklung. Die kapitalistische Wachstumsdynamik stellt wirtschaftliche Ziele ganz nach oben. Die Logik des Primats der Ökonomie lässt wenig Raum für soziale, kulturelle, umwelt- und entwicklungspolitische Überlegungen. Jede politische Debatte gerät zur Globalisierungsdebatte. Deutschland ist kein Lebensraum mehr, keine Nation, sondern nur noch ein Standort für die Industrie. Und die Menschen sind keine Bürgerinnen und Bürger mehr, sondern Verbraucher.

Geld durchdringt alle Lebensbereiche

Das Geldverdienen mit Geld wird wichtiger als die reale Produktion. An den Börsen vollzieht sich ein Spiel nach dem Motto: „Wetten, dass ..?" Und dieses Spiel mit dem Reichtum der Welt, mit dem Wohlstand und nicht zuletzt auch mit dem Leben der Menschen auf diesem Globus, dieser „Kasino-Kapitalismus" führt dann zu so perversen Dingen, dass der Kurs einer Aktie steigt, wenn das Management ankündigt, Mitarbeiter zu entlassen.

Doch selbst innerhalb der Finanzwelt regt sich ob dieser Entwicklungen Unbehagen: John Reed, Chef der City-Corporation, der größten Bank der USA, formulierte schon vor ein paar Jahren: *„Die globalen Märkte und die große Kapitalkonzentration verkürzen unseren Zeithorizont. Die wirtschaftliche Entwicklung wird immer schnelllebiger. Die Rettung der Regenwälder am Amazonas ist ein Luxus, den man sich unter diesem Geldsystem nicht leisten kann."*

Ja, und der Zeitgeist, mal so eben ohne Arbeit die schnelle Mark zu machen, erfasst auch Lydia und Otto Normalverbraucher: Das Aktienfieber greift um sich. Und wer heute nicht Sladko heißt um bei „Big Brother" ein Star zu werden, der oder die spekuliert halt an der Börse.

Doch das alles bleibt nicht ohne Folgen. Mithilfe der modernen Technologien werden in Sekunden Milliardenbeträge um den Globus geschickt. Der Druck der Börsen beschleunigt die Wirtschaft. Der globale Wettbewerb verursacht gnadenlosen Zeitdruck – in den Chefetagen und in allen Etagen darunter. ‚Immer schneller', lautet daher das andere Credo unserer Zeit, *„Wir leben um die Wette"*, schreibt der Zeit-Forscher Karlheinz A. Geißler so treffend. Denn der Faktor Zeit ist zu einem der wichtigsten Kriterien für Erfolg geworden. Wer mitspielen will im Konzert der Gewinner, muss flexibel sein, anpassungsfähig, und vor allem schnell. Alle Lebens- und Arbeitsbereiche werden beschleunigt. Wir leben in einer *Non-*

Stop-Gesellschaft, die nahezu alle natürlichen Rhythmen und Eigenzeiten missachtet. Mit Schichtarbeit wird die Nacht zum Tag, Erdbeeren gibt es im Winter aus Chile, die Produkte werden arbeitsteilig in vielen Teilen der Welt hergestellt – alles zu jeder Zeit und an jedem Ort. Doch der Preis ist hoch, zu hoch. Neben den ökologischen werden auch die negativen gesundheitlichen und sozial-kulturellen Auswirkungen dieser Raserei immer offensichtlicher. Wie in einer Zentrifuge droht die Gesellschaft auseinander zu fliegen.

Wohlstand neu definieren, Debatte politisieren

Doch das „Unbehagen an der Moderne" nimmt zu – nicht erst seit Seattle und nicht nur in der Öko-Szene. Es wird immer offensichtlicher, dass die Diskussion über Nachhaltigkeit im Grunde eine Diskussion über die Wesensmerkmale und Triebkräfte der Entwicklung unserer Gesellschaft ist. Wenn wir über Nachhaltigkeit reden, reden wir also letztlich über Lebenskultur. Nachhaltigkeit ist *ein politisches Konzept, ein gesellschaftspolitisches Konzept.* Die Debatte sollte also politisiert werden, dann zeigen sich die so genannten Kommunikationsprobleme in einem völlig neuen Licht. Denn es geht weniger um das *wie*, sondern vor allem darum, *was* wir kommunizieren. (Weniger und langsamer, dafür besser und schöner).

Konsequent zu Ende gedacht geht es bei der Nachhaltigkeitsdebatte also um die Sehnsucht nach einem besseren Leben, nach einem gerechteren und weniger zerstörerischen Gesellschaftsmodell.

Ein wesentliches Motiv, warum sich die Menschen in den Industriestaaten für *diese* Vision der Nachhaltigkeit interessieren, ja begeistern könnten, könnte also der Wunsch nach einem Leben sein, das nicht mehr geprägt ist von hoher Arbeitslosigkeit, sozialer Kälte, Umweltzerstörung, Hektik und Unzufriedenheit.

Wie kann Nachhaltigkeit kommuniziert werden?

These 1: Die Kommunikation der Nachhaltigkeit muss den Egoismus des Individuums zum Ausgangspunkt machen.

Das Prinzip der Nachhaltigkeit (abgeleitet aus den Bedürfnissen kommender Generationen und künftiger Erfordernisse) verlangt ein Denken und Handeln, das dem Menschen der Industriegesellschaft eigentlich wesensfremd ist und unter dem Druck der zunehmenden Kapitalisierung aller Lebensbereiche im Prinzip immer wesensfremder wird. Die Warengesellschaft macht aus der Gemeinschaft einen losen Zusammenhang konsumierender Individuen. Dies fördert nicht das Denken in größeren Zusammenhängen, nicht die Ethik eines Rücksichtnehmens auf andere und schon gar nicht die Rücksichtnahme auf kommende Generationen.

Nachhaltigkeit verlangt auch auf die Gemeinschaft orientierte Verhaltensweisen, wie z.B. Car-Sharing. In der individualisierten „Erlebnisgesellschaft" aber (wie sie der Freizeitforscher Horst W. Opaschowski beschreibt), werden die eigenen Bedürfnisse absolut gesetzt.

Für unsere Diskussion hier folgt daraus: Die *Begründung* für Nachhaltigkeit kann nicht als Werbemittel eingesetzt werden, denn sie geht von einer moralischen Grundhaltung aus, die für viele – gerade in der jungen Generation – so keinen Wert (mehr) hat. Sie wird immer nur den bewusstesten Teil der Bevölkerung erreichen und der ist bekanntlich zahlenmäßig sehr klein.

Stattdessen müssen wir akzeptieren, dass die Menschen unter den derzeitigen gesellschaftlichen Bedingungen zum Egoismus neigen und uns dieses Faktum zunutze machen. Nachhaltigkeit darf nicht als neue Heilslehre daherkommen. Vielmehr muss der *Vorteil und Nutzen einer nachhaltigen Lebensweise* für den Einzelnen sichtbar und erfahrbar werden.

These 2: Es gilt, die individuellen Vorteile eines besseren Lebens in attraktiver Weise zu propagieren.

Es ist äußerst unwahrscheinlich, dass es eine z.B. der ehemaligen Friedensbewegung ähnliche politische Bewegung für eine nachhaltige Gesellschaft geben wird. Ein wesentlicher Grund dafür ist: Es gibt bezogen auf die globale Frage kein eindeutiges „Feindbild", d.h. allen ist mehr oder weniger bewusst, dass sie durch ihr Konsumverhalten selbst Teil des Problems sind, und sich somit ein Teil des Protestes quasi gegen die Protestierenden selbst zu richten hätte. Das dürfte eine historisch ziemlich einmalige Erscheinung sein und berührt letztlich die immer wieder gestellte Frage nach der enormen Kluft zwischen Wissen und Handeln, die drei Ursachen hat:

1. Während in der Kommunikation – zu Recht – die wirtschaftlichen und politischen Machtverhältnisse stark betont werden, werden zugleich die Einflussmöglichkeiten der Bürgerinnen und Bürger (auch und gerade als Konsumentinnen und Konsumenten) zu gering geschätzt.
2. Die Individualisierung der Lebensstile lässt die Kraft eines kollektiven Verhaltens für die Einzelnen nicht mehr erkennbar werden (in jeder Hinsicht eine Ausnahme war der Boykott der Shell-Tankstellen in der Auseinandersetzung um Brent Spar).
3. Bestimmte, besonders umweltbelastende Konsumgewohnheiten, wie Fernreisen, oder Sportarten, wie z.B. Skifahren etc., werden zwar mit schlechtem Gewissen praktiziert, aber einschränken will man sich nicht, da die Möglichkeit einer anderweitigen Befriedigung dieser Bedürfnisse nicht gesehen wird und die

Haltung vorherrscht: „Was bringt das, wenn ich verzichte und alle anderen es weiter tun?"

Fazit: Eine nachhaltige Wirtschafts- und Lebensweise kann also nur dann erfolgreich propagiert werden, wenn es gelingt, deren individuellen Nutzen sichtbar zu machen. Dabei kommt es darauf an, auch die negativen Begleiterscheinungen der bisherigen Lebensweise für den Einzelnen zu thematisieren (Stress, Hektik, Unzufriedenheit, Vereinzelung, mangelnde Genussfähigkeit, Oberflächlichkeit etc.) und deutlich zu machen, dass dies Begleiterscheinungen einer zukunftsunverträglichen Entwicklung sind.

These 3: Positive aktuelle Beispiele und Zukunftsvisionen müssen unbedingt im Zentrum stehen.

Das Fehlen eindeutiger Adressaten (nur Politik, nur Wirtschaft) für die Forderungen verunsichert teilweise die Akteure der Umweltverbände und zum Teil auch die Journalisten. Denn die Dialektik zwischen Konsumentenverhalten und Unternehmensstrategien ist offensichtlich.

Leider gilt für die Medien noch immer der Satz „good news are no news", deshalb überwiegt der Anteil der schlechten Nachrichten bei weitem. Unter Umweltschützern war es schon mal Konsens, dass Katastrophenszenarien ausgedient haben. Weil sie jetzt im politischen Machtgefüge wieder mit dem Rücken zur Wand stehen, neigen sie bisweilen dazu, in die Mottenkiste der schlechten Nachrichten zu greifen. Schlechte Nachrichten, düstere Zukunftsprognosen mobilisieren jedoch nicht, ganz im Gegenteil. Wer sein Verhalten verändern soll, der braucht eine positive Vision (Lust auf Zukunft).

Die meisten Menschen definieren sich heute über ihre Zugehörigkeit zu einer bestimmten Szene, die von einer bestimmten Kleidung, Freizeitgestaltung etc. geprägt ist. Wer da nicht mithält, ist „out". Gerade für viele Jugendliche gibt es aber nichts Schlimmeres, also „out" zu sein. Es muss also gelingen, nachhaltiges Verhalten zu einem *Kriterium für „in" oder „out"* zu machen.

These 4: Veränderungen brauchen gemeinsame Ziele und Feed-back.

Der zentrale Ansatzpunkt für die Kommunikation einer Nachhaltigkeitsstrategie ist die Lebensweise und der Konsum. Doch warum geht es hier so langsam voran?

- Die heutigen Umweltprobleme sind visuell kaum noch erfahrbar. Die Auswirkungen des eigenen Tuns bleiben oft abstrakt und sind daher auch leicht zu verdrängen.

- Die Lebensstile haben sich stark ausdifferenziert – mindestens zehn Typen hat eine Wissenschaftlerin ausgemacht: von den „Jungen Desinteressierten“ über die „Konsum-Genervten“ bis hin zur „durchorganisierten Öko-Familie“ reicht die Palette. Nur die wenigsten davon wurden mit den bisherigen Strategien erreicht.
- Wer willig ist, muss sich meist durch einen Wust an Informationen kämpfen. Doch wer geht schon gerne mit dem Fachbuch in der Hand einkaufen?
- Die Verbraucher sind aber keineswegs allein verantwortlich. Die Politik, die Hersteller, der Handel, die Werbung, die Gewerkschaften, die Umweltverbände, ..., sie alle spielen ebenso eine wichtige Rolle, um neuen Konsumgewohnheiten zum Durchbruch zu verhelfen. Diese Akteure agieren jedoch bislang noch weitgehend unabgestimmt.
- Von der Art und Weise, wie bisher Konsumfragen thematisiert wurden, fühlen sich viele Menschen bevormundet oder bekommen gar Angst vor sozialem Abstieg. „Öko“ als Weltanschauung lehnen die meisten ab.

Und zu all dem kommen die altbekannten Hemmnisse: Die sozial-ökologischen Alternativen sind, so sie denn überhaupt existieren (es gibt zwar jede Menge Energiesparbirnen, aber keine passenden Lampen dazu) und einfach zu finden sind, oft teurer oder unbequemer oder haben ein schlechteres Sozialimage oder alles zusammen. Konsum hat immer auch etwas mit Wohlgefühl zu tun. Doch empfinden wir *„Begeisterung beim Drosseln der Heizung, Erregung beim verpackungsfreien Einkauf, Lustgefühle beim Benutzen öffentlicher Verkehrsmittel ...?“*, fragte sich Udo Kuckartz schon früher humorvoll.

„Um viele für den nachhaltigen Konsum zu erreichen, bedarf es eines Gemeinschaftsgefühls“, sagt Professor Scherhorn vom Wuppertal-Institut. Dafür sind gemeinsame Ziele, pfiffige Kommunikation und Feed-back nötig. Um die Ergebnisse der individuellen Bemühungen sichtbar zu machen, schlägt der „Konsumprofessor“ Scherhorn z.B. ein Nachhaltigkeitsbarometer vor, das die Ressourcenverbräuche sichtbar macht.

In vielen Prozessen zur Lokalen Agenda 21 werden Konsum- und Lebensstilfragen thematisiert. Die Städte und Gemeinden sind die richtigen Orte, um innovative Produkte, Dienstleistungen und Projekte zu erproben, Nachhaltigkeit sinnlich erfahrbar zu machen – dabei Spaß zu haben und eine Ahnung entstehen zu lassen, dass das Leben selbstbewusst gestaltbar, Gesellschaft veränderbar ist – gegen den Main-Stream von Börsenkursen und Big Brother.

Zusammenfassung

1. Es kommt zuerst darauf an, welche Inhalte mit Nachhaltigkeit verbunden werden. Nachhaltige Entwicklung ist ein gesamtgesellschaftliches Konzept, die

Vision einer anderen Wirtschafts- und Lebensweise. Die Vision für Herz und Hirn muss am Beispiel sinnlich erfahrbar werden.
2. Die Aktivitäten von unten (Lokale Agenda Prozesse) brauchen die Rückendeckung von oben (Nationale Nachhaltigkeitsstrategie). Diese beiden Ebenen beeinflussen sich gegenseitig.
3. Kommunikation: Nachhaltigkeit ist keine neue Heilslehre. Der individuelle Nutzen einer nachhaltigen Lebensweise muss deutlich werden.

Ein Wort macht Karriere: Jeder und jede, der/die was auf sich hält, spricht heute von Nachhaltigkeit – in allen möglichen und unmöglichen Zusammenhängen: Eine Firma will nachhaltig wirtschaften, die Energieproduktion soll nachhaltig organisiert werden, doch auch die Personalkosten will man nachhaltig reduzieren und sogar der Zuzug von Ausländern ist „nachhaltig zu begrenzen". Nun zeigt der fast inflationäre Gebrauch des Wortes erst einmal etwas Erfreuliches: dass das Leitbild Nachhaltigkeit offensichtlich sprachlich in den Alltag hineindiffundiert ist. Wohlgemerkt sprachlich, nicht jedoch die Idee, die Vision, die dahinter steckt. Die ist über den Kreis eingefleischter Fans und Experten bislang kaum hinausgelangt.

Gerhard Pfister

Nachhaltigkeit und Humanressourcen – Sind Eigennutz und „Nachhaltigkeitsgesinnung" ein Widerspruch?

Eine nachhaltige Entwicklung ist ...
eine Entwicklung, die die Bedürfnisse der Gegenwart
befriedigt, ohne zu riskieren, dass zukünftige Generationen
ihre eigenen Bedürfnisse nicht befriedigen können.

Diese Definition wir Ihnen sicher bekannt sein. Sie stammt aus der deutschen Übersetzung des Abschlussberichtes der UN-Weltkommission für Umwelt und Entwicklung aus dem Jahre 1987. Darin wird Nachhaltigkeit als ein Problem definiert, wie Bedürfnisse heute und in Zukunft befriedigt werden können. Nachhaltigkeit wird damit zu einem Thema für die Ökonomik. Zentrales Anliegen der ökonomischen Wissenschaft ist es nämlich herauszufinden, wie Bedürfnisse in einer rationalen Weise befriedigt werden können.

In den Modellen von Ökonomen zählen die Bedürfnisse der Menschen in erster Linie zu den nicht-beeinflussbaren Daten. Für die Ökonomik sind Menschen aber nicht nur die Träger von gegebenen Bedürfnissen. Die Menschen sind durch die Art und Qualität ihrer Arbeitsleistung auch maßgebend dafür, wie ihre Bedürfnisse befriedigt werden können. In diesem Sinne können neben naturgegebenen und menschengemachten Ressourcen auch die Menschen selbst als Ressourcen betrachtet werden, eben als – Sie verzeihen mir dieses hässliche Wort – Humanressourcen. Mit dem Zusammenhang zwischen Nachhaltigkeit und Humanressourcen hat sich ein Projekt an der Akademie für Technikfolgenabschätzung beschäftigt, aus dem mehrere Veröffentlichungen hervorgegangen sind (siehe Literatur).

Hier will ich mich den Schnittstellen zwischen Ökonomik auf der einen Seite und Pädagogik auf der anderen Seite zuwenden: Inwieweit spielen also die Einstellungen und Werte der Menschen bei der Realisierung einer nachhaltigen Entwicklung eine Rolle? Liegen eigennütziges Verhalten – wie das in der Ökonomik als Standardverhalten vorausgesetzt wird – und das Ziel einer nachhaltigen Entwicklung tatsächlich immer im Widerspruch? Als Volkswirt möchte ich meine Überlegungen dazu anhand dreier Leitfragen erläutern:

1. Wie kann Nachhaltigkeit aus Sicht der Ökonomik interpretiert werden? (Und wie unterscheidet sich diese Sichtweise von anderen Sichtweisen ?)
2. Welche wirtschaftspolitischen Strategien kann die Ökonomik für eine Nachhaltige Entwicklung ableiten ?
3. Wo liegen die Grenzen der Leistungsfähigkeit dieser Strategien? (Und wo können Pädagogen zu einer nachhaltigen Entwicklung beitragen?)

1. Wie kann Nachhaltigkeit aus Sicht der Ökonomik interpretiert werden?

Zunächst: Nachhaltigkeit ist nicht in den Köpfen von Wissenschaftlern entstanden. Nachhaltigkeit ist primär eine politische Forderung. Die Aufgabe der Wissenschaft ist es, Konzepte für die Umsetzung dieser Forderung zu liefern. Dazu habe ich versucht, Nachhaltigkeit im Sinne einer Denktradition der Ökonomie auszudrücken.

Eine Nachhaltige Entwicklung bedeutet, dass der Kapitalstock an natürlichen Ressourcen so weit erhalten bleibt, dass das Wohlfahrtsniveau zukünftiger Generationen mindestens dem Wohlfahrtsniveau der gegenwärtigen Generation entsprechen kann.

In dieser Definition wird Nachhaltigkeit als ein im Zeitablauf nicht-sinkendes Wohlfahrtsniveau verstanden. Dieses Wohlfahrtsniveau ist das Aggregat der individuellen Bedürfnisbefriedigungen und hängt maßgeblich von der Verteilung von Ressourcen ab. Nachhaltigkeit definieren wir folglich als eine Norm und zwar als eine Norm, wie bedürfnisbefriedigende Ressourcen zwischen den Generationen verteilt werden sollen. Nachhaltigkeit ist also eine Gerechtigkeitsnorm.

Eine solche Norm kann nicht aus der Ökonomie heraus begründet werden. Auch die Naturwissenschaften können keine Aussagen darüber treffen, ob Nachhaltigkeit verfolgt werden soll oder nicht. Eine Begründung dieser Norm ist nur ethisch möglich. Und die Ökonomik kann dabei nur die Möglichkeiten und die Konsequenzen dieses Ziels aufzeigen.

Neben dem Begriff der Wohlfahrt ist in dieser Definition der Begriff der natürlichen Ressourcen bzw. des natürlichen Kapitals von zentraler Bedeutung. Hier kommt die anthropozentrische Sichtweise der Ökonomik zum Ausdruck. Natürliches Kapital ist jedes nicht-produzierte Vermögen, aus dem Menschen Nutzen ziehen können, also Vermögen, das ohne Zutun des Menschen einfach vorhanden ist und das menschliche Bedürfnisse befriedigen kann. Dem natürlichen Kapital selbst, d.h. der natürlichen Umwelt, wird dabei kein Eigenwert zugemessen. Die Umwelt erfährt nur in Beziehung zum Menschen eine Wertschätzung. Kann die Umwelt nicht von Menschen genutzt werden, so ist sie aus der Sicht der Ökonomik folglich wertlos.

Dies unterscheidet die ökonomische Sichtweise von der ökologischen Sichtweise. Dort bedeutet Nachhaltigkeit einen Umgang mit Ressourcen, bei dem die Tragfähigkeit des jeweiligen Ökosystems nicht gefährdet werden darf – ganz unabhängig davon, ob dieses Öko-System menschliche Bedürfnisse befriedigt oder nicht. Es geht dabei nicht – wie in der ökonomischen Sichtweise – um die Nutzung der Umwelt durch den Menschen, sondern um die Aufrechterhaltung von natürlichen Systemen als solche.

Demgegenüber wird in der ökonomischen Definition der Nachhaltigen Entwicklung behauptet, dass die natürliche Umwelt ersetzbar ist. Dies gilt natürlich nur unter der Voraussetzung, dass dessen künstlicher Ersatz ebenfalls menschliche Bedürfnisse befriedigt. Das Augenmerk der ökonomischen Perspektive ist deshalb nicht – wie in der ökologischen Sichtweise – auf die Erhaltung natürlicher Systeme an sich gerichtet, sondern auf den Erhalt der bedürfnisbefriedigenden Funktionen, welche von natürlichen Systemen geliefert wird.

Umwelt wird in der Ökonomik folglich als eine Möglichkeit angesehen, menschliche Bedürfnisse zu befriedigen. Eine nachhaltige Entwicklung hat zum Ziel, diese Möglichkeiten für zukünftige Generationen zu erhalten. Wenn Menschen nun erschöpfbare Ressourcen wie Erdöl oder Kohle verwenden, dann stehen diese bedürfnisbefriedigenden Ressourcen für zukünftige Generationen nicht mehr zur Verfügung. Auch werden natürliche Ressourcen für nachfolgende Generationen degradiert, wenn mehr Reststoffe in die Umwelt gelangen als von dieser abgebaut werden können. Ein quantitativer und qualitativer Bestandserhalt natürlicher Ressourcen ist im Prinzip nur dann möglich, wenn in einer Wirtschaft zwei Bedingungen erfüllt werden:

- Erstens dürfen lediglich erneuerbare Ressourcen genutzt werden und
- zweitens darf bei dieser Nutzung die Regenerationsfähigkeit dieser Ressourcen nicht überschritten werden.

Von diesem Umgang mit Ressourcen sind wir weit entfernt. Wir verbrauchen mehr Umweltressourcen, als uns die Natur dauerhaft zur Verfügung stellt. Wir müssen das auch tun, weil ein Leben allein auf der Basis von erneuerbaren Ressourcen bei weitem unsere heutigen technologischen Möglichkeiten übersteigt – selbst wenn wir unseren Konsum auf ein Existenzminimum beschränken würden. Eindrücklich hat das der Freiburger Biologe Hans Mohr errechnet. Nur maximal 10 bis 15 Prozent der heutigen Bevölkerung in Baden-Württemberg könnten in einer derart definierten nachhaltigen Wirtschaft überleben. Die Schlussfolgerung daraus: Eine Nachhaltigkeitspolitik, die sich deshalb lediglich um die Erhaltung der Natur – oder ökonomisch ausgedrückt: um die Erhaltung des natürlichen Kapitalstocks – bemüht, ist zum Scheitern verurteilt.

Was ist dann möglich? Um diese Frage zu beantworten kann man zunächst danach fragen, inwieweit die aus der Umwelt stammenden Möglichkeiten zur Befriedigung von Bedürfnissen ersetzt werden können durch künstliches Kapital, also durch Ressourcen, die von Menschen geschaffen worden sind. Dabei ist es nicht zwingend, dass diese von Menschen geschaffenen Möglichkeiten zur Befriedigung von Bedürfnissen dieselben stofflichen und funktionalen Eigenschaften ausweisen wie die natürlichen Ressourcen. Wichtig ist vielmehr, dass der Nutzen durch den Gebrauch des künstlichen Kapitals mindestens ebenso groß sein kann wie der Nutzen von natürlichen Ressourcen. Wenn die Menschen beispielsweise genauso viel Freude an einem Kinobesuch empfinden wie an einem Waldspaziergang, dann können wir die natürliche Ressource „Wald" durch das künstliche Kapital „Kino" ersetzen, ohne dass sich das Niveau der Bedürfnisbefriedigung insgesamt verringert. Ob eine solche nutzenniveauorientierte Substitution gelingt, hängt aber nicht nur von der verfügbaren Technologie ab, künstliches Kapital herzustellen, sondern auch davon, wie die Betroffenen, also die heutige und die zukünftigen Generationen, ihr Gesamtpaket an natürlichem und künstlichem Kapital bewerten.

Hier gibt es im Wesentlichen zwei Lager. Die Vertreter der so genannten „starken Nachhaltigkeit" gehen davon aus, dass natürliche Bestandteile der Umwelt kaum durch menschengemachte Vermögenswerte ersetzbar sind. Beide Elemente eines möglichen Erbes, das die heutige Generation der nachfolgenden überlässt, stehen nach dieser Ansicht in einem komplementärem Verhältnis zueinander. Die Vertreter der so genannten schwachen Nachhaltigkeit gehen hingegen davon aus, dass ein großer Teil der Umwelt durch menschengemachte Vermögenswerte ersetzbar sind. Beide Konzepte stellen Extreme dar, die in ihrer reinen Form nicht realisierbar sind. Weder ist es uns möglich, lediglich von den Zinsen des natürlichen Kapitals zu leben, noch können wir bedenkenlos alle natürlichen Ressourcen verbrauchen, und zwar deshalb, weil jedes künstliches Produkt selbstverständlich auf natürliche Vor- und Nachleistungen angewiesen ist.

Die „Wahrheit" liegt also irgendwo zwischen den beiden Polen der starken und der schwachen Nachhaltigkeit. Wichtig ist in diesem Zusammenhang die Frage, welche Ressourcen die Menschen als essentiell empfinden und deshalb nicht gefährdet werden dürfen und welche Ressourcen im Prinzip als substituierbar angesehen werden. Daraus können wir dann konkrete Handlungsregeln aufstellen, an denen sich die Akteure in Wirtschaft und Gesellschaft orientieren können. Eine erste Regel für eine Politik einer Nachhaltigen Entwicklung könnte folgendermaßen lauten:

1. *Ein Verbrauch des natürlichen Kapitals muss durch eine entsprechende Erhöhung des künstlichen Kapitals ausgeglichen werden, so dass die Wohlfahrtssituation indifferent ist.*

Unter künstlichem Kapital verstehen wir dabei jedes von Menschen produzierte Vermögen, sei es in Form von Sachvermögen, Organisationsstrukturen, Wissen und Ähnlichem. Ein Ersatz natürlichen Kapitals durch künstliches Kapital setzt dabei voraus, dass die Bedürfnisbefriedigung aus der Nutzung des natürlichen Kapitals, also der Umwelt, gleich der Bedürfnisbefriedigung aus der Nutzung des künstlichen Kapitals – also der von Menschen geschaffenen Möglichkeiten – ist. Einen vollständigen Ersatz des natürlichen Kapitals durch künstliches Kapital kann es jedoch nicht geben. Schließlich kann künstliches Kapital nur dann produziert werden, wenn zuvor ein Minimum an natürlichen Ressourcen eingesetzt wurde. Dazu ein Beispiel: Durch technisches Wissen lässt sich zwar der Wirkungsgrad thermischer Anlagen erhöhen. Doch auch bei vollständiger Ausnutzung des chemischen Energiegehalts fossiler Energieträger werden weiterhin – wenn auch in geringerem Maße – fossile Energieträger benötigt.

Wenn eine Grenze der Ersetzbarkeit des natürlichen Kapitals durch künstliches Kapital erreicht ist, dann muss sich der Verbrauch des natürlichen Kapitals an den folgenden Regeln zwei und drei orientieren:

2. *Für erneuerbare Ressourcen als Rohstoffe gilt, dass Abbau (bzw. Verschmutzung) und Regeneration in einem Gleichgewicht stehen müssen.*
3. *Für nicht erneuerbare (d.h. erschöpfbare) Ressourcen gilt, daß deren Verbrauch durch den Aufbau erneuerbaren natürlichen Kapitals ausgeglichen werden muss.*

Regeln zwei und drei garantieren, dass der Bestand des natürlichen Kapitalstocks erhalten bleibt. Diese Regeln können jedoch nicht alleine Nachhaltigkeit im ökonomischen Sinne gewährleisten. Beispielsweise dürften nach den Regeln zwei und drei keine Krankenhäuser und Schulen mehr gebaut und unterhalten werden, denn dadurch werden Flächen dauerhaft versiegelt und Heizöl unwiederbringlich verbraucht. Ein Verzicht auf solche Einrichtungen würde jedoch nachfolgenden Generationen einen Wohlfahrtsverlust zufügen, der schwerer wiegen könnte als der Wohlfahrtsverlust, der durch die Einbuße an natürlichem Kapital entsteht. Nachhaltige Entwicklung erfordert folglich ein Abwägen zwischen den Nachteilen des Umweltverbrauchs und den Vorteilen der Erhaltung und der Zunahme des künstlichen Kapitals. Nachhaltigkeit kann demnach nicht bedeuten, Umweltzustände im absoluten Sinne zu konservieren.

2. Welche wirtschaftspolitischen Strategien kann die Ökonomik für eine Nachhaltige Entwicklung ableiten?

Eine erste wirtschaftspolitische Strategie kann bereits aus der ersten Nutzungsregel abgeleitet werden. Wenn das Ziel einer Nachhaltigkeitspolitik die Aufrechterhaltung eines bestimmten gegenwärtigen Wohlfahrtsniveaus ist und natürliches Kapital durch künstliches Kapital ersetzt werden kann, dann wäre es ideal, wenn immer knapper werdende natürliche Ressourcen durch eine menschengemachte Ressource, d.h. durch künstliches Kapital, ersetzt werden kann, und zwar durch eine Ressource, die sich trotz zunehmender Inanspruchnahme überhaupt nicht verknappt.

Gibt es eine solche Ressource, die gleichsam unendlich nutzbar ist? Die Antwort lautet: Ja, es ist die von Menschen produzierte Ressource „Wissen". Wenn beispielsweise technisches Wissen den Wirkungsgrad thermischer Anlagen erhöhen kann, dann müssen zur Erzeugung einer bestimmten Raumtemperatur weniger fossile Energieträger verwendet werden, als es ohne dieses Wissen der Fall wäre: Wissen ersetzt folglich die Leistungen der Natur. Und dieses Wissen kann im Prinzip auch von beliebig vielen Anwendern ohne gegenseitige Beeinträchtigung genutzt werden. So lässt sich beispielsweise das Wissen, wie der Wirkungsgrad einer thermischen Anlage erhöht werden kann, auch für eine Erhöhung des Wirkungsgrades einer anderen Anlage nutzen. Diese Eigenschaft des Wissens nennen wir „Nicht-Rivalität". Sie gilt nicht für natürliche Ressourcen wie beispielsweise fossile Energieträger: Sind sie einmal genutzt worden, sind ihre Reststoffe in derselben Weise nicht mehr verwendbar.

Ein weiterer Aspekt des Wissens liegt darin, dass durch die Produktion von Wissen die Produktion zusätzlichen Wissens gefördert wird. Beispielsweise kann das Grundlagenwissen, das zur Entwicklung von energiesparenden Raumheizungen genutzt wird, auch für die Entwicklung eines energiesparenden Motors verwendet werden. Wissen kann folglich als eine der wesentlichen Voraussetzungen für eine nachhaltige Entwicklung betrachtet werden. *Wissen erhöht die Innovationsfähigkeit der Volkswirtschaft und damit ihre Möglichkeiten, ökologische Knappheiten zu überwinden.*

Für das Ziel einer nachhaltigen Entwicklung stellt sich zunächst deshalb die Frage, wie Wissen geschaffen und genutzt werden kann. Eine erste und unverzichtbare Grundlage ist *Bildung und Ausbildung*. Aus dieser Perspektive erfordert eine Nachhaltigkeitspolitik, dass der Bildungs- und Ausbildungsbereich gefördert wird. Für die Innovationsfähigkeit einer Volkswirtschaft sind dabei nur zum einen Teil Fachqualifikation auf eng begrenzten Gebieten relevant. Mindestens ebenso wichtig erscheint uns erstens die Fähigkeit, Verknüpfungen zwischen verschiedenen Wissensgebieten schaffen zu können und zweitens dieses Wissen für praktische Lösungen anwenden zu können. Angesichts einer zunehmenden Spezialisierung und Komplexität der Gesellschaft fallen diese Kommunikations- und Transferfähigkeiten immer stärker ins Gewicht.

Ein zweiter Ansatzpunkt zur Vermehrung des Wissens besteht in der Förderung von *Forschung und Entwicklung*. Forschung und Entwicklung können zielgerichtet zu neuen Produkten oder neuen Produktionsverfahren führen, die dann insgesamt einen ressourcensparenden Umgang mit der Umwelt erlauben.

Investitionen in Forschung und Entwicklung sind aus unternehmerischer Sicht jedoch nur dann lohnend, wenn Erfindungen in einen wettbewerblichen Vorteil umgesetzt werden können. Die Möglichkeiten für Unternehmen, aus Innovationen Gewinne zu erzielen, werden dabei durch einen möglichst *freien Handel* unterstützt. Der internationale Handel fördert darüber hinaus die für die Nachhaltigkeit notwendige Verbreitung von Wissen.

In diesem Aspekt sehe ich auch einen der wesentlichen Vorteile der Globalisierung – also die zunehmende Entgrenzung und Verflechtung von Volkswirtschaften. Globalisierung kann zur Nachhaltigkeit beitragen, indem sie die Schaffung und Anwendung von Wissen steigert und so die Innovationsfähigkeit von Volkswirtschaften steigern kann. Diese Triebkräfte für eine nachhaltige Entwicklung bleiben aber ungenutzt, wenn man eine Politik betreibt, die auf stärkere räumliche Begrenzung des Wirtschaftens hinausläuft. Zwar mag man mit regionalen Wirtschaftskreisläufen den Gütertransport verringern können und damit auch den Umweltverbrauch für die Güterversorgung, auf der anderen Seite bleiben aber die Effizienzvorteile der räumlichen Arbeitsteilung ungenutzt. Wenn wir beispielsweise landwirtschaftliche Produkte aus sonnenverwöhnten Gegenden importieren, dann nutzen wir die bessere naturräumliche Ausstattung einer anderen Region und müssen selbst weniger Ressourcen aufwenden um dieselben Güter in derselben Qualität produzieren zu können. Der so oft zitierten Forderung nach regionalen Wirtschaftskreisläufen als Instrument einer nachhaltigen Entwicklung stehe ich deshalb eher skeptisch gegenüber.

Eine zweite Strategie einer Nachhaltigkeitspolitik setzt an der zweiten Nutzungsregel an. In dieser Regel geht es um erneuerbare Ressourcen, die nicht durch künstliches Kapital ersetzbar sind. Daraus folgt, dass der Bestand dieser Ressourcen erhalten werden muss, wenn zukünftige Generationen keinen Wohlfahrtsverlust erleiden sollen. Eine ständige Übernutzung von erneuerbaren Ressourcen mindert ihren Bestand und führt früher oder später zur Ausrottung dieser Ressourcen. Umgekehrt wäre es höchst ineffizient, diese Ressourcen nicht zu nutzen. Ziel muss es also sein, die Nutzung dieser Ressourcen an deren Erneuerungsrate anzupassen.

In dieser Frage haben Ressourcenökonomen darauf hingewiesen, dass eine marktwirtschaftlich effiziente Nutzung dieser Ressourcen in der Regel auch gleichzeitig eine ökologisch dauerhafte Nutzung ist. Nur im Falle außerordentlich hoher Zeitpräferenzraten führt eine effiziente Nutzung zur Ausrottung dieser Ressourcen. Diese hohen Zeitpräferenzraten sind dabei Ausdruck einer überaus großen Gegenwartspräferenz der heutigen Generation, also dass die Dringlichkeit der Bedürfnisbefriedigung heute weitaus höher geschätzt wird als die Dringlichkeit der Bedürfnisbefriedigung später. Oder anders ausgedrückt: der heutigen Generation ist das Verbrauchsniveau von erneuerbaren Ressourcen mehr wert als der Verlust an Wohlfahrt, wenn in Zukunft diese Ressourcen nicht mehr zur Verfügung stehen. Eine solche Orientierung – man kann auch sagen: eine solche Ungeduld – steht ganz klar im Widerspruch zu der Forderung nach einer nachhaltigen Entwicklung. Ist dies ein Versagen der Markwirtschaft, d.h. eines Wirtschaftssystems, das auf dem eigennützigen Verhalten ihrer Akteure beruht?

Tatsächlich kann man hier von einem Versagen der Marktwirtschaft im Hinblick auf das Nachhaltigkeitsziel sprechen. Die Marktwirtschaft kann nämlich nur jene Bedürfnisse berücksichtigen, die potentiell am Markt auch in Nachfrage umgesetzt werden können. Die Bedürfnisse zukünftiger Generationen, also jener Menschen, die am Markt noch gar keine Nachfrage entfalten können, können folglich nicht von dem System der Marktwirtschaft berücksichtigt werden. Soweit durch das Handeln der jetzigen Generation der Bestand an erneuerbaren und nicht ersetzbaren Ressourcen gefährdet wird, sollte für eine nachhaltige Entwicklung eine Selbstbindung der jetzt lebenden Marktakteure erfolgen – etwa über einen konstitutionellen Grundkonsens. *Diese wirtschaftspolitische Strategie läuft darauf hinaus, dem wirtschaftlichen Handeln einen ökologischen Rahmen zu geben* und diese Aufgabe kann nur durch staatliches oder zivilgesellschaftliches Handeln bewirkt werden. Dafür müssten eventuell aber noch die entsprechenden institutionellen Strukturen aus- oder aufgebaut werden, die eine stärkere Beteiligung von Bürgern in politischen Entscheidungen ermöglichen könnten. Und dies bedeutet auch, dass die Menschen ausreichende Kompetenzen besitzen müssten, um diese vermehrten Chancen zur Partizipation nutzen zu können.

Ein Beispiel für eine Regelung zum Bestandserhalt von erneuerbaren Ressourcen gibt es bereits in der Forstwirtschaft. Es ist das so genannte Wiederaufforstungsgebot. Dieses im Waldgesetz verankerte Gebot dient dazu, dass der Bestand an Waldflächen erhalten werden soll. Nachhaltigkeit wird jedoch dadurch erkauft, dass forstwirtschaftliche Flächen eine weitaus geringere Rendite erzielen als anderweitig genutzte Flächen. Dieser Renditeverlust im Vergleich zu einer unreglementierten Flächennutzung ist dann der Preis, den die gegenwärtige Generation zur Aufrechterhaltung der Lebensbedingungen für zukünftige Generationen zu zahlen hat. Die gegenwärtige Generation muss zugunsten zukünftiger Generationen verzichten.

Im jenen Fällen, in denen eine Substitution von erschöpfbaren Ressourcen jedoch möglich ist – sei es, wie in der dritten Regel, durch erneuerbares natürliches Kapital oder, wie in der ersten Regel, durch künstliches Kapital, besteht das Problem der nachhaltigen Entwicklung darin, diesen Austausch so zu gestalten, dass bei jeder Substitution die Wohlfahrtssituation zumindest gleich bleibt. Ökonomen haben nun eine begründete Vorstellung, dass dies dann geschieht, wenn die Kosten für den Verbrauch von natürlichem Kapital, also auch die Umweltkosten, vollständig erfasst werden und in die Kostenrechnung der Marktakteure eingehen.

Zur Umsetzung dieser Vorstellung in das reale Wirtschaftsgeschehen wurden bereits einige Vorschläge gemacht. Sie reichen über Haftungsregelungen für ökologische Risiken – wie sie zum Beispiel im Umwelthaftungsrecht schon ansatzweise realisiert wurden – bis hin zur viel diskutierten ökologischen Steuerreform. Ziel dieser Maßnahmen ist es, alle – also auch die nicht monetären – Kosten des Wirtschaftens zu berücksichtigen. In der Sprache der Ökonomen heißt das: die Internalisierung der externen Effekte. Mit diesen Regelungen kann das eigennützige Verhalten der Menschen so gesteuert werden, dass für die Gesellschaft ein Maximum an Wohlfahrt erzeugt wird, und das sowohl für heutige als auch für die zukünftigen Generationen. *Diese Strategie zielt darauf ab, dass die Preise die ökologische Wahrheit sagen.*

3. Wo liegen die Grenzen der Leistungsfähigkeit dieser Strategien?

Selbst bei einer sinnvollen Kombination dieser drei wirtschaftspolitischen Strategien kann sich eine Nachhaltigkeitspolitik aber nicht allein auf diese drei Strategien beschränken. Der Erfolg dieser Strategien wird wesentlich auch von Gründen beeinflusst, die nicht im Blickfeld der marktwirtschaftlichen Ökonomik liegen.

Einer dieser Gründe sind die *subjektiven Zeitpräferenzraten der Menschen, also die Rate oder das Ausmaß ihrer Ungeduld.* Je stärker die Menschen zukünftiges Wohlergehen gegenüber gegenwärtigem Wohlergehen vorziehen, desto mehr werden sie in ihre Bildung und Ausbildung investieren. Auch werden die Investitionen in Forschung und Entwicklung höher sein, je mehr die Menschen auf ihr zukünftiges Wohlergehen und das ihrer Nachkommen Wert legen. In beiden Fällen ist die Folge einer solchen stärkeren Zukunftsbezogenheit eine Vermehrung der Ressource „Wissen“, oder um genau zu sein: der Teil des Wissensbestandes in einer Volkswirtschaft, den der Konstanzer Philosoph Mittelstraß als „Verfügungswissen“ bezeichnet hat. Dieses „Verfügungswissen“ umfasst das zur Erreichung bestimmter Ziele verfügbare Sachwissen und eine Steigerung dieses Verfügungswissens führt zu technischen und sozialen Innovationen, die für eine nachhaltige Entwicklung genutzt werden können. Wir würden dann einen Weg zu einer nachhaltigen Entwicklung beschreiten, der versucht, über den technischen und organisatorischen Fortschritt Nachhaltigkeit zu erreichen.

Geringe subjektive Zeitpräferenzraten bzw. eine stärkere Zukunftsbezogenheit der Menschen verändert aber nicht nur die Möglichkeiten der Menschen mit ökologischen Knappheiten umzugehen. In einigen Fällen lässt sie ökologische Knappheiten erst gar nicht entstehen. Mit der Betonung des zukünftigen Wohlergehens wird bei manchen erneuerbaren Ressourcen eine marktwirtschaftliche effiziente Nutzung nämlich auch eher mit einer dauerhaft umweltgerechten Nutzung verbunden sein. In diesem Fall wird Nachhaltigkeit nicht durch technische Innovationen oder ein besseres Management erreicht, sondern schlicht dadurch, dass Menschen geringere Nutzungsansprüche an die Umwelt haben.

Ob dies gelingt, hängt wesentlich von ihren Einstellungen und Werten ab. Für diese Einstellungen und Werte hat der Philosoph Mittelstraß ebenfalls einen Begriff in die Diskussion eingeführt. Er nennt dies „Orientierungswissen" und er meint dabei das Wissen um die Angemessenheit der Anwendung von Verfügungswissen. Hierbei geht es dann um die Frage, ob das, was getan werden kann, auch tatsächlich getan werden soll. Das Orientierungswissen liefert hierzu die notwendigen Beurteilungsmaßstäbe. Und falls sich dieses Orientierungswissen an den Kriterien der Nachhaltigkeit festmacht, entsteht das, wofür Forstwirte schon lange vor ihm einen Begriff geprägt haben, nämlich den Begriff der *„Nachhaltigkeitsgesinnung"*.

Meinen Beitrag möchte ich mit einem Diskussionsanstoß beenden und zwar mit dem Versuch, folgende Frage zu beantworten: Was können Pädagogen für eine nachhaltige Entwicklung tun? Für das Ziel einer nachhaltigen Entwicklung sollten Pädagogen nicht nur Sachwissen vermitteln. Sicherlich ist wichtig zu wissen, wie ökologische Systeme funktionieren, was zum Schutz dieser ökologischen Systeme getan werden kann oder wie menschliches Verhalten die Stabilität dieser ökologischen Systeme beeinflusst. Aber neben dieser reinen Informationsvermittlung können Pädagogen auch etwas ganz anderes tun: Sie können den Menschen Orientierungswissen vermitteln. Ich meine damit nicht Manipulation, sondern eine Hilfestellung dafür, dass die Menschen für sich selbst eine langfristige Orientierung für ihr Handeln finden können. Dies hätte zur Folge, dass es sich für die Menschen bei ihren Entscheidungen tatsächlich mehr lohnen würde, verstärkt ihre zukünftigen Lebensbedingungen im Blick zu haben. Sollten Pädagogen hier erfolgreich sein, dann fangen die Menschen von selbst an, sich das relevante Sachwissen anzueignen, wie man die Umwelt schützen und erhalten kann. Gleichzeitig beginnen sie auch damit, ihre Nutzungsansprüche an die Umwelt zu reduzieren. Sollte Ihnen dies gelingen, wären die Widersprüche zwischen Eigennutz und Nachhaltigkeit beseitigt.

Literatur

Pfister, G./Renn, O.: Nachhaltigkeit und Humanressourcen. Arbeitsbericht Nr. 88 der Akademie für Technikfolgenabschätzung in Baden-Württemberg. Stuttgart, Oktober 1997

Clar, G./Dorè, J./Mohr, H. (Hrsg.): Humankapital und Wissen. Grundlage einer nachhaltigen Entwicklung. Heidelberg/New York 1997

Clar, G.: Neue Optionen für die Entwicklung der Humanressourcen. Wege zu mehr Nachhaltigkeit und Wettbewerbsfähigkeit. Präsentation der Akademie für Technikfolgenabschätzung in Baden-Württemberg. Stuttgart, Oktober 1998

Knaus, A./Renn, O.: Den Gipfel vor Augen: Unterwegs in eine nachhaltige Zukunft. Marburg 1998

Matalik, S./Schade, D. (Hrsg.): Entwicklungen in der Aus- und Weiterbildung. Anforderungen, Ziele, Konzepte. Baden-Baden 1998

Andreas Fischer

Überwindung von Widerständen: Anknüpfung an und Erweiterung von traditionellen Lehr-Lern-Arrangements

1. Eröffnung

Auch in der didaktischen Diskussion wird vor voreilig angefertigten Rezepten gewarnt. Wenn neue Lehr-Lern-Arrangements eingeführt und traditionelle Konzepte gegebenenfalls „entsorgt" werden sollen, dann ist eine ganze Reihe von Faktoren zu berücksichtigen. Wenn wir an traditionelle Lehr-Lern-Arrangements anknüpfen und sie erweitern wollen, genügt es nicht, an einem Rädchen zu drehen, vielmehr ist der Implikationszusammenhang zwischen Bedingungs- und möglichen Entscheidungsfaktoren zu beachten. Diese simple Feststellung lässt sich in eine ebenso simple – aber keineswegs unbedeutende – Frage kleiden: „Was ist wem von wem wo wie anzubieten?"

Diese Frage macht deutlich, dass es nicht darum gehen kann, lediglich das Arrangieren von Lehr-Lern-Formen, also die äußere Form des Aneignungsprozesses zu erörtern (methodische Ebene: die Frage nach dem „Wie?"). Vielmehr sind weitere Teilfragen bedeutsam:

- Welche Inhalte sollen angeboten und welche Themen sollen bearbeitet werden? (inhaltliche Ebene: die Frage nach dem „Was?")
- Welche Erwartungen, Kenntnisse und Erfahrungen haben die Lernenden? (Akteursebene: die Frage nach dem „Wer lernt?")
- Welcher Typ von Dozent/Lehrer ist wie qualifiziert? (Akteursebene: die Frage nach dem „Wer lehrt?")
- Welche Organisationsformen bieten sich im Rahmen der außerschulischen Bildung für Lehrangebote zur nachhaltigen Entwicklung an? (Organisatorische Ebene: die Frage nach dem „Wo?") Diese Ebene kann wiederum in eine Organisationsstufe (Akteursebene) und eine Systemstufe (Bildungs- und/oder Beschäftigungssystem) unterteilt werden.

Kurz: Didaktisch-methodische Arrangements sind aufgrund der skizzierten Implikationszusammenhänge nicht isoliert oder getrennt von anderen Entscheidungsfaktoren zu verändern, die ihrerseits in Bedingungsfeldfaktoren eingebettet sind. Diese didaktische Binsenweisheit gilt gleichermaßen für eine Bildung für nachhaltige Entwicklung, in der Gestaltungskompetenzen für das berufliche Handeln und Alltagsverhalten gefördert werden sollen (vgl. BLK 1999).

Um Antworten auf die Frage zu finden, wie an traditionelle Lehr-Lern-Arrangements angeknüpft und diese wiederum im Sinne einer Bildung für nachhaltige Entwicklung erweitert werden können, bietet es sich an, als Strukturierungshilfe zwischen einer Makro-, einer Meso- und einer Mikroebene zu unterscheiden:

- Der gesellschaftliche Diskurs über eine nachhaltige Entwicklung stellt die Makroebene dar. Hier stellt sich die Frage, was eigentlich unter Nachhaltigkeit verstanden wird und was unter einer Bildung für nachhaltige Entwicklung?
- Der Diskurs mit all seinen kognitiven, methodischen, organisatorischen, ökonomischen, sozialen, psychologischen und anderen Faktoren bildet die Mesoebene. Sie lässt sich auch als Lehr-Lern-Kultur bezeichnen.
- Die Mikroebene schließlich ist das Lehrangebot an sich, das den Lernenden die Möglichkeit geben soll, sich mit Fragen einer nachhaltigen Entwicklung auseinander zu setzen.

Die drei Ebenen sind nicht als in sich abgeschlossene, sondern als offene Systeme zu betrachten. Zwischen ihnen bestehen Wechselwirkungen. Gleichzeitig lassen sich auf allen drei Ebenen vielfältige Facetten des Zusammenspiels zwischen sozialen, wirtschaftlichen oder politischen Faktoren ausmachen, die durchaus widersprüchlich sind.

Unabhängig davon lässt sich die Frage, wie sich der gesellschaftliche Diskurs über nachhaltige Entwicklung auf das Weiterbildungsangebot auswirkt, auch mit veränderten Vorzeichen stellen: Zu ermitteln wäre, welchen Einfluss die Lehrangebote zur nachhaltigen Entwicklung auf die Kultur der Lernorte einerseits und auf den gesellschaftlichen Diskurs andererseits haben und welche Handlungsspielräume sich in diesem Zusammenhang eröffnen. Wenn ich von Handlungsspielräumen spreche, dann meine ich, dass die Weiterbildung auf Entwicklungen nicht nur reagiert bzw. zu reagieren hat. Sie kann und soll agieren und Eigeninitiative zeigen. Denn in einer Zeit beschleunigter Entwicklungen gilt es nicht nur, Akteure durch Weiterbildungsangebote für gesellschaftliche Prozesse zu qualifizieren. Die Weiterbildung selbst kann gestaltend auf den gesellschaftlichen und bildungspolitischen Wandel einwirken.

Im Folgenden skizziere ich zunächst die Idee der Nachhaltigkeit und einer Bildung für nachhaltige Entwicklung. Anschließend werde ich das Spektrum der Weiterbildung aufdecken. Dabei beschreibe ich Weiterbildung zunächst vor dem Hintergrund eines ausschließlich zweckgebundenen Weiterbildungsinteresses (Humankapitalansatz), dem ich dann das „nachhaltige Potenzial“ einer selbstbestimmten Weiterbildung gegenüberstelle – wohl wissend, dass die beiden Ansätze in der Praxis nicht streng voneinander abzugrenzen sind, sondern sich gegenseitig ergänzen.

2. Nachhaltige Entwicklung

Wenn wir die Debatte über nachhaltige Entwicklung nachvollziehen, dann stellen wir fest, dass sie in den vergangenen Jahren eine erstaunliche Karriere durchlaufen hat. UNO-Tagungen und neue UNO-Behörden beschäftigen sich mit dem Thema. Neue transnationale Kooperationspraktiken wurden geschaffen und neue, ressortübergreifende Formen der Problembearbeitung werden praktiziert. Weltweit ist eine Expertengemeinde der Sustainability-Forschung entstanden. Das integrative Konzept sustainable development trägt dazu bei, dass bislang getrennt diskutierte ökologische, soziale und ökonomische Probleme aus einer neuen Perspektive betrachtet und erforscht werden.

Der Brundlandt-Bericht (1987), in dem das Leitbild einer neuen globalen Problemlösungsstrategie entwickelt wurde, die UNCED-Konferenz in Rio 1992 und die dort beschlossenen Erklärungen, Konventionen und Handlungsprogramme – darunter insbesondere die „Agenda 21" – haben der Nachhaltigkeitsidee eine erstaunliche institutionelle Schubkraft verliehen. Sustainable development ist inzwischen – in welcher deutschen Übersetzung auch immer – eine moralisch hoch bewertete Formel für ein globales Entwicklungskonzept. Es zielt darauf ab, die natürlichen Grundlagen menschlicher Entwicklung langfristig zu sichern und die augenfälligen Formen sozialer Ungleichheit zwischen Nord und Süd, aber auch zwischen West und Ost, zu beseitigen.

Das ist die eine Seite, die Erfolgsstory der nachhaltigen Entwicklung. Der Teufel steckt – wie fast immer – im Detail: Nachhaltige Entwicklung ist ein sehr allgemein gehaltenes, abstraktes Konzept, gegen das nicht viel zu sagen ist: Denn wer ist schon *gegen* eine solche Entwicklung? Aber was genau soll man sich eigentlich unter nachhaltiger Entwicklung vorstellen? Wie lässt sich die Idee mit all ihren didaktischen Implikationen in der Weiterbildung verankern? Ist es nicht eine Formel, die vor allem für Sonntagsreden und wohlklingende programmatische Erklärungen reserviert ist – aus der sich jedoch nicht allzu viel Konkretes ergibt?

Wir wissen: Es handelt sich bei nachhaltiger Entwicklung nicht um ein fertiges und in sich konsistentes politisches Programm, sondern um eine konkretisierungs- und entwicklungsbedürftige Zukunftsvision. Sie wird sich im Zuge ihrer Umsetzung sehr wahrscheinlich noch verändern. Die Enquête-Kommission (1998) betont, dass es sich um eine „regulative Idee" handelt. Gemeint ist damit, dass es eine Vorstellung von einem Ganzen gibt, die den Such- und Erkenntnisprozess der Akteure leitet. Nachhaltigkeit ist also kein fertiges Ganzes, das uns vorschreibt, wie alles Zukünftige zu gestalten ist.

Der Diskurs über eine nachhaltige Entwicklung mutet manchen chaotisch und widersprüchlich an. Dennoch lässt sich neben zahlreichen Kontroversen in einigen Punkten Übereinstimmung ausmachen. So ist die *intergenerative Perspektive* der dauerhaften Sicherung natürlicher Lebensbedingungen nicht umstritten. Kontrovers wird jedoch die Frage diskutiert, ob dies den Erhalt des so genannten Naturkapitals in seinem jetzigen Bestand erfordert, oder ob natürliches Kapital weitgehend durch technischen Fortschritt und künstliches Kapital substituiert werden kann. Ein weiterer Konsens besteht darin, dass der *intragenerative Aspekt sozialer Gerechtigkeit* – die Chance für alle Menschen auf der Erde, zumindest ihre Grundbedürfnisse in angemessener Weise befriedigen zu können – ein konstitutives Element des Nachhaltigkeitskonzepts ist.

Was das allerdings konkret bedeutet, wird sehr unterschiedlich interpretiert: Für viele garantieren die Liberalisierung des Weltmarkts und der Technologietransfer die bestmöglichen Chancen für Wohlstandsentwicklung im Süden und Osten. Gleichzeitig werden für ein umweltverträgliches Wachstum eine Regionalisierung von Wirtschaftskreisläufen und eine wesentliche Einschränkung des westlichen Konsumniveaus sowie die Entwicklung eines neuen, dematerialisierten Wohlstandsmodells als erforderlich betrachtet.

Übereinstimmung besteht darin, die gegenwärtigen Probleme aus einer integrativen Perspektive zu betrachten. Das heißt, dass die ökologische, soziale und ökonomische Dimension einer nachhaltigen Entwicklung eng miteinander verknüpft werden müssen. Diese drei Dimensionen werden allerdings unterschiedlich gewichtet. Bei Umweltgruppen und in den Umweltministerien besitzt die ökologische Dimension oberste Priorität. In Nachhaltigkeitskonzepten der Wirtschaft haben dagegen nach wie vor ökonomische Kriterien Vorrang: Die langfristige Bestandssicherung der wirtschaftlichen Wettbewerbsfähigkeit und die wirtschaftlich-technische Innovationsfähigkeit werden nicht in Frage gestellt. Für Gewerkschaften wiederum stehen die Arbeitsplatzerhaltung, Fragen sozialer Gerechtigkeit sowie die Herstellung international einheitlicher Umwelt-, Sozial- und Lohnstandards im Vordergrund.

Unter der scheinbar ebenmäßigen Oberfläche eines weitgehenden Konsenses verbirgt sich also eine ganze Reihe von „Ecken und Kanten". Unklarheiten und Kontroversen bestehen vor allem hinsichtlich der Operationalisierung sowie der konkreten Umsetzung des Konzepts einer nachhaltigen Entwicklung.

3. Neue Probleme erfordern neue Denkweisen

In der Sustainability-Debatte geht es um eine ganz neue Problemstellung, die sich aus den vielfältig vernetzten Zusammenhängen innerhalb der ökologischen Systeme der Natur, zwischen diesen und den menschlichen Zivilisationssystemen und darüber hinaus innerhalb der komplexen Strukturzusammenhänge moderner Gesellschaftssysteme ergibt. Wir können von einer Neurahmung der Wahrnehmung sprechen. Soll menschliches Handeln in seinen Auswirkungen auf die belebte Natur verantwortbar sein, müssen komplexe Zusammenhänge ökologischer Systeme sowie ihre dynamischen Entwicklungsgesetze wahrgenommen und berücksichtigt werden. Auf diese Vernetzungsproblematik – oder Retinität – ist die gesamte Konzeption der in Rio verabschiedeten Agenda 21 angelegt. In Deutschland weist der Sachverständigenrat für Umweltfragen explizit darauf hin: In seinem Umweltgutachten wird der Begriff der Retinität als die entscheidende umweltethische Bestimmungsgröße dargestellt. Mit diesem Begriff soll der Umgang mit vernetzten Systemen schlagwortartig erfasst werden, der ein Handeln erfordert, das sowohl schöpferische Intelligenz im Bereich technischer und organisatorischer Innovationen als auch auf Gegensteuerung und Restriktion gerichtete ordnungsrechtliche und preispolitische Maßnahmen verlangt.

Die Umweltkrise ist nur auf der Basis einer Vernetzung der ökologischen, sozialen und wirtschaftlichen Entwicklung zu bewältigen. Der Querschnittscharakter von Umweltthemen erfordert einen interdisziplinären Dialog. Dies ist zugleich eine methodische Herausforderung. Denn die komplexen Probleme, die mit ökologischen Krisen verbunden sind, können nicht allein durch die Schaffung von Tabuzonen gelöst werden, in denen nicht in die Natur eingegriffen werden darf. Der ethischen Dimension der ökologischen Krise, die gleichermaßen eine Krise der gesamten modernen Zivilisation ist, kann nicht ausschließlich durch den Rückzug auf einen unmittelbar normativen oder gar personal-religiösen Naturbegriff Rechnung getragen werden.

Der Begriff der Retinität enthält die entscheidende umweltethische Bestimmungsgröße und damit das Kernstück einer umfassenden Umweltethik. Will der Mensch seine personale Würde als Vernunftwesen im Umgang mit sich selbst und mit anderen wahren, so kann er der damit verbundenen Verantwortung für die Natur nur gerecht werden, wenn er die Gesamtvernetzung all seiner zivilisatorischen Tätigkeiten und Erzeugnisse mit der ihn tragenden Natur zum Prinzip seines Handelns macht. Was sich so kompliziert anhört, kann mit einer Aussage von Albert Schweitzer anschaulich umschrieben werden: „Ich bin Leben, das leben will, inmitten von Leben, das auch leben will."

4. Weiterbildung muss sich rechnen

Welchen Stellenwert hat die Auseinandersetzung um Nachhaltigkeit für die Weiterbildung? Bevor vielleicht etwas vorschnell eine Antwort formuliert wird, sollte geklärt werden, welche Intentionen Weiterbildung verfolgt. Im aktuellen Diskurs über die berufliche Weiterbildung fällt zunächst das ökonomische, insbesondere unternehmerische, industrie- und wettbewerbspolitische Interesse an Weiterbildung auf. Hier dominiert eine funktionalistische Sichtweise, die zwei Hauptintentionen verfolgt: Die Entwicklung der Person ist zu fördern und gleichzeitig ist die Ausbildung des Humankapitals abzusichern.

Bei der Entwicklung der Person zielt Weiterbildung auf eine persönliche oder berufliche Weiterentwicklung bzw. auf die Fähigkeit, mit neuen Entwicklungen in unterschiedlichen Bereichen – Technik, Informationsverarbeitung etc. – Schritt zu halten. Die Entwicklung der Person ist immer vor dem Hintergrund der Wettbewerbsfähigkeit zu betrachten und dient letztlich einer Steigerung des Selbst- sowie des Marktwertes. Bei der Entwicklung des Humankapitals fällt der Weiterbildung die Aufgabe zu, die kapitalistische Marktwirtschaft kontinuierlich mit leistungs- und anpassungsfähigen Erwerbstätigen zu versorgen – nicht zuletzt als Wettbewerbsfaktor.

So gesehen ist Weiterbildung eine ökonomische Strategie. Im modernen Kurzjargon und in Anspielung auf das Konzept L^3 des lebenslangen Lernens kann Weiterbildung als W^3 begriffen werden: Weiterbildung ist zuallererst eine Strategie zur Förderung von Wirtschaft, Wachstum und Wettbewerbsfähigkeit (vgl. dazu exemplarisch die Beiträge in Matalik, S./Schade, D., 1998 sowie in Clar, G./ Dore, J./Mohr, H., 1998).

Wirtschaftlich ist Weiterbildung auf der individuellen, betrieblichen und gesamtwirtschaftlichen Ebene bedeutsam. Auf der individuellen Ebene dient Weiterbildung als Investition in die persönliche Zukunft. Sie kann aber auch als erzwungene Reaktion auf eine beschleunigte Entwertung und die zunehmende Nutzungsintensität des Humankapitals begriffen werden. Auf der betrieblichen Ebene stellt Weiterbildung eine Möglichkeit dar, die Produktivität und Rentabilität des Humankapitals zu erhöhen. Gesamtwirtschaftlich ist Weiterbildung als Strategie zur Absicherung und Stärkung von Wirtschaftswachstum und internationaler Wettbewerbsfähigkeit sowie zur Erhöhung der Rentabilität des Kapitaleinsatzes und/oder zur Erschließung neuer Kapitalverwertungsmöglichkeiten sinnvoll.

Wachstumspolitisch betrachtet dient Weiterbildung der Aufrechterhaltung des kapitalistischen Wachstumsmechanismus und der fortgesetzten Produktivitätssteigerung. Die Wachstumseffekte eines flexiblen, permanent modernisierten Humankapitals ermöglichen einen humankapitaltechnischen und humankapitalorganisatorischen Fortschritt. Die Betonung der Wachstumseffekte führt dazu, dass sich das Individuum selbst zunehmend als Investitionsobjekt wahrnimmt und das eigene Wissen als Produktionsfaktor (vgl. dazu Hedtke, 2000). In diesem Zusammenhang kann von einer Selbstkommerzialisierung als humankapitalökonomischem Fortschritt gesprochen werden.

Wettbewerbspolitisch findet Wettbewerb sowohl zwischen den Individuen als auch zwischen den Nationen statt. Definieren sich Staaten und Gesellschaften als konkurrierende Standorte, so wird Weiterbildung zu einer zentralen (wirtschafts-) politischen Aufgabe.

Die W^3-Strategie strebt das Leitbild des flexiblen Menschen an, wie ihn der amerikanische Soziologe Richard Sennett 1998 in einem Essay anschaulich beschrieben hat: Er ist gut ausgebildet und vielseitig einsetzbar, leistungsorientiert und anpassungsfähig, belastbar und mobil, in seiner gesellschaftlichen und kulturellen Bindungslosigkeit der ideal disponible Produktionsfaktor in einer sich schnell wandelnden und sich immer virtueller gebenden Wirtschaft. Die im Umbruch befindliche Arbeitswelt verlangt von Arbeitnehmern, „sich flexibler zu verhalten, offen für kurzfristige Veränderungen zu sein, ständig Risiken einzugehen und wenig abhängig von Regeln und förmlichen Prozeduren zu sein“ (Sennett 1998, 10)

Auch das weniger ideologisch eingefärbte Leitbild „employability“ (Beschäftigungsfähigkeit, Arbeitsfähigkeit, Marktfähigkeit) verweist auf eine Verschiebung des Akzents von den immer seltener werdenden festen Arbeits*plätzen* hin zu Arbeits*möglichkeiten*. Diese Möglichkeiten müssen erst entdeckt und/oder geschaffen werden, wie aus juristischer Sicht Joachim Heilmann (1999), aus betriebswirtschaftlicher Sicht Beate Scheffold und Albert Martin (1999) und aus soziologischer Sicht Lutz Zündorf (1999) deutlich machen.

Die zunehmende Technologisierung, die Flexibilisierung von Lernorten und -zeiten und das Gebot des selbstgesteuerten Lernens werden sich auf die Organisation von Erwerbstätigkeit vor allem im sekundären Dienstleistungssektor auswirken. Schon heute existiert eine Vielzahl von Heim-Arbeitsplätzen oder offenen Büros, die nicht an feste Standorte gebunden sind, sondern an denen der individuelle Büro-Rollcontainer nach Bedarf platziert wird. Für den Bildungsprozess stellt sich die Frage, *ob* und wenn ja, *wie* sich auf Langfristigkeit ausgerichtete Bildungsziele in einer auf Kurzfristigkeit angelegten Ökonomie und Gesellschaft umsetzen lassen. Für die Weiterbildung ist zu klären, ob und inwieweit ihre Aufgabenstellungen qualitativ neu zu gestalten sind.

Ummittelbar damit verbunden ist die Frage, ob nicht ein selbstgesteuertes Lernen von fremdgesteuerten Inhalten favorisiert wird. Die didaktische Weiterbildungslyrik betont zwar die Selbstorganisation von Lernprozessen, vernachlässigt aber völlig, dass bei der beruflich-betrieblich orientierten Weiterbildung (=W^3) zwar die Aneignungsprozesse der Selbststeuerung den Lernenden überlassen werden, keineswegs aber die Inhalte. Die beruflich-betriebliche Weiterbildung unterliegt also einem Produktivitätsimperativ, nach dem sich der Einzelne fremdgesteuerte Inhalte in einem selbstgesteuerten Prozess anzueignen hat. Betriebliche oder berufliche Weiterbildung versteht unter Lernen die Aneignung von Inhalten, die für den Kapitalverwertungsprozess und die Wettbewerbsfähigkeit gebraucht werden. Eine Weiterbildung, die die Aufmerksamkeit zum Beispiel darauf lenkt, die vorherrschenden Konsumstile kritisch zu hinterfragen und Suffizienzstrategien bekannt zu machen, wäre aus dem W^3-Blickwinkel kontraproduktiv.

Zusammenfassend lässt sich feststellen, dass das ökonomische, insbesondere das unternehmerische, industrie- und wettbewerbspolitische Interesse an Weiterbildung instrumentalistisch ausgerichtet ist und ein instrumentalisiertes Lernen favorisiert. Es geht nicht um Spiel, Meditation, Philosophie, Muße oder Hobby – wenn doch, dann werden sie systematisch dafür eingesetzt, dem übergeordneten Ziel der Produktivitätssteigerung näher zu kommen. Es geht also um Arbeit, Beruf, berufliches Wissen, Karriere und Konkurrenz. Eine solche Vorstellung von Weiterbildung stellt den Mensch lediglich in seiner Funktion als Produktions- und Wettbewerbsfaktor in den Mittelpunkt.

5. Weiterbildung als Selbstbestimmung

Der skizzierte Ansatz basiert auf humankapitalistischen Überlegungen, die das ökonomische Denken ins Zentrum stellen, übersetzt man die Botschaft solcher ökonomischen Überlegungen: „Jeder ist sich selbst der Nächste." Die dahinter stehende Theorie des Humankapitals wurde hauptsächlich im Rahmen und für die Zwecke des ökonomischen Diskurses entwickelt. Kerngedanke des ökonomischen Humankapitaldiskurses ist, dass sich das Humankapital aus einer Veränderung von Personen durch das Erlernen beruflich relevanter Fähigkeiten bildet. Die entsprechend qualifizierten Personen nehmen in produktiver Form am Produktionsprozess teil.

Die Vorstellung, Bildung diene in erster Linie dazu, Sachinhalte oder Handlungsvorschläge zu transportieren, vernachlässigt die vielfältigen Dimensionen von Bildung (s.u.). Sie sitzt einem instrumentalistischen Bildungsverständnis auf, das darauf abzielt, Dienstleistungen zu erbringen. Es genügt zum Beispiel nicht, dafür zu sorgen, dass (Weiter-)Bildung als persuasives Instrument ein Verständnis für ökologisch-ökonomisch ausgerichtete Maßnahmen (ökologisch orientierte Steuern; Aufbau von Umweltmanagementsystemen usw.) fördert.

Es ist nicht nur ungenügend – es pervertiert eine Bildung für Nachhaltigkeit, für die der partizipative und reflektive Gedanke charakteristisch ist. Ein instrumentalistisches, manipulatives Weiterbildungsmodell greift deshalb nicht, weil die Umsetzung von Nachhaltigkeit partizipativ angelegt ist. Daraus folgt, dass Bildung für Nachhaltigkeit selbst nachhaltige Bildung sein muss. Damit bewegt sich Weiterbildung für Nachhaltigkeit im bekannten Spannungsfeld zwischen Affirmation und Kritik.

Zum Verständnis von Nachhaltigkeit benötigen wir Systemwissen – das heißt Wissen über Strukturen, Funktionen, Prozesse und Wirkungszusammenhänge. Handlungsfähig aber wird man erst, wenn man weiß, wie man mit diesem Wissen umzugehen hat. Systemwissen muss verbunden werden mit Bewertungen, mit ethischen Orientierungen über das Verhältnis von Mensch und Natur, mit Denken in Alternativen, mit vorausschauendem Denken.

Weiterhin werden Wissensbestände benötigt, die eine schrittweise Annäherung an die Idee der Nachhaltigkeit ermöglichen. Wissen allein reicht dafür nicht aus. Vielmehr müssen in die kritische Auseinandersetzung mit Nachhaltigkeit kulturelle Wissensbestände, Erfahrungen aus der Alltagsorganisation, die Sichtweisen von Kindern und Jugendlichen, anderer Kulturen und Lebensweisen oder auch tradiertes Wissen über den Umgang mit Natur einfließen.

Dass die komplexen Probleme einer nachhaltigen, zukunftsfähigen Entwicklung Interdisziplinarität erfordern, zählt inzwischen zu den Allgemeinplätzen. Weniger selbstverständlich ist, danach zu fragen, wie dies in der Weiterbildung praktiziert werden kann. Wie kann gemeinsam eine Problemstellung formuliert werden und wie kann man sich im Verlaufe des (Lern-) Prozesses immer wieder gemeinsamer Zielvorstellungen vergewissern? Voraussetzung dafür ist, dass man sich der Möglichkeiten seiner eigenen Vorgehensweise und inhaltlichen Schwerpunktsetzung bewusst ist und dass man über sie kommunizieren kann.

Doch nicht nur die Objektebene ist für die Auseinandersetzung mit Nachhaltigkeit bedeutsam. Die Subjektebene – die beteiligten Akteure – spielen ebenfalls eine wichtige Rolle. Hier ist der partizipative Gedanke von zentraler Bedeutung, weil das Lernen von Nachhaltigkeit immer auch aus der Perspektive des Individuums zu betrachten ist. Die Bereitschaft, sich auf Nachhaltigkeit einzulassen und sich mit Veränderungen zu identifizieren, wird gefördert, wenn man an Planungen und Entscheidungen selbst beteiligt ist. Beteiligung erleichtert das Lernen – das erkannte schon Piaget, der die Entwicklung des Denkens als aktiven, an Handeln gebundenen Prozess beschreibt. Partizipation entspricht zudem, wie wir aus der Lebensstilforschung wissen, dem steigenden Anspruch, selbst über sich zu entscheiden und dem Individuum eine hohe Bedeutung für die eigene Zukunftsplanung einzuräumen bzw. abzuverlangen.

Der Partizipationsgedanke verknüpft die Subjekt- mit der Objektebene. Denn Partizipation ist gleichzeitig inhaltlich ausgerichtet. Der Zusammenhang von ökonomischen, ökologischen und sozialen Fragen ist über die Beteiligten in der Regel unmittelbar gegenwärtig. Interessenkonflikte, Risiken und soziale Probleme werden früh erkannt, Ansätze für Lösungen auf lokaler und regionaler Ebene werden sichtbar. Schließlich können sie vor ihrer Umsetzung eher auf Hindernisse bzw. Erfolgsaussichten geprüft werden. Nicht zuletzt lösen partizipative Ansätze auf gesellschaftlicher Ebene den demokratischen Anspruch nachhaltiger Entwicklung ein. Die Mitwirkung der verschiedenen gesellschaftlichen Gruppen führt zu neuen Politikformen: Runden Tischen, Arbeits- und Initiativkreisen und Foren.

Wer unter Weiterbildung nur die Vermittlung von Wissen und Informationen im Sinne des Anpassungslernens versteht, wird primär auf die Vermittlung von Sachinhalten – etwa von Problemen und von möglichen Lösungswegen – abstellen, wenn es um Fragen der nachhaltigen Entwicklung geht. Wer die Förderung von Selbstbestimmungskompetenzen in die Weiterbildung einbezieht, der berücksichtigt die identitätsstiftende Funktion von Bildungsprozessen und beschränkt sich nicht auf die zu bearbeitenden Inhalte. Beide Ansätze – der humankapitalistische Ansatz und der Ansatz der Selbstbestimmung – stehen sich im Rahmen einer Bildung für nachhaltige Entwicklung nicht unversöhnlich gegenüber. Beide Ansätze bedingen sich und unter bestimmten Voraussetzungen ist die Selbstbestimmung in den Humankapitalansatz integrierbar (vgl. dazu Bourdieu 1983, 185). Seine Unterscheidung in drei Kapitalformen ist ein Ansatz, der sich auf die oben entwickelte Argumentation übertragen lässt). Unerlässlich ist eine Öffnung der Wirtschaft für den Nachhaltigkeitsgedanken – nur dann lassen sich Verknüpfungen zwischen Selbst- und Fremdbestimmung herstellen.

6. Mit nachhaltiger Unternehmenspraxis verknüpfen

Unbestritten hat sich im Unternehmensbereich etwas getan: Jedes große Unternehmen erstellt heute einen Umweltbericht – manche bemühen darin sogar das Leitbild der Nachhaltigkeit. Der Umweltschutz wird als unternehmerische Zukunftsoption verstärkt wahrgenommen: Immer mehr Unternehmen berücksichtigen ökologische Aspekte und engagieren sich im Umweltschutz und Umweltmärkte breiten sich aus. Dauerhafte Entwicklung wird als wünschenswertes unternehmensbezogenes Leitbild des Umweltmanagements aufgegriffen. Eine ökologieorientierte Früherkennung wird als Aufgabe aller Unternehmensmitglieder gesehen. Grundsätzlich lässt sich die Tendenz ausmachen, dass immer mehr Unternehmen versuchen, proaktiv im Umweltschutz tätig zu werden und beginnen, sich ökonomisch-ökologischen Fragestellungen zu öffnen.

Besonderes Augenmerk richten die Unternehmen darauf, Schäden am Firmenimage oder gar die Nennung des Firmennamens im Zusammenhang mit Umweltskandalen zu vermeiden; denn Negativ-Schlagzeilen können sich negativ auf das Kaufverhalten von Kunden, auf die Rekrutierungsmöglichkeiten von Arbeitskräften und auf das Betriebsklima auswirken und nicht zuletzt auf die Beziehung zu den lokalen Behörden, deren Kooperation zum Beispiel in Genehmigungsverfahren eine entscheidende Rolle spielt. Ökonomische Motive wie die längerfristige Einsparung von Investitionsaufwänden für Sanierung oder die kurzfristige Reduzierung von Entsorgungskosten sind ebenfalls relevant.

Unter bildungspolitischen Gesichtspunkten sind die Organisationsentwicklungen am interessantesten, das heißt die Festlegung einer ökologischen Zuständigkeit in der Unternehmensleitung, die Organisation von Verantwortlichkeiten auf allen Ebenen und in allen Funktionsbereichen, die Ernennung eines betrieblichen Umweltbeauftragten und der Aufbau einer Umweltabteilung sowie die Einleitung von Fortbildungsmaßnahmen als erste Schritte zu einer innerbetrieblichen Umweltorganisation. Eine umweltorientierte Unternehmenspolitik muss von allen Mitgliedern eines Unternehmens getragen werden, eine Top-down-Strategie ist nicht ausreichend.

Doch die zahlreichen Einzelaktionen in Bereichen des Umweltmanagements und Umweltschutzes können nicht darüber hinwegtäuschen, dass bislang kein Unternehmen die Nachhaltigkeitsidee als strategische Größe in seine Unternehmenspraxis übernommen hat. Das erscheint nicht verwunderlich, denn die Probleme mit dem Leitbild des nachhaltigen Unternehmens beginnen dort, wo es konkretisiert werden soll. Erst in der Konfrontation mit organisationsinternen ökonomischen, ökologischen und sozialen Widersprüchen und Konflikten wird sich erweisen, inwieweit sich Leitlinien nachhaltiger Entwicklung in das Unternehmen einbeziehen und praxisverändernd anwenden lassen. Die damit verbundenen Herausforderungen sind in mehrfacher Hinsicht neu und können hier nur kurz skizziert werden:

- Nachhaltiges Management ist als „Langzeitökonomie" aufzufassen. Kontinuierliche Verbesserungsprozesse und deren Erfolgskontrolle werden genutzt, um kurzfristige (meist ökonomische) Erfolgszwänge mit mittel- und langfristigen Umweltschutzzielen ausbalancieren zu können.
- Nachhaltiges Management stellt ein „Produktlinienmanagement" dar, das die (regionalen) ökologischen, sozialen und ökonomischen Wirkungen entlang der Produktlinie zu steuern versucht.
- Beim nachhaltigen Management handelt es sich um ein „Veränderungsmanagement", mit dem Know-how und Handling der neuen Instrumente ökologischer bzw. nachhaltiger Unternehmensführung so eingesetzt werden, dass Entscheidungs- und Interessenskonflikte zu bewältigen sind.
- Nachhaltiges Management ist schließlich ein „Organisationslernen". Es sucht Auswege aus der begrenzten Steuerungsfähigkeit und Steuerbarkeit von Unternehmensorganisation in der komplexitätsreduzierenden, variablen Operationalisierung von Reformzielen und nutzt dabei die Spannung zwischen organisationaler Routine und Innovation als Ressource.

Unabhängig davon sind Differenzierungen möglich. So bildet die Unternehmensseite keineswegs eine homogene Einheit, vielmehr agieren bzw. reagieren ökologisch affine Branchen aufgeschlossen gegenüber der Nachhaltigkeitsidee. Gleichzeitig konnten sich bestimmte (oft kleinere und mittlere) Unternehmen in einem wachsenden Öko-Markt als Pioniere für ökologische Produkt- und Produktionsstandards etablieren. Ein Beleg dafür ist der Umweltpreis der Deutschen Bundesstiftung Umwelt, der im Jahr 2000 der Firma ENERCON verliehen wurde, einem inzwischen international agierenden Hersteller von Windkraftanlagen.

Das Handwerk scheint sich vorsichtig mit dem Thema nachhaltige Entwicklung auseinander zu setzen. Insbesondere die Umweltzentren der Handwerkskammern greifen das Thema auf und bieten dazu Veranstaltungen an. Das Leitbild tangiert das Handwerk dann, wenn berufs- bzw. statusgebundene Faktoren wie Reparieren/Reparaturfähigkeit, Werterhaltung, Nachnutzungsfähigkeit und Materialeinsatz angesprochen werden. Auch soziale Aspekte wie etwa Kinderarbeit oder die Arbeitsbedingungen in Entwicklungsländern werden nicht ignoriert.

Von den Gewerkschaften liegt zwar keine Position zur Weiterbildung für eine nachhaltige Entwicklung vor, inhaltlich dürften sie allerdings keine großen Berührungsprobleme haben. Denn das Ziel, die Arbeitnehmer zur Teilhabe an der gesellschaftlichen Realität/Zukunft und an der Gestaltung entsprechender betrieblicher und gesellschaftlicher Rahmenbedingungen zu befähigen, entspricht sowohl einer Berufsbildung für nachhaltige Entwicklung als auch gewerkschaftlichen Vorstellungen.

Pointiert lassen sich die Positionen der Sozialpartner so darstellen, dass von Arbeitgeberseite der unmittelbare Arbeitsplatzbezug betont wird, während bei den Gewerkschaftsvertretern die Kompetenzentwicklung der Arbeitnehmer sowie die Entwicklung Mitgestaltung fördernder Rahmenbedingungen im Vordergrund stehen. Verknüpfungen zwischen diesen beiden Positionen sind ebenso denkbar wie Verbindungen mit einer Weiterbildung für eine nachhaltige Entwicklung.

7. An soziale Prozesse anknüpfen

Weiterbildungsangebote können an den gesellschaftlichen Diskurs über eine nachhaltige Entwicklung anknüpfen; denn Weiterbildungsinteressenten sind als potentiell offen für die Auseinandersetzung mit der Idee der Nachhaltigkeit einzuschätzen. Bei der „infiniten Teilnehmerschaft" von Weiterbildungsangeboten handelt es sich um ein Qualifikationsniveau der „mittleren Lage" (vgl. Wittpoth, 1997, 73). Zugleich ist im Laufe der 80er und 90er Jahre eine „Normalisierung" von Umweltthemen und Ökologie eingetreten. Ökologische Fragen „gehören" nicht länger einer bestimmten Partei – etwa Bündnis 90/Die Grünen, die das in den späten 70er und frühen 80er Jahren noch für sich reklamieren konnten (vgl. Lass/Reusswig, 2001).

Umwelt und Ökologie werden in den verschiedenen sozialen Milieus unterschiedlich bewertet. In den so genannten postmateriellen Segmenten der Gesellschaft hat „öko" noch immer einen guten Klang und wird von einigen sogar als persönliches Entwicklungsprojekt betrachtet. Die Mehrheit der Gesellschaft ist den Themen Umwelt und Ökologie nicht abgeneigt, wenn sie sie – wie noch die Reste der Alternativszene und ihre Nachfolger im heutigen Milieugefüge – als einen wichtigen Beitrag zur Selbstverwirklichung wahrnimmt. Mindestens zwei soziale Konfigurationen sind dabei zu unterscheiden. Da ist erstens das Modell eines konservativen, bisweilen kleinbürgerlich geprägten Umwelt- und Naturschutzes, das sich von den Emanzipations- und Selbstverwirklichungsbeiklängen der Umweltfrage stark abgrenzt und auf praktische Umsetzbarkeit, Sparsamkeit und einen Rest an traditionellen Tugenden setzt. Diese Haltung ist vor allem bei älteren Vertretern traditioneller Milieus verbreitet. In jüngster Zeit beobachtet die Umweltsoziologie zudem das Phänomen, dass sich jüngere und gebildetere Angehörige moderner Milieus ebenfalls von der Semantik und Symbolik der Alternativen stark distanzieren – und überhaupt ein eher weniger stark ausgeprägtes Umweltbewusstsein erkennen lassen. Dennoch zeigen sie eine gute ökologische Performanz und plädieren für den professionellen und effizienten Umgang mit ökologischen Aspekten in den dafür relevanten sozialen Subsystemen.

In der Umweltbewegung hat eine Ausdifferenzierung, eine Professionalisierung und eine organisatorische Verdichtung stattgefunden. Verbände wie Greenpeace, WWF, BUND oder Germanwatch betreiben eine professionelle Lobbyarbeit, zu der selbstverständlich Öffentlichkeitsarbeit und Werbung gehören.

Weil Umweltpolitik heute von einer Vielzahl von Akteuren gestaltet wird, greift das einfache Regelwerk der frühen Jahre – Anordnen und Umsetzen – nicht mehr. Es haben sich vielfältige Interaktions- und Kommunikationsmuster herausgebildet, die aus unterschiedlichen Anteilen von Kooperation und Konflikt bestehen und sich kontinuierlich wandeln, etwa wenn der BUND mit einem Kaufhauskonzern über dessen Produktpalette verhandelt oder Germanwatch mit der Versicherungsbranche über Klimapolitik.

Im Zeitalter von Internet, Computer und dem Verschmelzen von Fernsehen und Telefon scheinen wir zugleich über eine gänzlich neue Netzkultur nachdenken zu müssen. Sollte es da nicht ein Leichtes sein, nachhaltige Entwicklung in der Bildungsarbeit zu verankern? Wo bleibt also die Nachhaltigkeit in der Weiterbildung?

Nachhaltigkeit ist ein prägnantes Beispiel für die Gleichzeitigkeit von Ungleichzeitigkeiten: Während das Thema in der Öffentlichkeit nur von geringem Interesse zu sein scheint, entwickelt sich eine Experten-Community, die den Gegenstand mit all seinen Facetten intensiv diskutiert. Zugleich unterliegt die Idee der Nachhaltigkeit – ebenso wie die berufliche Aus- und Weiterbildung – gesellschaftlichen Wandlungsprozessen, die stichwortartig mit den Begriffen Individualisierung, Pluralisierung und Ausdifferenzierung beschrieben werden können. Die Umweltsoziologen Lass und Reusswig (2001) stellen fest, dass die Auseinandersetzung mit Nachhaltigkeit verschiedene Potenziale aufweist. So ist sie *ubiquitär*, d.h. sie kann überall verbreitet werden und an sehr vielen Stellen in der Gesellschaft stattfinden (Politik, Unternehmen, Verbände, Medien, Freundeskreis, Familie). Somit hat sie kein privilegiertes Zentrum mehr. Sie ist weiterhin *partikularistisch*, d. h. sie bezieht sich in der Regel auf einzelne Themen und Aspekte (und nicht auf das Ganze oder einen einheitlichen Entwurf), und sie verfolgt meist heterogene

Bereiche, Ereignisse und Prioritäten (und ist nicht etwa durch Kohärenz der Bereiche oder Konsistenz zwischen Denken und Handeln gekennzeichnet). Sie ist *situativ* ausgerichtet, d.h. sie ist in die Bezüge der jeweiligen Akteure eingebettet und abhängig von den Umständen, in denen kommuniziert wird. Schließlich ist sie *lebensstilabhängig*, d.h. sie wird von den Lebenslagen, den Lebenszielen sowie der Lebenspraxis verschiedener sozialer Milieus beeinflusst. „Dieselbe" Botschaft kann daher je nach Lebensstil etwas völlig anderes bedeuten.

8. Resümee

Da didaktisch-methodische Arrangements aufgrund des Implikationszusammenhangs zwischen Bedingungs- und Entscheidungsfaktoren nicht isoliert oder getrennt von anderen Entscheidungsfaktoren zu verändern sind, die ihrerseits in Rahmenbedingungen eingebettet sind, kann geschlussfolgert werden, dass traditionelle Lehr-Lern-Arrangements dann erweitert und Widerstände dann überwunden werden, wenn an unterschiedlichen Interessen differenziert angeknüpft wird. Dabei sollte der affirmative, den jeweiligen bildungsabhängigen sozialen oder betrieblichen Status rechtfertigende Humankapitalansatz ebenso berücksichtigt werden wie die kritisch-konstruktive, die Entwicklung autonomer Urteils- und Handlungskompetenz fordernde bzw. fördernde Weiterbildung für eine nachhaltige Entwicklung. Beide Ansätze lassen sich nicht scharf voneinander trennen – gleichzeitig spiegeln sie das bildungstheoretische Spannungsverhältnis wider, das sich im Alltag niederschlägt.

Statt fremdbestimmten Weiterbildungskonzepten idealtypisch partizipativ und selbstbestimmt ausgerichtete Lernkulturen einer nachhaltigen Bildung entgegenzusetzen, ist eine Auseinandersetzung über Indikatoren, Ressourcen und angestrebte Ziele einer Weiterbildung für nachhaltige Entwicklung erforderlich, die wirtschaftliche Rahmenbedingungen ebenso einbezieht wie soziale Entwicklungen und individuelle Interessen.

Diese pragmatische Strategie entspricht auf den ersten Blick der bekannten Forderung, man möge die Leute da abholen, wo sie stehen. Auf diese einfache Formel ist der Auseinandersetzungsprozess allerdings nicht zu reduzieren. Denn die Gefahr ist groß, dass statt der Entwicklung einer zukunftsorientierten Weiterbildung institutionalisierte Langeweile und eingefleischte Routinen beibehalten werden. Vielmehr ist – um ein Bild von Watzlawick zu verwenden – dort nach Lösungen zu suchen, wo es dunkel ist, und nicht dort, wo wir sie verloren zu haben glauben. Grenzüberschreitungen, wie sie Watzlawick in einer kleinen Geschichte schildert, sind erforderlich:

„Unter einer Straßenlaterne steht ein Betrunkener und sucht. Ein Polizist kommt daher, fragt ihn, was er verloren habe, und der Mann antwortet: ‚Meinen

Schlüssel.' Nun suchen beide. Schließlich will der Polizist wissen, ob der Mann sicher ist, den Schlüssel gerade hier verloren zu haben, und jener antwortet: ,Nein, nicht hier, sondern dort hinten – aber dort ist es viel zu finster.'

„Finden Sie das absurd?" – fragt Paul Watzlawick den Leser – „Wenn ja, suchen auch Sie am falschen Ort. Der Vorteil ist nämlich, daß eine solche Suche zu nichts führt, außer mehr desselben, nämlich nichts." (Watzlawick 1983, 27)

„Wer aber – fragen Sie sich vielleicht – würde sich schon so absurd verhalten wie der Mann (...)? Er weiß doch ganz genau, und sagt es dem Polizisten auch, daß das Gesuchte nicht dort liegt, wo er sucht. Zugegeben, es ist schwieriger, etwas im Dunkeln (der Vergangenheit) statt unter dem Lichtkegel (der Gegenwart) zu finden, aber darüber hinaus beweist der Witz doch gar nichts.

Haha – und warum, glauben Sie, wird der Mann betrunken hingestellt? Ganz einfach, weil der Witz, um seine Pointe anzubringen, auf diese billige Weise glaubhaft machen muß, daß irgend etwas mit dem Mann nicht stimmt; daß er etwas weiß und doch nicht weiß." (Watzlawick 1983, 31 f.)

Mit seiner Anekdote verdeutlicht Watzlawick „eines der erfolgreichsten und wirkungsvollsten Katastrophenrezepte" (ebenda): Lösungsstrategien und Anpassungen werden beibehalten, „die irgendwann einmal durchaus ausreichend, erfolgreich, oder vielleicht sogar die einzig möglichen gewesen waren. Das Problem mit jeder derartigen Anpassung an gegebene Umstände ist nur, daß letztere sich mit der Zeit ändern." (Watzlawick 1983, 28) Watzlawick stellt das vorherrschende Reaktionsmuster einer „Weiter-so-wie-bisher-Strategie" bzw. eine „Mehr-desselben-Strategie" dar.Wie immer sich die Auseinandersetzung mit Nachhaltigkeit zukünftig gestalten mag, die Wirtschaft – und damit die Weiterbildung – wird sich auf diese Entwicklung einlassen (müssen). Die durch die Nachhaltigkeitsidee bedingten Veränderungen werden tief greifende Auswirkungen auf die quantitativen Möglichkeiten und die qualitativen Formen und Inhalte der Arbeit im und außerhalb des Beschäftigungssystems haben. Vor diesem Hintergrund wird die Frage nach der Bedeutung von Arbeit und Nicht-Arbeit zu einem vorrangigen Thema von Weiterbildung werden. Die Weiterbildung wird sich dem Sustainability-Diskurs auf Dauer nicht entziehen können, weil sie als Teilbereich sowohl im Bildungs- als auch im Beschäftigungssystem verankert ist.

Unabhängig davon ist es durchaus denkbar, dass das ökonomische Denken seine zentrale Position einbüßt. So geht der Soziologe Nico Stehr davon aus, dass sich die moderne Gesellschaft in eine Wissensgesellschaft verwandeln wird. Nach seiner Auffassung wird sich die ökonomische Struktur der (modernen) Gesellschaft grundlegend ändern. Insbesondere werden die herkömmlichen Produktionsfaktoren Arbeit und Eigentum an Bedeutung verlieren (vgl. Stehr 2000, 159). Dagegen werden sich Investitionen rentieren, „die ein nachhaltiges ökonomisches Wachstum ermöglichen und die Arbeits- und Produktionswelt radikal verändern." (Stehr 2000, 159) Stehr bewertet Investitionen in Wissen, intellektuelles Kapital oder Expertentum als lohnend.

Er bleibt zwar nach wie vor dem Wachstumsgedanken verhaftet, dennoch macht er deutlich, dass „Wissen eine sich immer wieder erneuernde nachhaltige Quelle sozialen Wandels und Organisationsprinzip von Wissensgesellschaften" ist (Stehr 2000, 143). Der Stellenwert von Wissen wird in den ökonomischen Diskursen wenig beachtet, wohl weil es vor allem aus „qualitativen Komponenten" besteht, die von Ökonomen kaum erfolgreich spezifiziert worden sind (vgl. Stehr 2000, 13).

An dieser Stelle soll nicht näher auf den ambivalenten, widersprüchlich und unzureichend definierten Begriff des Wissens eingegangen werden. Ebenso wenig soll die Frage erörtert werden, ob es denn überhaupt sinnvoll und praktisch sei, angesichts der Redundanz und Inkohärenz des Wissensbegriffs diesen zum Grundpfeiler einer Theorie der modernen Gesellschaft zu machen. Entscheidend ist vielmehr, dass die Weiterbildung die Nachhaltigkeitsdebatte als Herausforderung und Chance begreifen kann, zeitgemäß und zukunftsorientiert zugleich zu agieren, um dem gesellschaftlichen Wandel, der unter Schlagworten wie Wissensgesellschaft oder reflektive Modernisierung geführt wird, nicht nur gerecht zu werden, sondern proaktiv diesen Wandel mitzugestalten. Zu den Aufgaben von Weiterbildung zählt es, Wege hin zu einer nachhaltigen Entwicklung aufzuzeigen (Erklärungs- und Gestaltungsfunktion), zugleich aber auch reflektiv nach dem Sinn einer solchen Entwicklung zu fragen (Reflexions- und Selbstbeobachtungsfunktion) (vgl. dazu Habermas 1979, 159).

Für die Weiterbildung ergeben sich daraus folgende Konsequenzen: Um die Gesellschaft und ihre Entwicklung angemessen und differenziert wahrnehmen und begreifen zu können, sind Kompetenzen erforderlich, die es dem Einzelnen erlauben, verschiedene Handlungsmöglichkeiten nachzuvollziehen und selbst zu entwerfen. In der pädagogischen Diskussion wird von Gestaltungskompetenz gesprochen. Ich schlage vor, dieses „Kompetenzmodell" zu einem *„nachhaltigen Selbstbestimmungs-Modell"* weiterzuentwickeln. Ich stütze mich dabei auf die Überlegungen von Winfried Marotzki (2000), der sein Konzept der informationellen Selbstbestimmung als bildungstheoretischen Grundsatz am Beispiel eines pädagogisch sinnvollen Umgangs mit dem Internet vorstellt. Wenn wir die Nachhaltigkeitsidee als Querschnittsaufgabe begreifen, dann zielt unter inhaltlichen Gesichtspunkten ein *nachhaltiges Selbstbestimmungs-Modell* auf Interdisziplinarität. Dazu gehört, dass sich Weiterbildung in Anbetracht der gesellschaftlichen Entwicklung nicht darauf beschränken kann, lediglich das abzubilden bzw. zu erklären, was vermeintlich oder tatsächlich offen zu Tage tritt. Sie muss sich darüber hinaus bemühen, den Tatsachen auf den Grund zu gehen, Hintergründe und Zusammenhänge aufzudecken.

Das allein macht aber noch keine neue Qualität aus. Aufgrund der kommunikativen, diskursiv-prozessorientierten Ausrichtung der Nachhaltigkeitsidee rükken konstruktivistische und systemtheoretische Ansätze ins Blickfeld. Damit zeichnet sich ein paradigmatischer Wandel ab, der zu einer „Ermöglichungskultur" führt. Das hat Folgen: Die Entwicklungs- und Sozialisationsbedingungen, die Biographien der Beteiligten, die Wertvorstellungen und Lebenspläne, die Lern- und Leistungsmotivation, die Wahrnehmung der Arbeits- und Lebenswelt, die Fähigkeit zur Kommunikation, Selbstreflexion und -findung sowie die aktive Mitgestaltung des Lernens rücken ins Zentrum der Weiterbildung.

Dieses Spektrum – das keineswegs vollständig ist – verdeutlicht, dass sich der Gegenstandsbereich von Weiterbildung nicht in vordergründigen Effizienzanalysen verlieren darf, sondern sich den Verflechtungen von Bildungsprozessen, ihrer Einbindung in andere Systeme und der damit verbundenen Komplexität öffnen sollte.

Weiterbildung ist also nicht als konsumierbare Ware anzusehen, sondern als eine Bewegung, die nach Lösungen sucht – nicht aber nach Patentrezepten. Ob die jeweiligen Problemlösungen im objektiven Sinne „richtig" sind oder nicht, bleibt dabei stets offen. Entscheidend ist allein, wie sich ein Konzept in einer konkreten Situation bewährt – in einer Situation, die selbst wieder einer kritischen Analyse bedarf. Dieser kontinuierliche Prozess des gemeinsamen Fragens, Suchens und Lernens kann weder in der Einsamkeit des Gelehrtenstübchens bewältigt werden noch in unreflektiertem, ausschließlich praxisorientiertem „Bildungs-Aktionismus".

9. Literatur

Arnold, Rolf/Schüßler, Ingeborg: Wandel der Lernkulturen. Darmstadt 1998

Bourdieu, Pierre: Ökonomisches Kapital, kulturelles Kapital, soziales Kapital. In: Kreckel, Reinhard (Hrsg.): Soziale Ungleichheiten. Soziale Welt – Sonderband 2. Göttingen 1993

Brand, Karl-Werner: Kommunikation über nachhaltige Entwicklung, oder: Warum sich das Leitbild der Nachhaltigkeit so schlecht popularisieren lässt. Unter: www.sowi-online.de. Journal 1/2000.

Bundesministerium für Umwelt, Naturschutz und Reaktorsicherheit (Hrsg.): Umweltpolitik. Konferenz der Vereinten Nationen für Umwelt und Entwicklung im Juni 1992 in Rio de Janeiro – Dokumente – Agenda 21. Bonn o.J.

Bund-Länder-Kommission für Bildungsplanung und Forschungsförderung: Bildung für eine nachhaltige Entwicklung – Orientierungsrahmen – H. 69, Bonn 1998

Bund-Länder-Kommission für Bildungsplanung und Forschungsförderung: Förderprogramm Bildung für nachhaltige Entwicklung, Materialien, H. 72. Berlin 1999

Enquete-Kommission „Schutz des Menschen und der Umwelt" des Deutschen Bundestages: Konzept Nachhaltigkeit. Vom Leitbild zur Umsetzung. Abschlußbericht. Bonn 1998

Fischer, Andreas: Wege zu einer nachhaltigen beruflichen Bildung. Theoretische Überlegungen. Bielefeld 1998

Fischer, Andreas/Hahn, Gabriela: Vom schwierigen Vergnügen einer Kommunikation über die Idee der Nachhaltigkeit. In: Michelsen, Gerd (Hrsg.): Sustainable University. Frankfurt/M. 2000

Fischer, Andreas/Hahn, Gabriela (Hrsg.): Vom schwierigen Vergnügen einer Kommunikation über die Idee der Nachhaltigkeit. Frankfurt/M. 2001

Fischer, Andreas/Hahn, Gabriela: Interdisziplinarität fängt im Kopf an – einleitende Bemerkungen. In: Diess. (Hrsg.): Interdisziplinarität fängt im Kopf an. Frankfurt/M. In Vorbereitung

Fischer, Andreas/Michelsen, Gerd: Von der Notwendigkeit interdisziplinär ausgerichteter Studienangebote. In: Michelsen, Gerd (Hrsg.): Sustainable University. Frankfurt/M. 2000

Habermas, Jürgen: Erkenntnis und Interesse. In: Habermas, Jürgen: Technik und Wissenschaft als Ideologie. Frankfurt/M. 1979

Hedtke, Reinhold: Nachhaltige Bildung und lebenslanges Lernen. Vortrag vom 19.09.2000 in der Arbeitsgruppe „Nachhaltige Entwicklung, Wirtschaft und lebenslanges Lernen" im Rahmen des DGfE-Kongresses „Bildung und Erziehung in Übergangsgesellschaften". Göttingen 2000. Unter: www.ph-weingarten.de/homepage/lehrende/Hedtke/onlinepublik/lebenslang.html

Heilmann, Joachim: Der Arbeitnehmer in der Auflösung. In: Fischer, Andreas (Hrsg.): Arbeit und Bildung im wirtschaftlichen und sozialen Wandel. Wirtschaftsdidaktische Fragmente, WDF 99-105. Lüneburg 1999

Lisop, Ingrid: Exemplarik als bildungstheoretisches und didaktisches Prinzip an berufsbildenden Schulen. In: Bonz, Bernhard (Hrsg.): Didaktik der Berufsbildung. Stuttgart 1996

Marotzki, Winfried: Informationelle Selbstbestimmung als bildungstheoretischer Grundsatz am Beispiel eines pädagogisch sinnvollen Umgangs mit dem Internet. In: Falkensteiner Gespräche 2000, 2000

Martin, Albert/Scheffeld, Beate: Neue Beschäftigungsformen und Veränderung der Personalpolitik. In: Fischer, Andreas (Hrsg.): Arbeit und Bildung im wirtschaftlichen und sozialen Wandel. Wirtschaftsdidaktische Fragmente, WDF 99-105. Lüneburg 1999

Michelsen, Gerd: Sustainable Development und wissenschaftliche Weiterbildung. In: Bayersdorf, Martin (Hrsg.): Zur Zukunft der – wissenschaftlichen – Weiterbildung. Hannover 1999

Lass, Wiebke/Reusswig, Fritz: Für eine Politik der differentiellen Kommunikation. In: Fischer, Andreas/Hahn, Gabriela (Hrsg.): Vom schwierigen Vergnügen einer Kommunikation über die Idee der Nachhaltigkeit. Frankfurt/M. 2001

OECD: Nachhaltige Entwicklung. Politikkonzepte der OECD für das 21. Jahrhundert. Paris 1998

Pätzold, Henning/Schüßler, Ingeborg: Interdisziplinarität aus systemtheoretischer Perspektive – Bedingungen, Hemmnisse und hochschuldidaktische Implikationen. In: Fischer, Andreas/ Hahn, Gabriela (Hrsg.): Interdisziplinarität fängt im Kopf an. Frankfurt/M. In Vorbereitung

Rat von Sachverständigen für Umweltfragen: Umweltgutachten 1994. Stuttgart 1994

Rat von Sachverständigen für Umweltfragen: Umweltgutachten 1996. Stuttgart 1996

Sennett, Richard: Der flexible Mensch. Die Kultur des neuen Kapitalismus. Berlin 1998

Simonis, Udo Ernst: Hochschule und Nachhaltigkeit. Unter www.sowi-online.de. Journal 1, 2000

Stehr, Nico: Die Zerbrechlichkeit moderner Gesellschaften. Göttingen 2000

Willke, Helmut: Systemtheorie III. Steuerungstheorie. Stuttgart/Jena 1995

Willke, Helmut: Systemisches Wissensmanagement. München/Basel 1998

Wissenschaftlicher Beirat der Bundesregierung Globale Umweltveränderungen: Jahresgutachten 1996. Berlin/Heidelberg 1996

Zündorf, Lutz: Globalisierung, Regionalisierung und der Wandel der Beschäftigung. In: Fischer, Andreas (Hrsg.): Arbeit und Bildung im wirtschaftlichen und sozialen Wandel. Wirtschaftsdidaktische Fragmente, WDF 99-105. Lüneburg 1999

Kapitel II

Erweiterte Dimensionen?

Zum Wandel von Wissen, Kultur und Werten in der Bildung für eine nachhaltige Entwicklung

Wolfgang Beer

Einführung: Erweiterte Dimensionen?

Zum Wandel von Wissen, Kultur und Werten in der Bildung für eine nachhaltige Entwicklung

Nachhaltigkeitsparadigma und traditionelles Fortschrittsparadigma scheinen miteinander nicht oder nur schwer vermittelbar zu sein: wissenschaftlich, ökonomisch, kulturell und politisch. Nicht, dass der Nachhaltigkeitsansatz unwissenschaftlich oder antiwissenschaftlich wäre – im Gegenteil. Ökologische Ressourcenschonung und Verteilungsgerechtigkeit stellen – sollen die weit gesteckten Ziele erreicht werden – hohe Anforderungen an wissenschaftlich-technische Lösungen und Innovationen, Phantasie und Kreativität, im naturwissenschaftlich-technischen Bereich ebenso wie im sozial- und geisteswissenschaftlichen. Aber die Ausgangspunkte, Wert- und Zielorientierungen sind grundlegend verschieden. Unbegrenzte Naturbeherrschung, einschließlich der des Menschen, Orientierung an kurzfristigen ökonomischen Verwertungsinteressen und die Überzeugung von der Grenzenlosigkeit und Unausweichlichkeit des wissenschaftlich-technisch Machbaren auf der einen Seite stehen auf der anderen Seite gegenüber: die Überzeugung von der Notwendigkeit eines kooperativen, Ressourcen schonenden Umgangs mit der Natur, die Orientierung an einem möglichst authentischen Leben und Überleben aller Menschen einschließlich der kommenden Generationen und der belebten und unbelebten Umwelt sowie die Einsicht in die zwangsläufige Begrenztheit menschlichen Handelns, Forschens und Wirtschaftens durch die Konstitution der Natur innerhalb und außerhalb des Menschen. Die beiden Ansätze stehen für unterschiedliche Pfade wissenschaftlicher Forschung und technologischer Anwendung.

Sie stellen aber jeweils auch eine andere Kultur mit je eigenen Werten, Zielen und Leitbildern dar. Ausgehend von der Feststellung, dass es eine neutrale, ausschließlich an der Sache orientierte, weder ökonomisch noch politisch zumindest mitbestimmte Wissenschaft und Technik faktisch nicht gibt, stellen sich die Fragen nach den Interessenskontexten, den Zielsetzungen und den ethischen Wertentscheidungen, die den unterschiedlichen Pfaden und Paradigmen zugrunde liegen. Die Entwicklung wissenschaftlich-technischer Prozesse ist gesellschaftlich steuerbar, zwingt zu einer Vielzahl von Einzelentscheidungen mit immer wieder neuen Abwägungsprozessen und Urteilsbildungen. Dies gilt auch für die Frage nach einem am Nachchaltigkeitsparadigma orientierten Konzept von Wissen, Bildung und Lernen.

Aber es gibt bei aller Gegensätzlichkeit auch gemeinsame Aspekte und Schnittstellen von traditionellem Fortschritts- und Nachhaltigkeitsparadigma. Beide weisen eine globale Dimension auf und sind in einer letztlich gemeinsamen Komplexität der Problem- und Aufgabenstellungen miteinander verbunden. Globalisierung und Komplexität kennzeichnen den gemeinsamen Kontext, in dem beide Paradigmen angesiedelt sind. Diese globale Komplexität entwickelt eine Eigendynamik, die mit den gewohnten Mechanismen nationaler und internationaler Steuerungssysteme nicht mehr oder nur teilweise beeinflussbar und zu beherrschen ist. Multinationale Unternehmensstrukturen oder das Internet, um nur zwei Beispiele zu nennen, sind durch nationale Kontrollinstanzen oder begrenzte internationale Absprachen und Übereinkommen nicht zu kontrollieren und zu steuern. Sie entwickeln ein Eigenleben, welches sie zu selbstständigen Faktoren, Akteuren oder Systemen werden lässt, die ihrerseits Rückwirkungen auf die bestehenden Strukturen und Prozesse auf den unterschiedlichen Handlungsebenen haben – ökonomisch, politisch, sozial, kulturell. Diese sich abzeichnende Entwicklung kann durchaus dazu führen, dass die Konfrontation zwischen marktwirtschaftlich-ökonomisch orientierten Fortschrittsparadigma und dem an ökologischer Verträglichkeit und globaler Gerechtigkeit orientierten Nachhaltigkeitsparadigma sich in der Perspektive als ein Konflikt in der gesellschaftlichen Umbruchsituation erweist, als Vor- oder Zwischenstufe zu einem neuen Paradigma, das zukunftsfähig und in globalen Maßstab gesellschaftlich akzeptabel ist. Während das traditionelle Fortschrittsparadigma der Versuch ist, mit den dramatisch zunehmenden wissenschaftlich-technischen Entwicklungen die bisherigen ökonomischen und kulturellen Leitwerte der Moderne zu einem neuen Höhepunkt zu führen, beschreibt das Nachhaltigkeitsparadigma ausgehend von den Fehlentwicklungen der Vergangenheit und Gegenwart die Leitwerte zukünftiger Entwicklung, die ihrerseits auch nur im Kontext wissenschaftlich-technologischer Entwicklung zum global akzeptierten Mainstream werden können. Dem wissenschaftlich-technologischen Fortschritt fällt so auch bei der Herausbildung einer neuen pradigmatischen Orientierung eine zentrale Rolle zu.

Die drei Beiträge dieses Kapitels beschäftigen sich mit unterschiedlichen Aspekten und Perspektiven dieses angedeuteten Paradigmenwechsels in seinen Auswirkungen auf das Feld von Bildung und Wissen.

Gerhard de Haan stellt in seinem Beitrag „Schule und Bildung in der Wissensgesellschaft" die beiden 1998 vom Bundesministerium für Bildung und Forschung veröffentlichten Delphi-Befragungen zu den Potentialen und Dimensionen der Wissensgesellschaft in den Mittelpunkt seiner Überlegungen. Er fragt, inwieweit die Ergebnisse des Wissens- und Bildungsdelphis mit dem Nachhaltigkeitskonzept korrespondieren, im Kontext einer Nachhaltigkeitsbildung zusammenzuführen sind. Eine zentrale Folgerung aus den Befragungen ist die Stärkung des Allgemeinwissens in der Wissensgesellschaft. Das Allgemeinwissen soll die Kommunikationsfähigkeit sichern, die Urteilsfähigkeit beinhalten und die Basis für Spezialisierungen liefern. Die Nachhaltigkeitsdiskussion benennt die Themenfelder, z.B. Energie, Rohstoffe, Mobilität, Transport, Gesundheit, Landwirtschaft, Ernährung, Bauen, Wohnen. Und sie stellt die Einordnungskontexte her über den Zusammenhang mit der Globalisierung, den Gerechtigkeitsprämissen, der Multikulturalität, der Entwicklungspolitik und der Ausgestaltung städtischer Lebensformen. Die im Wissenschafts- und Technikdelphi benannten zentralen Innovationsfelder decken sich in entscheidenden Bereichen mit den Szenarien und Themen der Nachhaltigkeitsdebatte. In der Konsequenz seiner Analyse kommt de Haan zu dem Ergebnis, dass das entscheidende Aufgabenfeld von Bildung in Zukunft in den Lehr- und Lernfeldern der Bildung für eine nachhaltige Entwicklung zu sehen ist. Das zentrale pädagogische Ziel umschreibt er dabei mit dem Begriff der „Gestaltungskompetenz“, der das Konzept der Bildung für eine nachhaltige Entwicklung bündelt und zugleich ausdifferenziert. Die Gestaltungskompetenz umfasst drei übergeordnete Komplexe: Die Sach- und Methodenkompetenz, die Sozialkompetenz und die Selbst- und Handlungskompetenz. Diesen Bereichen werden dann jeweils sich aus dem Paradigma nachhaltiger Bildung ergebende Detailkompetenzen zugeordnet. Bildung für eine nachhaltige Entwicklung ist für de Haan eine Antwort auf die Frage, „wie sich in der fragilen Wissensgesellschaft Inhalte, Methoden und Ziele für ein Allgemeinwissen mit integrierender Kraft finden und begründen lassen“.

Beiträge und Funktionen der politischen Bildung beschreibt *Wolfgang Beer* in seinem Aufsatz „*Den politisch-kulturellen Wandel fördern: Nachhhaltige Entwicklung als Orientierung für die politische Bildung*“. Er weist der politischen Bildung generell eine doppelte Aufgabe zu: den Wandel zu einer Kultur der Nachhaltigkeit zum Programm zu machen und gleichzeitig als Initiatorin und Mediatorin für den gesellschaftlichen Diskurs zu dienen. Ausgehend von der These, dass es sich bei dem Konflikt um den gesellschaftlichen Leitwert Nachhaltigeit um die Auseinandersetzung zwischen zwei perspektivisch antagonistischen Kulturen handelt, der sich bis in die Individuen, ihre Lebensstile und -gefühle durchzieht, ergibt sich eine Perspektivenverschiebung für die politisch-ökologische Bildung. Im Zentrum steht nicht mehr die konkrete politische (Widerstands)-Aktion im Vollzug unmittelbaren politischen Handelns, sondern die Auseinandersetzung mit Formen individueller Lebensführung und -gestaltung, mit subjektiven Prioritätensetzungen und Werthaltungen sowie mit dem reflektierten Umgang mit den eigenen Widersprüchen.

Politische Bildung – auch dies eine Konsequenz aus dem Nachhaltigkeitsparadigma – bezieht dabei selbst eindeutig Position. Ökologische Orientierung sowie globale und intergenerative Solidarität werden zu Leitzielen politischer Bildung.

Da eine nachhaltige Bildung auf der politischen Ebene immer auch eine Auseinandersetzung mit den unterschiedlichen Pfaden wissenschaftlich-technischer Forschung und Anwendung mit sich bringt, steht politische Bildung vor der Notwendigkeit gleichzeitig auf drei Ebenen zu agieren: der inhaltlichen Aufklärung und Positionsfindung, dem sozialpsychologischen Ziel der Vermittlung von Kompetenzbewusstsein und Motivation sowie der „politischen Systemkunde" und Strategieentwicklung. Dabei stößt politische Bildung naturgemäß auch an ihre Grenzen, die in der politischen Kultur unserer Gesellschaft, in den vorhandenen oder nicht realisierten Partizipationsmöglichkeiten bei politischen Entscheidungsprozessen begründet sind.

Ausgehend von der Situation des Paradigmenwechsels, den das Prinzip der Nachhaltigkeit bedeutet, beschreibt Klaus Dietrich Wachlin in seinem Beitrag „Fähigkeiten für die Zukunft lernen. Überlegungen zur Bedeutung nichtformaler Qualifikationen" zunächst die Problemkonstellation, der mit dem Nachhaltigkeitsansatz begegnet werden soll. Anschließend werden Anforderungen an Bildungsprozesse entwickelt, die dann auf die Ausbildung von Humanressourcen bezogen werden. Dabei macht Wachlin deutlich, dass der Veränderungsbedarf weit über den Bereich der formalen Bildung innerhalb und außerhalb der Schule hinausreicht. Dabei spielt für ihn die Situation in der Familie einschließlich der familien- und steuerpolitischen Prioritätensetzungen eine zentrale Rolle.

Wachlin gelangt schließlich zu einem Ensemble nichtformaler, Nachhaltigkeit fördernder Fähigkeiten, die Mindestanforderungen dafür sind, dass eine wachsende Anzahl von Menschen den Globus als Heimat erlebt. Dazu gehören u.a. eine transdisziplinär und transsektoral verknüpfte Expertise, Verfahrenskompetenz zur diskursiven Koordinierung, die Fähigkeit Komplexität zu bewältigen, Partizipationsfähigkeit und Konvivenz, die auf ethische Kompetenz, souveräne Konfliktfähigkeit, (Frustrations-) Toleranz und (multi-) kulturelle Kompetenz gegründet ist.

Insgesamt versuchen die Beiträge dieses Kapitels die erweiterten Horizonte, veränderten Sichtweisen, neuen Leitbilder und Verknüpfungen zu beschreiben, die sich für das Verständnis von und den Umgang mit Wissen und Bildung aus dem Nachhaltigkeitsparadigma ergeben und somit auch die paradigmatische und konzeptionelle Diskussion um Wissensverständnisse und -definitionen, um Lern- und Bildungsprozesse beeinflussen und zumindest partiell neu strukturieren.

Gerhard de Haan

Schule und Bildung in der Wissensgesellschaft

Einführung

In einer Vielzahl von Veröffentlichungen, in politischen Statements und in zahlreichen Diskussionsrunden ist von der „Wissensgesellschaft" die Rede. Es scheint, dass sich unter diesem Begriff etliche Diagnosen bündeln und Intentionen damit transportieren lassen. Dabei ist der Begriff schon seit den 1960er-Jahren in der Diskussion. In den 1980er-Jahren schien er fast ad acta gelegt worden zu sein. Nun gewinnt er wieder an Attraktivität – u.a. durch seinen Gebrauch in den großen Delphi-Studien. Zum einen ist da die vom Fraunhofer-Institut durchgeführte „Studie zur globalen Entwicklung von Wissenschaft und Technik" zu nennen und zum anderen die von Prognos und Infratest Burke realisierten Delphi-Befragungen „Potentiale und Dimensionen der Wissensgesellschaft – Auswirkungen auf Bildungsprozesse und Bildungsstrukturen" (vgl. BMB+F 1998a; 1998b; Fraunhofer Gesellschaft 1998). Auch mit dem Weltentwicklungsbericht von 1998/99 wird die Bedeutung von Wissen für die wirtschaftliche Entwicklung und soziale Wohlfahrt herausgestellt (vgl. Weltbank 1999). Der Bericht stellt einmal mehr Wissen als wesentlichen, ja dominanten Produktionsfaktor gegenüber Arbeit, Kapital und Natur heraus (vgl. auch Kreibich 1986; Stehr 1994).

Vor diesem Hintergrund soll in insgesamt vier Schritten der These nachgegangen werden, dass die Funktionen, die dem Allgemeinwissen in der fragilen Wissensgesellschaft zukommen sollten, sich mit der Bildung für eine nachhaltige Entwicklung erfüllen lassen (vgl. zu den folgenden Ausführungen auch: de Haan 2000). Um dieses zu belegen, wird zunächst auf die „Wissensgesellschaft", ihre Bedeutung für Entwicklung und Wohlfahrt, insbesondere aber auf die mit ihr verbundenen, bildungsrelevanten Probleme eingegangen. In einem zweiten Schritt wird auf das Konzept der nachhaltigen Entwicklung, das als Ausdruck wachsender Bedeutung von Wissen zu begreifen ist und das zahlreiche Konkretisierungen für Ziele, Inhalte und Methoden von Unterricht bietet, verwiesen. Das dritte Kapitel dient dem Beleg der Relevanz der Themen und Handlungsfelder für eine Bildung zur nachhaltigen Entwicklung durch den Rekurs auf die eben genannten Delphi-Studien, die sich mit der Zukunft von Wissenschaft, Technik und Bildung befassen. Schließlich wird im vierten Kapitel noch einmal auf das erste Kapitel zurückgegriffen: Mit dem Begriff „Gestaltungskompetenz", der das pädagogische

Ziel der „Bildung für eine nachhaltige Entwicklung“ bündelt, wird ausdifferenziert, was Allgemeinwissen in der Wissensgesellschaft heißen kann.

1. Die Bedeutung des Wissens für das Individuum und die Gesellschaft

Eines der zentralen Kennzeichen der Wissensgesellschaft ist die gegenüber Arbeit, Kapital und Natur zunehmende Bedeutung des Wissens als Produktionsfaktor. Um das zu verdeutlichen, hier einige Kennzahlen: Nicht nur bei den Mikrochips ist der Preis zu über 70 Prozent durch Wissen bestimmt (Forschung, Entwicklung, Kontrolle) und zu kaum mehr als 10 Prozent durch Arbeit. Ähnliche Werte wird man generell im Bereich von Information und Kommunikation finden, in der Pharmaindustrie, mehr und mehr aber in allen innovativen Branchen, in denen wir eine Reduktion der Materialdurchsätze bei höheren oder gleichen Leistungen von Produkten und Dienstleistungen erleben. Neue Berichte sprechen davon, dass sich 70 bis 80 Prozent des wirtschaftlichen Wachstums ganz generell auf neues oder verbessertes Wissen zurückführen lassen (vgl. European Commission 2000).

Die Zahlen zwischen Erwerbstätigen und Lernenden verschieben sich mehr und mehr zu einem Gleichgewicht hin. 1960 kam auf drei Erwerbstätige eine lernende Person. 1997 werden 34 Mio. Erwerbstätige registriert. 14,5 Mio. Personen besuchten im Jahr 1997 Schulen, befanden sich in der Berufsausbildung oder waren an Hochschulen eingeschrieben. Die Relation liegt schon hier – Forschungseinrichtungen, Fort- und Weiterbildungen, Umschulungen etc. nicht mitgerechnet – bei nahezu 2 : 1. Rechnet man noch das Personal hinzu, das voll- oder teilzeitbeschäftigt in Bildung, Wissenschaft und Forschung tätig ist, dann sind noch einmal fast 1,7 Mio. Personen hinzuzurechnen. Zudem befinden sich rund 4 Prozent der 19- bis 65-Jährigen in einer wieder aufgenommenen Ausbildung und 1997 haben fast 50 Prozent (1979: 23 Prozent) an Weiterbildungsmaßnahmen teilgenommen. Insofern nähert sich die Relation zwischen Erwerbstätigen und Lernenden/Lehrenden der Relation von 1 : 1 an.

Vieles spricht dafür, diesen Wandel der letzten 50 Jahre als Wandel von der Industrie- zur Wissensgesellschaft zu bezeichnen: die Quantität der Investitionen, die Relation zwischen mit Lernen und Arbeit befasster Bevölkerung und der Anteil der im Bereich Information Tätigen am Gesamt der Beschäftigten sowie die qualitative Bedeutung, die innovatives Wissen an der Entwicklung von Technik und Produkten hat.

Kurz: Wenn Wissen zum wesentlichen Faktor für Wertschöpfung und Wohlfahrt avanciert, dann erfahren der Bildungssektor und Forschung/Entwicklung/Kontrolle eine herausragende Bedeutung nicht allein für die hoch industrialisierten Gesellschaften, besonders aber für diese.

Der Terminus „Wissensgesellschaft" charakterisiert einen *Entwicklungsprozess.* Die Bedeutung von Wissen wächst und die Struktur, die das Wissen sowie die auf ihr fußende Gesellschaft annimmt, verändert sich. R. Richta u.a. (dt. 1972) beschreiben diesen Wandel schon in den 1960er-Jahren so: Im 17. Jahrhundert habe das Wissen – hätten speziell die Wissenschaften – primär die Funktion der Aufklärung gehabt. Schon im 19. Jahrhundert seien Wissenschaft und Technologie zur Produktivkraft im Sinne eines in der Maschinerie und den Techniken gefrorenen Wissens geworden. Im 20. Jahrhundert dann wäre Wissenschaft zur unmittelbaren Produktivkraft avanciert. Es bedarf nämlich immer weniger der vermittelnden Arbeitskraft, um ein Produkt am Markt anzubieten. Die Hoffnung von Richta u.a. lag schließlich konsequent in der Abschaffung der Handarbeit, in der Freisetzung des Menschen für Kontrollfunktionen, Kultur, Kreativität und Politik. Das las sich in der Sprache der Zeit noch so: „In der praktischen Anwendung setzt die Wissenschaft das Potential für eine völlig freie Entfaltung der Fähigkeiten und der kreativen Handlungsmöglichkeiten der arbeitenden Bevölkerung frei." (Richta 1977, 47)

Oft scheint, was mit „Wissensgesellschaft" verbunden wird, in der Sache identisch mit den Merkmalen der „Informationsgesellschaft". Nicht immer wird zwischen beiden Begriffen unterschieden (vgl. Spinner 1998). In der Regel aber gibt es erhebliche Differenzen zwischen dem Gebrauch der Worte „Informationsgesellschaft" und „Wissensgesellschaft". Der Terminus „Informationsgesellschaft" hält sich an das Objektivierbare: Technologische Entwicklungen, ökonomische Prosperität, Veränderungen in den beruflichen Anforderungen, Globalisierungserscheinungen in der Kommunikation und Distribution von Mitteilungen, Verschiebungen in den Habitualisierungsleistungen und in den Wahrnehmungsmustern differenter Kulturen werden darunter gefasst. Der Begriff „Informationsgesellschaft" lässt aber, was im Begriff des „Wissens" enthalten ist, unberücksichtigt: die subjektive Dimension (dazu weiter unten mehr). Jedenfalls dient die Rede von der Wissensgesellschaft zunächst der Abgrenzung von ihr vorausgehenden Epochen, die man als „Industriegesellschaft" bezeichnen kann um zu verdeutlichen, dass die treibende Kraft des Wandels in der Produktion und eine Bedingung der Möglichkeit von Wohlfahrt in der fortschreitenden Industrialisierung gesehen wurde.

Bekannter als die Vorstellungen von Richta u.a. wurde D. Bell mit seinen Überlegungen zu „The Coming of the Postindustrial Society". Bell spricht nicht generell von der Bedeutung der Wissenschaften, sondern von der Bedeutung theoretischen Wissens, das explizites, methodisches und innovatives Wissen umfasst. Die von ihm als „postindustriell" bezeichnete Gesellschaft ist gekennzeichnet durch *Zukunftsorientierung.* In der Konsequenz heißt das: Technischer Fortschritt ereignet sich nicht „irgendwie"; er wird mehr und mehr gesteuert und die Technologien werden mehr und mehr einer gesellschaftlichen Bewertung unterzogen (hier hat die Beck'sche Risikogesellschaft ihr Fundament). Zudem entwickeln sich neue Formen der Entscheidungsbildung, in der intelligente Technologien eine zentrale Bedeutung erlangen: Nicht mehr Menschen entscheiden, sondern Maschinen. Sie reagieren auf auslösende Impulse, ohne dass es noch menschlicher Entscheidungen bedarf.

Auch für Bell ergibt sich aus diesem Wandel eine Chance für die Menschen: Sie haben die Möglichkeit und müssen sich mit der Frage befassen, wie sie die Welt, ihre Lebensverhältnisse *gestalten wollen.* Dieses, so denkt sich das Bell in seinem Optimismus, könne sehr systematisch erfolgen. Mit Hilfe von Simulationsprogrammen ließen sich Handlungsalternativen testen. Auf dieser Basis könnte dann die beste Alternative für den sozialen Wandel ausgesucht werden (vgl. Bell 1971; 1973).

Wissen als gesellschaftlicher Begriff wird in seiner Brisanz für das Individuum erst dann kenntlich, wenn man es nicht nur als Partizipation am kulturellen Kapital (Bourdieu; Böhme) begreift, sondern Wissen als gesellschaftliches Können betrachtet. In diesem Sinne wird der Begriff bei Nico Stehr verwandt und so wird der Terminus auch hier verstanden. „Man kann Wissen als Fähigkeit zum Handeln (Handlungskapazität) definieren, d.h. als die Möglichkeit, etwas in ‚Gang zu setzen'." (Stehr 1999, 16; vgl. Stehr 1994, 194 ff.) Wissen wird auch als „Fähigkeit zum sozialen handeln (Handlungsvermögen)" gefasst (Stehr 2001, 62) und impliziert damit schon, dass es ums „Bewirken" von etwas ebenso geht wie um Entscheidungsspielräume, über die jemand verfügt. Damit wird „Wissen" auf der Seite des Subjekts angesiedelt, als Kompetenz begriffen, die neben der wissenschaftlichen, technischen Seite auch das Wissen über die Möglichkeiten gesellschaftlichen Handelns umschließt. Wissen ist dann nicht allein für das rationale Kalkül, technische Entwicklungen, neue Erkenntnisse über die Natur und in der Technik von Bedeutung (obschon sich von dort her, von der Bedeutung von Wissenschaft und Technik, der Begriff „Wissensgesellschaft" legitimiert), sondern auch für die sozialen Belange. *Und: Wissen ist das, was man im Kopf hat.* Es sind damit nicht die Informationen gemeint, die in irgendwelchen Datenbanken oder Lexika schlummern.

Darin ist eine entscheidende, vielleicht auch lerntechnische Differenz zwischen Informiertheit und Wissen zu sehen: Seit den 1960er-Jahren wird oftmals propagiert, es würde hinreichen, wenn man wüsste, wo die Informationen zu finden seien, man müsse sie nicht selbst parat haben. Das mag zwar ein Weg sein, sich des Aneignens von Fakten, Strukturen und Prozessverläufen und Urteilen entledigen zu können, meint aber ganz etwas anderes als die *Verarbeitung* und *Ordnung* von Eindrücken, Informationen, Ideen etc., die das *Wissen* ausmachen. Wissensgesellschaft ist dann nicht eine Gesellschaft von Individuen, die sagen können, wo man was nachschlagen, nachsehen kann, sondern eine Gesellschaft von Individuen, die auf der Basis ihnen *verfügbarer* Kenntnisse und Urteile bewusst und sinnhaft handeln können.

Wagt man einen Blick auf die Position des Individuums in der Wissensgesellschaft und betrachtet man die aktuellen Entwicklungen genauer, so ergeben sich mindestens die folgenden acht Problemkonstellationen und Aussichten.

1. Dem Individuum werden immer mehr Möglichkeiten offen stehen. *Denn das Wissen wächst und mit ihm die Handlungsmöglichkeiten. Aber mit beiden wächst auch die Fragilität der Gesellschaft* (vgl. Stehr 1994): Sie ist nicht mehr als einheitliche zu betrachten. Die Individuen in ihr sind in ihren differenten Handlungsmöglichkeiten und -absichten in einem Prozess immer weitergehender Ausdifferenzierung gefangen. Die Ausdifferenzierung der Lebensstile in den letzten 20 Jahren, jüngst noch einmal für die Jugendlichen mit der 13. Shell Studie belegt, ist ein guter Indikator für diesen Diversifizierungsprozess. Damit ist die Einheit der Gesellschaft auf der Basis eines gemeinsam geteilten Wissens gefährdet.
2. *Zwischen den unterschiedlichen Wissensarten bestehen Wertungshierarchien* (wissenschaftliches / akademisches Wissen, Erfahrungswissen, Alltagswissen etc.). Da Wissenschaftswissen die größte Anerkennung erfährt, streben auch noch nicht wissenschaftliche Professionen an, diesen Status zu erreichen. Gut belegt ist dieses bei den „mittleren" Heilberufen (vgl. Böhme 1981): Mit der medizinischen Professionalisierung des Hebammenberufs, mit der Integration diverser Heilmethoden in die konventionelle Medizin droht das Wissen aus Berufen und Tätigkeiten zu veröden, das auch ohne Studium vermittelt und genutzt werden konnte. Es mag aber Probleme und Bedürfnisse geben, die *nicht* in den wissenschaftlich-technischen Bearbeitungsprozess eingespeist werden sollten. Wie verschafft man den dafür zuständigen Disziplinen und Berufen so viel Anerkennung, dass man nicht auf die Verwissenschaftlichung (also professionelle Ausbildung an Hochschulen) schielen muss?
3. *Wissen schafft oder verstärkt Abhängigkeiten.* Mit der Spezialisierung aber wachsen auch Einseitigkeit und Abhängigkeit, immer weniger Menschen vermögen sich noch in ihrem Umfeld zu orientieren und empfinden sich potentiell als Opfer einer „Expertokratie", die sich selbst jeder Kontrolle entzieht. Dies gilt sogar für die „Experten" selbst, die sich außerhalb ihres eigentlichen Spezialgebiets in eben derselben Unsicherheit und Abhängigkeit befinden wie alle anderen Mitbürger auch.
   Als Individuum gerät man immer weiter in die Notwendigkeit hinein, sich Experten anzuvertrauen: den Erzieherinnen, Lehrkräften, Transporteuren, dem Supermarktmanagement etc. Entsteht damit eine neue Unmündigkeit? Was kann in die Entscheidungen der Individuen zurückgeholt werden? Aber

Wissen wird nicht ohne weiteres mehr als Faktensammlung akzeptiert (s.o.). Konstruktion und Resonanzfähigkeit sind entscheidende Formen, in denen sich die Rezeption von Wissen bewegt.

4. *Wissen konstituiert über seine Produkte und Experten Individuen und Gesellschaften.* Wissen, insbesondere technisches Wissen, wird zur unabdingbaren Voraussetzung in der sich das Leben des Einzelnen bewegt. In vielen Bereichen ist es weniger notwendig, durch Erziehung das Verhalten des/der Einzelnen erst zu erzeugen. Dieses wird über die Maschinen, technische Artefakte etc. strukturiert. Beste Beispiele sind das Fernsehen und Internet. Beides strukturiert das Leben von Kindern, Jugendlichen und Erwachsenen, ohne dass es einer Erziehung zu einem spezifischen Verhalten bedarf. Zugleich aber wird das Individuum immer mehr ausspioniert, datentechnisch erfasst, kartiert und kontrolliert: Dies betrifft die Bereiche Gesundheit, Gewohnheiten, Arbeitsleistungen. Dass man hieran die Frage von Freiheit und Selbstbestimmung anknüpfen muss, ist ebenso deutlich wie banal. Weniger beachtet wird, dass diese extern erhobenen Datensätze dem Individuum als Schicksal erscheinen (etwa, wenn die Lebenserwartung auf der Basis genetischer Analysen prognostiziert wird). Gibt es ein Recht auf sanktionsfreies Nichtwissen?
5. *Wissen ist als Produktivkraft und Basis von Lebenschancen als Allgemeingut gefährdet.* Wissen ist kulturelles Kapital und als Allgemeingut konzipiert. Wissenschaftliches Wissen ist dieses sogar vom Grundgedanken her: Es soll allgemein gültig sein und ist auf Öffentlichkeit angelegt. Dass es im Rahmen der Ökonomisierung von Wissen mit dem Wissen als Allgemeingut nicht weit her ist, wissen wir alle. Patente auf manipulierte Gene, der Kauf von Wissen, um es dann in Tresoren verschwinden zu lassen, dieses und vieles andere dient der Monopolisierung von Wissen, dem Vorenthalten von Möglichkeiten und dem Profit auf der Basis von Wissensvorsprüngen. Umso mehr ist darauf zu drängen, Wissen als kulturelles Kapital allgemein zugänglich zu machen. Dieses aber wiederum setzt nicht nur die Veröffentlichung voraus, sondern auch die Fähigkeit des Individuums, einen Zugang zu dem Wissen zu finden.
6. Das Anwachsen des Wissens geht mit seiner *Fragmentierung* einher. Zugleich aber werden die zu lösenden Probleme, Interpretationen von Welt und Orientierungswissen immer komplexer. Bildungsprozesse wären dann auf Synthetisierungsleistungen hin auszurichten. Was aber wird dann aus dem Fachprinzip des Unterrichts und der Hochschulausbildung?
7. *Mit der Wissensgesellschaft lassen sich neue Wissensformen und ein verändertes Lebensverständnis verbinden.* Da Orientierungen und Handlungen vom Wissen abhängen (nicht mehr von der Übernahme von Traditionen), ist es wichtig geworden, *Bedeutungs-* und *Regelwissen* zu erwerben, das sich mit dem jeweiligen Wissen verbindet (Ablösung des Tatsachenwissens).

Auch wenn man sich über die Schneidung der Lernphasen im Leben streiten mag, so bleibt doch festzuhalten, dass der Anteil der Lebenszeit, den man als „Lernzeit" bezeichnen kann, wird wachsen müssen, solange das kulturelle Kapital weiter wächst. Sonst würde man Lebenschancen beschneiden. Dies gilt auch aufgrund dessen, das Wissen nur dann kein totes Wissen ist, wenn es auch reproduziert wird (also nicht in Bibliothekstürmen und Datengräbern abgelegt wird).

8. Nicht nur, dass mit dem Grad an Wissen und formalen Qualifikationen Lebenschancen vergeben werden, vielmehr ist Bildung in der Wissensgesellschaft eine *Form der Lebenserfüllung* (wie das Arbeiten), der immer noch ihre Anerkennung versagt wird, da „sich bilden" als Interimsphase interpretiert wird. Die Einschränkung von Bildungsmöglichkeiten ist in einer Wissensgesellschaft aber skandalöser als die Vernichtung von Arbeitsplätzen. Wie sonst will man, nachdem Arbeit und Markt die integrierende Kraft für die Gesellschaft verloren haben, eine neue integrative Kraft etablieren, wie will man Randgruppen verhindern nach dem Zusammenbruch der alten Bedeutung von Arbeit, wenn nicht über den Weg, Bildung/Lernen als neues Integrationskonzept zu etablieren?

Nicht alle acht Aspekte können im Folgenden näher betrachtet werden. Hier erfolgt eine Konzentration auf Probleme, die aus der Fragmentierung und Ausdifferenzierung des Wissens und der damit verbundenen Fragilität der Gesellschaft resultieren, da es immer schwieriger wird, noch eine gemeinsame Basis von Wissen und gemeinsamen Orientierungen zu finden.

H. Wolff und J. Stock (2000) haben im Zusammenhang mit ihrer Auswertung des Wissenschafts- und Bildungsdelphis als Lösung vorgeschlagen, das „Allgemeinwissen" in der Wissensgesellschaft zu stärken. Als Allgemeinwissen wird im Wissenschafts- und Bildungsdelphi jenes Wissen bezeichnet, das folgende drei Funktionen erfüllt:

1. Es ist Basis für allgemeine Verständigung und Voraussetzung für soziales Handeln. Man benötigt dieses Wissen, um Spezialwissen verklammern zu können – das ist die *Kommunikationsfunktion* von Allgemeinwissen.
2. Es bietet Schlüsselqualifikationen für den Einstieg in das ganz heterogene Spezialwissen – das ist die *Einstiegsfunktion* des Allgemeinwissens.
3. Es hilft, sich in der Informationsflut zu orientieren: Was soll man aufgreifen, wie sind die Informationen zu verbinden und wie innerhalb des eigenen Erfahrungshintergrundes zu bewerten? – Das ist die *Bewertungsfunktion* des Allgemeinwissens.

Allgemeinwissen soll mithin kompensieren und regulieren, was im Rahmen der Dynamik der Wissensgesellschaft, ihrer Ausdifferenzierung und Fragilität auf der Strecke zu bleiben droht: Allgemeinwissen soll die Kommunikationsfähigkeit sichern, Urteilsfähigkeit beinhalten und die Basis für Spezialisierungen liefern.

Was von der inhaltlichen und methodischen Seite her die Themen, Gegenstände und Aneignungsverfahren sein könnten, mit deren Hilfe sich dieses Allgemeinwissen erwerben ließe, bleibt dagegen in dem Wissenschafts- und Bildungsdelphi recht unbestimmt. Man bekommt zwar Hinweise auf wichtige innovative Felder in den Natur- wie Sozialwissenschaften, aber diese sind zunächst losgelöst voneinander und zudem wiederum an den einzelnen fachwissenschaftlichen Diskursen orientiert.

Man kann, so die grundlegende These für die folgenden Überlegungen, allerdings eine umfängliche Vision oder auch Konzeption ausmachen, die es erlaubt, dem Anspruch, Allgemeinwissen in der Wissensgesellschaft zu offerieren, in geradezu idealer Form entgegenkommt: Dieses ist das Konzept der „nachhaltigen Entwicklung". Nachhaltige Entwicklung gilt als eine der großen politischen, ökonomischen, ökologischen und sozialen Herausforderungen für das 21. Jahrhundert. Die politischen, fachwissenschaftlichen und handlungsorientierten Konzeptionen sind binnen weniger Jahre so weit gediehen, dass es möglich wird, weitaus präziser als noch vor wenigen Jahren Entscheidungskriterien an die Hand zu bekommen für wichtige Themen, neue partizipative Lehr- und Lernmethoden und für die strukturelle Erneuerung von Bildungseinrichtungen.

Um dafür einige Belege zu präsentieren, soll zunächst in aller Kürze auf das Konzept der nachhaltigen Entwicklung verwiesen werden. Das Konzept wird dann in Kapitel 3 mit den erwähnten Delphi-Studien verbunden. Das vierte Kapitel soll dazu dienen, mit Hilfe der Gestaltungskompetenz auf das erste Kapitel und die darin formulierten Notwendigkeiten und Funktionen von Allgemeinwissen einen Rückbezug zu liefern.

2. Anforderung an die Bildung vor dem Hintergrund der nachhaltigen Entwicklung

Mit der in Rio 1992 von rund 170 Staaten dieser Welt beschlossen Agenda 21 (vgl. BMU 1993) ist ein neuer Akzent für die ökonomische und soziale Entwicklung der Gemeinschaft der Staaten dieser Welt und eine breite Diskussion in Gang gesetzt worden (vgl. u.a. Huber 1995; BUND/Misereor 1996; Breuel 1999). Nicht nur auf politischer und allgemein gesellschaftlicher Ebene hat man sich ausführlich mit diesen Themenkomplexen befasst. Konzepte, die auf dieser Grundlage basieren und die die Ideen der nachhaltigen Entwicklung in eine „Bildung für nachhaltige Entwicklung" transferieren, sind erarbeitet. Eine Umsetzung dieser Konzepte wird im bildungspraktischem Alltag besonders im Kontext des BLK-Programms 21 bundesweit erprobt. Auf viele Beiträge kann in diesem Zusammenhang verwiesen werden (nur einige seien hier stellvertretend genannt: de Haan/Harenberg 1999; de Haan 1998a; b; 1999).

Auf Grund dieser ausführlichen Darstellungen des Konzeptes „Bildung für eine nachhaltige Entwicklung“ soll hier lediglich auf ein paar wichtige Aspekte noch einmal eingegangen werden.

Die Grundlagen einer Nachhaltigen Entwicklung, die man in ökologischer, ökonomischer und sozialer Hinsicht u.a. an den Schlagworten der Gerechtigkeit (gleiche Lebensansprüche für alle heute lebenden Menschen und für künftige Generationen) und der Ressourcenschonung (Nutzung erneuerbarer Ressourcen; Suche nach Substituierbarkeit durch Technologien; Verringerung der Stoffeinträge) festmachen kann und die in die Konzepte der Effizienz, Konsistenz, Permanenz und Suffizienz münden, bedeuten für das Bildungssystem eine immense Erweiterung ihres Aufgabenfeldes. Denn erstens ist der gesamte Diskurs um die Agenda 21 eingebettet in die kulturellen Wahrnehmungs- und Handlungsmuster der Akteure. Nicht zufällig wird die Frage der Gerechtigkeit als Gleichheit in diesem Jahrhundert weltweit zum Thema gemacht. Voraussetzung war und ist die globale Verbreitung von Gleichheitsvorstellungen, wie sie mit der Neuzeit, speziell in den letzten 200 Jahren herausgebildet wurden. Zweitens wissen wir aus der Mentalitäts- und Risikoforschung, dass selbst die Wahrnehmung von Umwelt*phänomenen* als Umwelt*probleme* abhängig ist von kulturellen Kontexten. Insofern ist es angemessen, wenn man die soziale, ökologische und ökonomische Dimension der Nachhaltigkeit generell unter der Prämisse kultureller Differenzen reflektiert, um zu vermeiden, universelle Weltbilder, Mythen, Identitätsvorstellungen etc. dort anzunehmen, wo kulturell differente Wahrnehmungen erst eine Verständigung und angemessene Veränderung möglich machen.

Im Zuge der Entwicklung zur Nachhaltigkeit als Modernisierungskonzept ist ein intensiviertes Engagement der Bürger unverzichtbar. Die Partizipation bisher wenig beteiligter oder berücksichtigter Bevölkerungsgruppen ist für die Umsetzung der Agenda dringlich. Die globale nachhaltige Entwicklung ist von Verhaltensänderungen und einem umfassenden Mentalitätswandel abhängig.

Das Konzept der „Bildung für eine nachhaltige Entwicklung“ ist als Auseinandersetzung mit und Reflexion auf die Fragen nach der Zukunftsfähigkeit von Ökonomie, des Mensch-Natur-Verhältnisses und der sozialen Verhältnisse, zu verstehen.

Wenn man einmal zusammenträgt, was aus der Agenda 21 (vgl. BMU 1993), der Studie „Zukunftsfähiges Deutschland“ (vgl. BUND/Misereor 1996) sowie den derzeit kursierenden Analysen zur nachhaltigen Entwicklung herauszulesen ist (vgl. exemplarisch: RSU 1994, 1996; 1998; 2000; Knaus/Renn 1998; Breuel 1999), so wird deutlich, in welch starkem Maße sich Bildungsveranstaltungen bisher außerhalb jener Felder bewegt haben, die aus der Perspektive der Nachhaltigkeit von entscheidender Bedeutung sind.

Nach den vorliegenden Studien zur Nachhaltigkeit lassen sich einige entscheidende Felder benennen, die in Zukunft zu den Aufgaben der allgemeinen Bildung werden müssten, möchte man sich der Idee des Sustainable Development verpflichten.

Nicht nur neue Themenfelder (wie Energie und Rohstoffe, Mobilität und Transport, Gesundheit, Landwirtschaft und Ernährung, Bauen und Wohnen) bekommen eine neue Bedeutung, sondern auch Überlegungen, die im Zusammenhang mit der Globalisierung, den Gerechtigkeitsprämissen, mit Multikulturalität, mit entwicklungspolitischen Fragen und städtischen Lebensformen stehen.

Die Thematiken machen deutlich, wie sehr mit der Nachhaltigkeit nicht allein das Wissen und die Notwendigkeit selbstreflexiven Denkens und Handelns in den Vordergrund rückt. Ohne den Bezug auf die Lebensstile, die Wunschprojektionen der Bürger und die Rückbeziehung dieser Projektionen auf die Selbstbilder der Menschen, auf die Visionen von Nachhaltigkeit, wird man eine Anschlussfähigkeit von Bildungsangeboten im Kontext von Sustainable Development gegenüber den Intentionen der Lernenden wohl nur schwer erreichen können.

3. Die Delphi-Studien zur künftigen Entwicklung der Wissensgesellschaft

Es soll an dieser Stelle der Argumentation für die „Bildung für eine nachhaltige Entwicklung“ aber eine weitere Stütze durch den Rekurs auf die schon mehrfach erwähnten Delphi-Studien gewonnen werden. Dies, um letztlich für die Bildung für eine nachhaltige Entwicklung als Konzept der Vermittlung von Allgemeinwissen zu plädieren.

Die These lautet, dass die beiden großen Delphi-Studien, die das BMB+F in der zweiten Hälfte der 1990er-Jahre in Auftrag gegeben hat, nämlich die vom Fraunhofer-Institut durchgeführte „Studie zur globalen Entwicklung von Wissenschaft und Technik“ sowie die von Prognos und Infratest Burke realisierte Delphi-Befragung „Potentiale und Dimensionen der Wissensgesellschaft – Auswirkungen auf Bildungsprozesse und Bildungsstrukturen“, ein ganzes Bündel an Argumenten dafür zur Verfügung stellen, „Bildung für eine nachhaltige Entwicklung“ als Paradigma eines zeitgemäßen Allgemeinwissens anzusehen.

Schaut man sich zunächst das „Wissenschafts- und Technikdelphi“ an (vgl. Fraunhofer-Institut 1998), so ist es von seinen Umfängen her die größte Prognosestudie. Mehr als 2000 Experten wurden nach den Zukunftsrichtungen von Wissenschaft und Technik gefragt und im Ergebnis drei künftige Schwerpunkte in diesem Bereich markiert:

- Es wurden die Innovationsgebiete identifiziert, auf denen in den nächsten Jahren markante Fortschritte zu erwarten sind.

- Es wurde erfasst, in welchen wissenschaftlich-technischen Sektoren sich Deutschland in der internationalen Konkurrenz eine ausgezeichnete Position sichern oder erarbeiten kann.
- Schließlich wurde erhoben, innerhalb welcher Zeiträume die Experten mit entscheidenden Durchbrüchen in Hinblick auf Innovationen in differenten Wissenschafts- und Techniksektoren rechnen.

Schaut man sich die Liste der Innovationsfelder an, von denen nach Expertenmeinung gesagt werden kann, sie seien für die Wissensgesellschaft in Zukunft die bedeutungsvollen, dann wird schnell kenntlich, dass die Innovationsfelder eine hohe Affinität zu den Handlungsfeldern aufweisen, die in der Agenda 21 als vordringlich für den Weg in eine nachhaltige Entwicklung betrachtet werden: Information und Kommunikation, Dienstleistung und Konsum, Management und Produktion, Chemie und Werkstoffe, Gesundheit und Lebensprozesse, Landwirtschaft und Ernährung, Umwelt und Natur, Energie und Rohstoffe, Bauen und Wohnen, Mobilität und Transport.

Es ergibt sich nicht nur eine erstaunliche Konkordanz zwischen den Innovationsfeldern, wie sie in dem Wissenschafts- und Technikdelphi formuliert werden, und der Agenda 21 mit den darin aufgeführten Feldern notwendigen Handelns für eine nachhaltige Entwicklung. Die Innovationsfelder des Delphis decken sich zudem mit den Szenarien, die im Kontext der Nachhaltigkeitsdebatte allenthalben entwickelt werden.

Man könnte nun meinen, dass es sich um Innovationsfelder handelt, die, weil in ihren Entwicklungen als wahrscheinlich prognostiziert, keiner besonderen Beachtung im Bildungssystem bedürfen. Das Gegenteil ist der Fall. Die Experten wurden ausdrücklich auch über die fördernden und hemmenden Faktoren befragt, die den Innovationen dienlich sind und Deutschland im internationalen Vergleich eine starke Position einbringen bzw. sichern. In diesem Kontext ist dann immer auch die Frage virulent, welchen Beitrag das Bildungssystem zur Innovationsförderung, -sicherung und -verarbeitung leisten kann. Denn es sind schließlich nicht nur die Innovateure, die benötigt werden, vielmehr muss man auch die potentiellen und notwendigen Resonanzen berücksichtigen, die diese Innovationen beim und für den Normalbürger mit sich bringen. So fordern die Experten beispielsweise für das Innovationsfeld „Landwirtschaft und Ernährung" eine bessere Aufklärung und Bildung der Verbraucher, speziell über gesunde Ernährung und ernährungsbedingte Krankheiten. Bildungsdefizite werden auch im Komplex „Landwirtschaft" des Innovationsfeldes „Umwelt und Natur" und in dem Komplex „Produktion" im Innovationsfeld „Bauen und Wohnen" ausgewiesen.

Diese legen es nahe, mehr noch für eine intensivierte „Bildung für nachhaltige Entwicklung" einzutreten als allein aus der Perspektive der Agenda 21 heraus und von der Idee einer zukunftsfähigen globalen Gerechtigkeit her: Mit der Bildung für Nachhaltigkeit lassen sich, so ist von der Parallelität der Themenfelder her zu vermuten, außerordentliche Synergieeffekte erzeugen, da die für die nachhaltige Entwicklung entscheidenden Thematiken zugleich solche sind, denen eine erste Priorität in der Weiterentwicklung von Wissenschaft und Technik in Deutschland zukommt. Insofern kann man auch sagen, dass „Bildung für eine nachhaltige Entwicklung" den Wissenschafts- und Technikstandort Deutschland weiterentwickeln hilft durch die Konkordanz der Themen nachhaltiger Bildung und wissenschaftlich-technischer Innovationsfelder.

Synergieeffekte lassen sich aber auch erwarten, wenn man die konzeptionelle Struktur der Bildung für nachhaltige Entwicklung parallelisiert mit den Resultaten des „Wissens- und Bildungsdelphis" (vgl. BMB+F 1998a und 1998b).

Die Studie konstatiert zunächst die wachsende Bedeutung von Wissen als vierter Ressource für wirtschaftliche und gesellschaftliche Entwicklung neben Kapital, Arbeit und Natur. Wissen wird dabei nicht als verfügbare Information definiert, sondern als Fähigkeit, geordnete Aussagen über Fakten und Ideen auszudrücken und zu übermitteln sowie im Kontext bewussten sozialen Handelns gestaltend einzusetzen. Damit ist einerseits die individuelle Verfügbarkeit von Wissen als entscheidendes Kriterium (in Differenz zur Information) herausgestellt, andererseits darauf hingewiesen, dass Wissen der Reflexion, Verständigung, Problemlösung und Veränderung dient.

Im Delphi wurde erhoben, wie sich Wissen entfaltet und welche Wissensgebiete bedeutungsvoll sind und werden. Ferner wurde erhoben, in welchen Wissensgebieten Interdisziplinarität von großem Gewicht sein wird. Als Zeithorizont wurde das Jahr 2020 gewählt.

Innerhalb der abgefragten Großfelder des Wissens (vom Wissenskomplex „Leben" über „Naturwissenschaft und Technik" sowie „Sinnfindung" und „soziales Zusammenleben" bis zur „Organisation von Gesellschaft" reichend), lassen sich sechs besonders dynamische Wissensgebiete ausmachen, die einerseits für die Weiterentwicklung der Gesellschaft entscheidend sind und gleichzeitig zur Vermutung Anlass geben, dass es zu erheblichen Wissenszuwächsen kommen wird. Als besonders dynamisch wurden von den Experten rund 15Prozent aller Wissensgebiete eingestuft. Diese sind:

- Informationstechnik und Medien
- Neue Technologien
- Medizin, menschlicher Körper
- Umwelt, Umweltschutztechnik
- Internationale Wirtschaft und Arbeitswelt
- Gesellschaftlicher Wandel und Wissensmanagement

Man erkennt auch hier leicht, dass innerhalb dieser Wissensgebiete etliche Felder zu identifizieren sind, die einen unmittelbaren Bezug zur nachhaltigen Entwicklung aufweisen. Zudem wird in dem Wissens- und Bildungsdelphi eine Verschiebung im instrumentellen Charakter des Wissens konstatiert: Es wird mehr und mehr zum universellen Instrument für *Problemlösungen* mit dem Effekt, dass schon bei der Entstehung von Wissen nach der Kapazität für Problemlösungen gefragt wird. Zudem sind bei Problemlösungen Einzeldisziplinen kaum in der Lage, adäquates Wissen zur Verfügung zu stellen.

Der *Interdisziplinarität* gehört daher die Zukunft. Fragt man nun, welche Wissensgebiete insbesondere von Interdisziplinarität gekennzeichnet sind bzw. sein werden, so wird allen voran der Komplex „Umwelt" mit den Feldern Ökosysteme, Rohstoffe und Energie, Erdatmosphäre und Klima, globale Risiken, Umwelt und Gesundheit genannt.

Zusammenfassend gesagt: Hohe Dynamik wird in Zukunft dem Umweltwissen zugeschrieben. Es ist zudem das herausragende Exempel für jene moderne Form des Wissens, die auf die Lösung drängender Probleme zielt. Zudem ist der Wissenskomplex „Umwelt" jener, der am ehesten Querschnittsthemen verhandelt, die einen hohen Bedarf an vernetztem Wissen ausweisen; und der Interdisziplinarität, so sagen die Experten, gehört die Zukunft.

Das *Wissensdelphi* legitimiert mithin nicht nur die Bildung für nachhaltige Entwicklung. Es macht sie vielmehr zur Leitdisziplin für den Wandel in der Gesellschaft und damit zum prädestinierten Aufgabenfeld für die Schule der Zukunft.

Personale wie soziale Kompetenzen sind ebenso wie aktuelle Themen, so konstatiert es das Bildungsdelphi, im Bildungssystem bisher unterrepräsentiert. Auf die persönlichen und sozialen Kompetenzen kommt es künftig aber – insbesondere wenn es um die Verwirklichung der Agenda 21 geht – besonders an. Dieses jedenfalls betont schon die Agenda 21 selbst, betonen aber auch Fachwissenschaftler, die sich mit der Frage beschäftigen, wie ein Wandel hin zu nachhaltigen Entwicklungen initiiert werden kann: Hier wird, wie oben beschrieben, mehr und mehr darauf gedrängt, auf veränderte mentale Strukturen, Einstellungen und Werthaltungen zu setzen, da gesetzgeberische und wissenschaftlich-technische Innovationen ansonsten ins Leere laufen würden.

Bezüglich der Aufgabenfelder und Angebotsprofile von Bildungseinrichtungen wird künftig erwartet, dass sie

- internationalisiert ausfallen,
- durchlässiger sind,
- sich durch Kooperationen auszeichnen und sich für andere Lebenswelten öffnen,
- durch die Pluralisierung von Lernorten und
- durch Virtualisierung

ausgezeichnet sind. Dabei gelten die Aspekte Internationalisierung, Ausbau von

Kooperation, Öffnung für andere Lebenswelten und Pluralisierung von Lernorten für die Bildung für Nachhaltigkeit in besonderer Weise.

Hinsichtlich der Frage, welche Kompetenzen im Jahr 2020 die wichtigsten zu vermittelnden seien, wird für die schulische Bildung die spezifische Fachkompetenz weit nach hinten gerückt (Platz 6 von 7 Rangplätzen). Erste Priorität genießen lerntechnische und lernmethodische Kompetenzen vor psychosozialen (Human-) Kompetenzen. Erst in der begrifflichen wie der Hochschulbildung wird die spezifische Fachkompetenz auf den ersten Rang gesetzt.

Auch dieses kommt der Bildung für Nachhaltigkeit sehr entgegen. Denn hier werden Lernarrangements und -methoden favorisiert, die auf Interdisziplinarität abzielen, projektbezogen sind, sich durch selbstgesteuertes und eigeninitiatives Lernen in Teams auszeichnen und die personalen Kompetenzen in den Vordergrund stellen.

Insgesamt gesehen bieten das Wissenschafts- und Technikdelphi wie auch das Wissens- und Bildungsdelphi mehr als eine erweiterte Legitimation der Förderung der Bildung für Nachhaltigkeit. Die beiden großen Expertenbefragungen, völlig unabhängig von einer vorgängigen Fokussierung auf die Agenda 21, auf nachhaltige Entwicklung oder Ökologie durchgeführt, haben zum Resultat, dass eines, ja insgesamt gesehen *das* entscheidende Aufgabenfeld von Bildung in Zukunft in den Lehr- und Lernfeldern der Bildung für eine nachhaltige Entwicklung zu suchen ist.

Was kann die Bildung für eine nachhaltige Entwicklung nun im Kontext der Wissensgesellschaft leisten? Kann sie die integrierende Funktion übernehmen, die das Allgemeinwissen haben soll? Welche Kompetenzen sind darin zentral und wie lassen sich diese bündeln?

4. Der Erwerb von „Gestaltungskompetenz" als Ziel des Allgemeinwissens

Ziel des Erwerbs von Allgemeinwissen ist der Erwerb von Gestaltungskompetenz. Sie bezeichnet das „Vermögen, die *Zukunft* von Sozietäten, in denen man lebt, in aktiver Teilhabe im Sinne nachhaltiger Entwicklung modifizieren und modellieren zu können." (de Haan/Harenberg 1999, 60) Der Terminus „Gestaltungskompetenz" wurde in den Kontext der Bildung für nachhaltige Entwicklung neu eingeführt um zu signalisieren, dass unter „nachhaltiger Entwicklung" die Notwendigkeit zu *Modernisierungsmaßnahmen* eine hohe Priorität besitzt.

Gestaltungskompetenz zu erwerben bedeutet, über Fähigkeiten, Fertigkeiten und Wissen zu verfügen, das *Veränderungen* im Bereich ökonomischen, ökologischen und sozialen Handelns möglich macht, ohne dass diese Veränderungen immer nur eine Reaktion auf vorher schon erzeugte Problemlagen sind. Denn eine „nachhaltige *Entwicklung* bedeutet nicht Stabilisieren oder Zurückschrauben des

Status quo, sondern signalisiert einen komplexen gesellschaftlichen Gestaltungsauftrag, in dem sich globale und lokale Dimensionen der *Zukunftsgestaltung* verbinden." (Ebd.) Die Zukunft selbstbestimmt gestalten zu können, das setzt bei *allen* Bürgern erhebliche Fähigkeiten voraus, sich an Verständigungs- und Entscheidungsprozessen überhaupt beteiligen zu können (z.B. vorausschauendes Planen, eigenständige Informationsaneignung und -bewertung sowie neue Anforderungen in Bezug auf Kommunikation und Kooperation, z.B. in LA 21-Initiativen; die Fähigkeit, sich auch politisch gegen Strukturen durchzusetzen, die Partizipation ver- oder behindern).

Mit der Gestaltungskompetenz kommt die offene Zukunft, die Variation des Möglichen und aktives Modellieren in den Blick. Darin sind ästhetische Elemente ebenso aufgehoben wie die Frage nach den Formen, die das Wirtschaften, der Konsum und die Mobilität annehmen können und sollen, oder nach der Art und Weise, wie künftig Freizeit und Alltag verbracht werden, wie sich Kommunalpolitik oder auch die internationalen Beziehungen ausgestalten sollen.

Die Notwendigkeit, den Erwerb von Gestaltungskompetenz zu ermöglichen, lässt sich sowohl bildungstheoretisch als auch aus der nachhaltigen Entwicklung heraus begründen. Denn diese Kompetenz zielt nicht allein auf unbestimmbare zukünftige Lebenssituationen ab, sondern auf die Fähigkeit zum Modellieren dieser Zukunft durch das Individuum in Kooperation mit anderen. Gestaltungskompetenz umfasst vor diesem Hintergrund drei Komplexe:
den Komplex der *Sach- und Methodenkompetenzen*, den der *Sozialkompetenzen* und einen dritten der *Selbst- und Handlungskompetenzen.* Im Detail ergibt sich folgende Struktur (vgl. auch de Haan/Seitz 2001, 63 f.).

Sach- und Methodenkompetenz

- *Vorausschauendes Denken:* Wird über die Gegenwart hinausgegriffen? Werden mögliche Entwicklungen für die Zukunft entworfen und werden Risiken von aktuellen und künftigen, auch unerwarteten Entwicklungen thematisiert? Werden Entwürfe und Anregungen geboten, die es erlauben, selbst und mit anderen positive Szenarien technischer, sozialer, ökologischer und ökonomischer Veränderungen zu entwerfen? Wird vermittelt, auch in uneindeutigen Situationen handlungsfähig zu sein?
- *Interdisziplinäres Herangehen:* Werden mehrere Fächer, Denkweisen, unterschiedliche Zugänge (wissenschaftliche, ästhetische z.B.) sinnvoll miteinander verknüpft, sodass bei den Lernenden Einsichten in die Multiperspektivität der Probleme und die Komplexität ihrer Bearbeitung gegeben werden? Wird dabei auf Phantasie, Kreativität, forschendes Lernen Wert gelegt?
- *Vernetztes Denken:* Werden die Wechselbezüge zwischen einzelnen Bereichen der Problemkonstellationen und ihren Lösungen hergestellt, sodass etwas

gelernt werden kann hinsichtlich Rückkopplungen, Spätfolgen, Zeitverzögerungen, Bearbeitung von Komplexität für innovative Strategien der Zukunftsbewältigung? Wird das dazu notwendige Methodenrepertoire angeboten? Wird eine Vernetzung von Lernorten in ihrer Bedeutung und ihrem Nutzen einsichtig gemacht?

- *Horizonterweiterung und globale Anschauungsweise:* Wird sichtbar gemacht, welche Folgen die eigenen Entscheidungen über den unmittelbaren Gesichtskreis hinaus in Raum und Zeit haben? Wird die Einbettung der eigenen Lebenswelt in weltweite Vernetzungszusammenhänge erschlossen? Werden die unterschiedlichen Interessenlagen gesellschaftlicher Akteure und die Perspektiven von Menschen aus anderen Kulturräumen und Weltregionen in respektvoller Weise zur Sprache gebracht? Werden Neugier und Offenheit gegenüber anderen Kulturen und Lebensweisen geweckt?

Sozialkompetenz

- *Fähigkeit zur Partizipation:* Werden Kompetenzen zur kooperativen Teilhabe an Planungs-, Umgestaltungs- und Entscheidungsprozessen vermittelt? Wird die Fähigkeit angesprochen, sich gewaltfrei verbal und/oder gestaltend artikulieren zu können?
- *Fähigkeit zu Engagement und Solidarität:* Wird dazu befähigt, für andere Unterstützung zu leisten, wenn es erforderlich ist? Kommt die Situation der Benachteiligten und Leidtragenden in den Blick? Wird zur ethischen Reflexion über Prinzipien der sozialen Gerechtigkeit gegenüber lebenden und zukünftigen Generationen angeregt?
- *Kompetenz für transkulturelle Verständigung und Kooperation:* Werden Probleme aus der Perspektive unterschiedlicher Kulturen, Lebensstile und Sinnbezüge so dargestellt, dass die Perspektiven anderer Menschen verständlich werden und eine Verständigung über den eigenen alltäglichen Horizont hinaus möglich wird? Wird die Beziehung zwischen globalen und lokalen Situationen und Phänomenen einsichtig gemacht? Wird die Vermittlung von Kompetenz zur Kooperation auf der Basis von Kriterien wie Gerechtigkeit, Humanität und Toleranz angeboten?

Selbst- und Handlungskompetenz

- *Fähigkeit, sich und andere motivieren zu können:* Wird dafür Sorge getragen, dass die eigenständige Beschäftigung mit dem jeweiligen Themenkomplex wahrscheinlich wird? Sind Elemente eingebaut, die motivierend wirken, um sich und auch andere zu veranlassen, sich über die jeweilige Unterrichtssituation hinaus mit dem Thema weiter zu befassen, es in den Alltag so einfließen zu lassen, dass die Lernenden selbst zu Multiplikatoren werden?

– *Kompetenz zur Reflexion über individuelle wie kulturelle Leitbilder:* Wird dazu angeleitet, über die eigenen Denk- und Handlungsmuster, Lebensstile und Gewohnheiten nachzudenken? Wird zur selbstkritischen Auseinandersetzung mit Bedingungen und Grenzen der eigenen Weltsicht angeregt? Wird dazu befähigt, die Grundlagen der eigenen Gesellschaft (Konsummuster; Mobilitätsinteressen; Denken in Kategorien des Wachstums und der Knappheit, Geschlechterdifferenzen, demokratische Strukturen, Interessenausgleich zwischen Arm und Reich, zwischen heute lebenden und künftig lebenden Generationen) zu reflektieren? Werden Möglichkeiten an die Hand gegeben, die eigenen Handlungsabsichten, Zukunftsentwürfe, die gemeinsamen Projekte und Aktivitäten zu evaluieren und Rückschlüsse daraus zu ziehen?

Mit diesem Bündel an Zielsetzungen konkretisiert die „Gestaltungskompetenz“ die kommunikative Funktion und die Bewertungsfunktion des Allgemeinwissens und ergänzt sie um zwei weitere, wesentliche Funktionen: jene des Zukunftsbezugs und der Ermöglichung aktiver Teilhabe an ihrer Gestaltung. Ein am Erwerb von Gestaltungskompetenz orientiertes Allgemeinwissen hat den Vorteil, sogar einige Probleme der Wissensgesellschaft mit zu bearbeiten:

Die im ersten Kapitel beschriebene Ohnmacht gegenüber Experten, die Abhängigkeit von Entscheidungen anderer wird tendenziell zurückgenommen zugunsten der Befähigung zur Artikulation und Umsetzung eigener Interessen und reflektierter Bedürfnisse im Kontext absichtsvollen, gemeinsam gestalteten Wandels.

Wie verhält sich das Konzept der Bildung für eine nachhaltige Entwicklung aber zur Einstiegsfunktion, die das Allgemeinwissen gegenüber den hohen Spezialisierungen in der Wissensgesellschaft bieten soll?

Nimmt man an, dass sich die Selektion der Inhalte aus den Relevanzzuschreibungen innerhalb des Diskurses um die nachhaltige Entwicklung ergibt (und es lassen sich durchaus gute Kriterien für die Selektion auffinden, wie man den WBGU-Gutachten, sorgfältigen international anerkannten Studien und nationalen Fachdiskursen entnehmen kann), dann lautet die Frage, wer diese so auswählt, dass sie die Funktion des Einstiegs auch erfüllen können. Diese Kritierien für die Selektion sind im Konzept der Bildung für eine nachhaltige Entwicklung:

– *Relevanz für die eigenen Sozietäten*

Sozietäten sind die Gemeinschaften, in denen man lebt. Die Relevanz für die eigene Sozietät kann sichern, dass das Thema resonanzfähig ist – oder gemacht wird. Was nicht auf Interesse stößt oder so interessant gemacht werden kann, dass es in den Gemeinschaften der Lernenden auch über den engen Unterricht hinaus kommuniziert wird, ist kaum als zu thematisierender Inhalt im Sinne der Agenda 21 zu verstehen.

– *Längerfristiger Bedeutung*

Wenn man den Gedanken ernst nimmt, dass Bildung vom Anspruch her mehr bietet als die Bewältigung aktueller Alltagsprobleme (dafür gibt es Ratgebersendungen genug), dann ist das ein Plädoyer für Inhalte, die ein gewisses dauerhaftes Problem oder eine dauerhafte Aufgabe darstellen. Bauen und Wohnen; Ernährung und Gesundheit; Armutsbekämpfung; Mobilität; wachsender Konsum; die Syndrome nicht-nachhaltiger Entwicklung z.B. sind dann zentrale Themen.

– *Differenziertheit des Wissens*

Wo kein differenziertes Wissen über eine Thematik existiert, wenn es nur eine schmale Spur des Wissen zu einem Thema gibt oder nur eine Fachwissenschaft dazu etwas beiträgt, so ist kaum zu erwarten, dass dieses Wissen ein breites Fundament offeriert. Differenziertes Wissen verhindert Esoterik, Dogmatik und Rechthaberei, lässt zudem erwarten, dass eine gewisse Pluralität in der Bearbeitung erlernbar wird.

– *Handlungsmöglichkeiten*

Die Agenda 21 ist ein Modernisierungskonzept. Es wird erwartet, dass man die Lage der Welt nicht nur beschreibt, bedauert und kritisiert, sondern zeigt, was man anders machen könnte. Die Thematiken, denen eine Einstiegsfunktion zukommen kann, müssten entsprechend Handlungsmöglichkeiten für den Einzelnen und/oder die Sozietät und/oder die Betroffenen für die Politik, Wirtschaft sowie Wissenschaft und Technik bieten. Wenn ein Problem gar keine auch nur sich andeutende Lösung zulässt, und/oder den Einzelnen nicht einbinden kann, so scheint es pragmatisch sinnvoll, sich den Themen zuzuwenden, wo Handlungsmöglichkeiten vorliegen, aber noch nicht genutzt werden oder aber entwickelt werden können.

– *Innovative, auf Kooperation basierende Strukturen*

Nachhaltigkeit basiert auf Kooperation, auf der Zusammenarbeit zwischen unterschiedlichen Akteuren und Institutionen. Wissen im Kontext der Nachhaltigkeit wird in seiner Multiperspektivität durch die Kooperation zwischen den vielen Akteuren, durch die Verbindung zwischen den unterschiedlichen Fachwissenschaften und Wissensformen gewonnen. Dieses setzt fach- und problemorientierte, transnationale wie lokale Kooperationen voraus. Für Bildungseinrichtungen wie z.B. Schulen heißt dieses, sich zur Kommune hin zu öffnen, sich an der Lokale Agenda zu beteiligen, Möglichkeiten der außerschulischen Bildung von den Umweltzentren über entwicklungspolitische Initiativen, im Umweltschutz aktiven Firmen bis hin zu Aktionen zum Fairen Handel zu nutzen, Kontakte zu anderen Einrichtungen in Europa oder generell im Global Village zu suchen um in Zukunft keine Schwierigkeiten zu haben, ihre Qualität in der Wissensgesellschaft belegen zu können.

Akzeptiert man die vorgeschlagenen Kriterien für die Wahl der Inhalte und Themen, so scheint sich neben der Kommunikations- und Bewertungsfunktion, der Funktion des Zukunftsbezugs und der Funktion, eine aktive Teilhabe an der Gestaltung der Wissensgesellschaft zu ermöglichen, auch die Einstiegsfunktion des Allgemeinwissens durch die Bildung für eine nachhaltige Entwicklung erfüllen zu lassen. Denn die auf der beschriebenen Basis generierten Themen sind selbst ja nicht aus einer bloßen Tagesaktualität oder einem fachwissenschaftlich orientierten Kanon heraus gewonnen worden. Sie präsentieren auch kein dem Individuum notwendig äußerlich bleibendes Wissen. Die nach den genannten Kriterien selektierten Inhalte sind aufgrund ihres Handlungsbezugs, der Relevanz für die Sozietät und ihrer längerfristigen Bedeutung immer schon breit angelegt; sonst sind sie in der sich ausdifferenzierenden Gesellschaft nicht resonanzfähig.

Bildung für eine nachhaltige Entwicklung kann, so das Fazit, eine Antwort auf die Frage sein, wie sich in der fragilen Wissensgesellschaft Inhalte, Methoden und Ziele für ein Allgemeinwissen mit integrierender Kraft finden und begründen lässt. Sie kann auch, soweit sie mit dem Konzept der „Gestaltungskompetenz" verbunden wird, als zukunftsfähige Antwort auf die Herausforderungen der Wissensgesellschaft gelten, wenn „Wissen" verstanden wird als individuelles, von Freiheitsgraden geprägtes Handlungsvermögen.

Literatur

Bell, D.: Die nach-industrielle Gesellschaft. Frankfurt/M./ New York 1973

Bell, D.: Technocracy and politics. In: Survey 16, S. 1 ff., 1971

BMB+F (Hrsg.): Delphi-Befragung 1996/1998, Abschlussbericht zum „Bildungs-Delphi". München 1998a

BMB+F (Hrsg.): Delphi-Befragung 1996/1998, Integrierter Abschlussbericht. Zusammenfassung von Delphi I „Wissensdelphi" und Delphi II „Bildungsdelphi". München/Basel 1998b

BMB+F: Zahlenbarometer 1998/99. Ein bildungs- und forschungsstatistischer Überblick. Bonn 1998c

BMU Bundesministerium für Umwelt, Naturschutz und Reaktorsicherheit (Hrsg.): Umweltpolitik. Konferenz der Vereinten Nationen für Umwelt und Entwicklung im Juni 1992 in Rio de Janeiro. Dokumente. Agenda 21. Bonn 1993

Böhme, G.: Gutachten zum Thema Wissensgesellschaft, erstellt für das BMB+F (unveröffentlichtes Manuskript). Darmstadt o.J.

Böhme, G.: The Structures and Prospects of Knowledge Society. In: Social Science Information, Bd. 36/3, S. 447 ff., 1997

Böhme, G.: Wissenschaftliches und lebensweltliches Wissen am Beispiel der Verwissenschaftlichung der Geburtshilfe. In. N. Stehr/V. Meja (Hrsg.): Wissenssoziologie, Sonderheft 22 der KZfSS. Opladen 1981, S. 445 ff.

Bourdieu, P.: Ökonomisches Kapital, kulturelles Kapital, soziales Kapital. In: Soziale Welt, Sonderband 2, S. 183 ff., 1983

Breuel, B. (Hrsg.): Agenda 21. Vision: Nachhaltige Entwicklung. Frankfurt/M./New York 1999

BUND/Misereor (Hrsg.): Zukunftsfähiges Deutschland. Ein Beitrag zu einer global nachhaltigen Entwicklung. Basel/Boston/Berlin 1996

Deutsche Shell (Hrsg.): Jugend 2000. 13. Shell Jugendstudie. Opladen 2000

Deutsche UNESCO-Kommission (Hrsg.): Lernfähigkeit: unser verborgener Reichtum: UNESCO-Bericht zur Bildung für das 21. Jahrhundert. Neuwied/Kriftel 1997

Enquete-Kommmission „Schutz des Menschen und der Umwelt" des Deutschen Bundestages (Hrsg.): Die Industriegesellschaft gestalten. Perspektiven für einen nachhaltigen Umgang mit Stoff- und Materialströmen. Bonn 1994

Enquete-Kommmission „Schutz des Menschen und der Umwelt" des Deutschen Bundestages (Hrsg.): Konzept Nachhaltigkeit. Vom Leitbild zur Umsetzung, Abschlussbericht der Enquete-Kommmission „Schutz des Menschen und der Umwelt" des Deutschen Bundestages. Bonn 1998

European Commisson – Joint Research Centre, Institut for Prospective Technological Studies: The IPTS Futures Project, Synthesis Report. Seville 2000

Fraunhofer-Institut für Systemtechnik und Innovationsforschung (i.A. des BMBF): Zukunft nachgefragt. Studie zur globalen Entwicklung von Wissenschaft und Technik. Delphi '98. Karlsruhe 1998

Haan, G. de: Bildung für eine nachhaltige Entwicklung? Sustainable development im Kontext pädagogischer Umbrüche und Werturteile. In: Beyer, A. (Hrsg.): Nachhaltigkeit und Umweltbildung. Hamburg 1998a, S. 109 ff.

Haan, G. de: Bildung für Nachhaltigkeit: Schlüsselkompetenzen, Umweltsyndrome und Schulprogramme. Paper 98-144. Berlin 1998b: Forschungsgruppe Umweltbildung FU Berlin

Haan, G. de: Zu den Grundlagen der „Bildung für nachhaltige Entwicklung" in der Schule. In: Unterrichtswissenschaft. Zeitschrift für Lernforschung 1999, 3, S. 252-280

Haan, G. de: Zukunft als Aufgabe. Bildung für eine nachhaltige Entwicklung als Allgemeinwissen. In: Haan, G. de/Hamm-Brücher, H./Reichel, N. (Hrsg.): Bildung ohne Systemzwänge. Innovationen und Reformen. Neuwied 2000, S. 117-150

Haan, G. de/Harenberg, D.: Bildung für eine nachhaltige Entwicklung. Materialien zur Bildungsplanung und Forschungsförderung 1999, H. 72. Bonn: BLK (kostenlos bei der BLK; Download unter www.service-umweltbildung.de).

Haan, G. de/Seitz, K.: Kriterien für die Umsetzung eines internationalen Bildungsauftrags. Bildung für eine nachhaltige Entwicklung, Teil 2. In: 21 – Das Leben gestalten lernen, H. 2, 2001, April 2001, S. 63-66

Harborth, H.-J.: Dauerhafte Entwicklung statt globaler Selbstzerstörung: Eine Einführung in das Konzept des „Sustainable Development". Berlin 1993

Hauff, V. (Hrsg.): Brundtlandbericht: Weltkommission für Umwelt und Entwicklung. Unsere gemeinsame Zukunft. Greven 1987

Huber, J.: Nachhaltige Entwicklung. Strategien für eine ökologische und soziale Erdpolitik. Berlin 1995

Knaus, A./Renn, O.: Den Gipfel vor Augen. Unterwegs in eine nachhaltige Zukunft. Marburg 1998

Kreibich, R.: Die Wissensgesellschaft. Von Galilei zur High-Tech-Revolution. Frankfurt/M. 1986

Richta, R. u.a.: Technischer Fortschritt und industrielle Gesellschaft. Frankfurt/M. 1972

Richta, R.: The scientific and technological revolution an the prospects of social development. In: R. Dahrendorf u.a. (Hrsg.): Scientific-Technological Revolution: Social Aspects. London 1977, S. 25 ff.

RSU Rat von Sachverständigen für Umweltfragen (Hrsg.): Umweltgutachten 1994. Deutscher Bundestag, Drucksache 12/6995. Bonn 1994

RSU Rat von Sachverständigen für Umweltfragen (Hrsg.): Umweltgutachten 1996. Stuttgart 1996

RSU Rat von Sachverständigen für Umweltfragen (Hrsg.): Umweltgutachten 1998. Stuttgart 1998

RSU Rat von Sachverständigen für Umweltfragen (Hrsg.): Umweltgutachten 2000 – Schritte ins nächste Jahrtausend. Stuttgart 2000

Spinner, H.F.: Die Architektur der Informationsgesellschaft. Entwurf eines wissensorientierten Gesamtkonzepts. Bodenheim 1998

Stehr, N.: Arbeit, Eigentum und Wissen. Frankfurt/M. 1994

Stehr, N.: „Wissensgesellschaften" oder die Zerbrechlichkeit moderner Gesellschaften. In: W. Konrad/W. Schumm (Hrsg.): Wissen und Arbeit. Neue Konturen von Wissensarbeit. Münster 1999, S. 13-23

Stehr, N.: Wissen und Wissenschaft. Die gesellschaftlichen Grundlagen der modernen Ökonomie. Frankfurt/M. 2001

Weltbank: Weltentwicklungsbericht 1998/99. Entwicklung durch Wissen. Frankfurt/M. 1999

Wissenschaftlicher Beirat der Bundesregierung Globale Umweltveränderungen (WBGU): Jahresgutachten 1996: Welt im Wandel. Berlin/Heidelberg 1996

Wissenschaftlicher Beirat der Bundesregierung Globale Umweltveränderungen (WBGU): Jahresgutachten 1997: Welt im Wandel: Wege zu einem nachhaltigen Umgang mit Süßwasser. Berlin/Heidelberg 1997

Wolfgang Beer

Den politisch-kulturellen Wandel fördern

Nachhaltige Entwicklung als Orientierung für die politische Bildung

Im Februar des Jahres 2000 feierten die Badisch Elsässischen Bürgerinitiativen am Kaiserstuhl das 25-jährige Jubiläum der Besetzung des Bauplatzes für das geplante Atomkratwerk in Wyhl durch die Bevölkerung aus der Umgebung. Sie feierten damit auch den 25. Jahrestag der Gründung der Volkshochschule Wyhler Wald, die unter dem Motto ‚M'er lehre uns z'wehre' ein erstes und wegweisende Projekt ökologisch-politischer Bildung wurde. Für mehr als ein Jahrzehnt war sie – organisiert und realisiert ausschließlich von Ehrenamtlichen – Vor- und Sinnbild für die unauflösbare Verknüpfung zwischen ökologisch – politischem Lernen und einem zivilgesellschaftlichen Widerstand gegen konkrete umweltzerstörende oder bedrohende technologische Großprojekte. Dies gilt nicht nur für die Anti-Atomkraftbewegung, sondern auch für eine Vielzahl von Bürgerinitiativen in anderen Feldern, z.B. dem Verkehrsbereich. Der Verweis auf die Auseinandersetzung um die Startbahn West des Frankfurter Flughafens, die mit der gegenwärtig geplanten nächsten Erweiterungsstufe vor einer Neuauflage steht, soll hier genügen.

Der angedeutete Zusammenhang zwischen politischem Lernen und politischen Widerstandsaktionen[1] war zumindest im außerschulischen Bereich prägend für die Auseinandersetzung mit dem Ökologiethema in der politischen Bildung. Die klassischen Leitziele politischer Bildung – Aufklärung/Information und Handlunsgorientierung spiegelten sich wider, indem die unterschiedlichen ökologischen Katastrophenszenarien ausführlich dargestellt und behandelt wurden. Als Perspektive gegen die ökologische Bedrohung und Katastrophenangst wurde der politisch aktive Widerstand proklamiert, nicht selten etwa in Trainings zur gewaltfreien Aktion auch eingeübt. Diese Verknüpfung von Lernen und Widerstand, von Bildung und Gegenmachtentwicklung prägten das Paradigma ökologisch-politischer Bildung für eine lange Zeit. Dies entsprach auch dem politischen Klima und der realen politischen Situation, die gekennzeichnet war durch eine oft unversöhnliche Konfrontation zwischen den Protagonisten eines ungebremsten technologischen Fortschritts und ökonomischen Wachstums in Wirtschaft, Wissenschaft und staatlicher Administration auf der einen Seite und einer von großen Bevölkerungsteilen zumindest mit Sympathie getragenen Ökologiebewegung auf der anderen Seite. Diese Beschreibung charakterisiert die Situation der siebziger und achtziger Jahre.

Nachdem infolge der politischen Umbrüche des Jahres 1989 die Ökologieproblematik für einige Jahre von den Spitzenplätzen der politischen Agenda und öffentlichen Wahrnehmung verdrängt wurde, hat sich nach der Rio-Konferenz für Umwelt und Entwicklung das ökologiepolitische Szenario verändert, auch wenn die grundlegenden Zielkonflikte zwischen dem Fortschrittsparadigma und dem Nachhaltigkeitsparadigma in globaler Perspektive weiter bestehen. Aber mit dem Nachhaltigkeitskonzept hat sich ein Ansatz als politische Zielprojektion durchgesetzt, der drei zentrale Veränderungsdimensionen im Vergleich zur Ökologiedebatte der siebziger und achtziger Jahre aufweist:

1. Der Ansatz der Nachhaltigkeit nimmt eine Verknüpfung der Sicherung der ökologischen Lebensgrundlagen der Menschheit mit der internationalen Verteilungsgerechtigkeit in ökonomischer, sozialer und ökologischer Perspektive vor. Damit werden zwei zentrale Themen der sozialen Bewegungen – Ökologie und Dritte-Welt-Arbeit – konzeptionell zusammengefasst. Immanent, wenn auch leider nicht explizit erfasst ist auch die Friedensthematik, denn dass und in welch verheerendem Ausmaße Kriege zu ökologischer Zerstörung und zum Verlust der Lebensgrundlagen der betroffenen Bevölkerung führen, mussten und müssen wir leider täglich registrieren, im Irak, auf dem Balkan in Tschetschenien und in Afghanistan, um nur vier Fälle zu benennen.
2. Das Nachhaltigkeitskonzept ist nicht begrenzt auf die Vermeidung ökologischer Bedrohungsszenarien und Zerstörungen, sondern ist ein komplexes Entwicklungskonzept, das die zentralen gesellschaftlichen Bereiche – Ökonomie, Wissenschaft und Technik, Politik und kulturelles Selbstverständnis – umfasst. Es zielt als umfassendes Paradigma auf eine grundlegende Umorientierung in den genannten Bereichen und wird somit zur Zielperspektive einer sich durchziehenden neuen Kultur – und dies in globaler Perspektive.
3. Es handelt sich beim Nachhaltigkeitsparadigma nicht um einen gesellschaftlichen Utopieentwurf ökologisch orientierter Minderheiten, sondern um die offizielle Zielperspektive der Regierungspolitik in der internationalen Gemeinschaft. Dies ist bei aller Widersprüchlichkeit, Halbherzigkeit und Inkonsequenz in der Umsetzung der einzelnen Schritte eine zentrale qualitative Veränderung.

Das Nachhaltigkeitskonzept als politische Strategie für eine zukunftsfähige globale Entwicklung umfasst vier Metaziele, die einerseits miteinander verknüpft und andererseits jeweils einzeln in viele Schritte der Konkretion zerlegt werden müssen.

1. Vorsorge, d.h. absolute Reduzierung des Verbrauches an Stoffen, Energie und Fläche im globalen Maßstab.
2. Verteilungsgerechtigkeit, d.h. die Verbesserung der Lebensbedingungen der notleidenden Menschen, vor allem aber nicht nur in den Armutsregionen der Erde.
3. Vermittlungsarbeit, d.h. Bewusstseinsbildung, vor allem aber nicht nur in den reichen Industrieregionen für einen kulturellen Wandel im Sinne einer ökologisch-nachhaltigen Orientierung.
4. Verhandlungsstrategien, d.h. die Entwicklung eines politischen Diskurses, der innergesellschaftlich und international trag- und konsensfähige politische Handlungskonzeptionen für eine nachhaltige Entwicklung ermöglicht.

Die konkreten Handlungsfelder politischer Bildung sind in diesem Aufgabenfeld sicher in den beiden letztgenannten Zielbereichen angesiedelt. Politische Bildung hat die Aufgabe, den Wandel zu einer Kultur der Nachhaltigkeit zum Programm zu machen und gleichzeitig als Initiatorin und Mediatorin für den gesellschaftlichen Diskurs zur Konzeptentwicklung zu fungieren.

Wenn die beiden zentralen Ziele der Vorsorge und der Verteilungsgerechtigkeit aufeinander bezogen werden, ergibt sich politisch und pädagogisch ein gravierendes Problem. Industrielle Entwicklung und höherer Lebensstandard in den armen Regionen der Erde sind nur realisierbar bei einer drastischen Verringerung des Ressourcenverbrauchs und der Belastung durch Abfälle in den Wohlstandszonen. Für diese gilt dann eine konsequente Suffiziensstrategie, die einen im Vergleich zum Status quo drastisch veränderten, an Verbrauchsreduktion orientierten Lebensstil erfordert. Ein derartiges dringend gebotenes Umsteuern stellt heute noch konstitutive Wertmaßstäbe und Lebensgewohnheiten in den Industrienationen in Frage, die für die marktwirtschaftlich organisierte, erlebnis-, konsum- und verbrauchsorientierte Gesellschaft einer Kulturrevolution nahe käme und zudem drastische Umstrukturierung und Akzentverschiebungen in Ökonomie und Produktion erfordern würde. Dies gilt für den globalen Kontext ebenso wie für die nationalen, regionalen und lokalen Bereiche.

Das Konzept der Agenda 21, das auf der Konferenz für Umwelt und Entwicklung 1992 in Rio de Janeiro beschlossen wurde, ist der Versuch einer politisch-praktischen Umsteuerung des Nachhaltigkeitskonzeptes auf den verschiedenen Handlungsebenen. Für die politische Bildung ist vor allem der lokale und regionale Prozess zur Agenda 21 ein lohnenswertes Handlungsfeld. Dieser Konsultationsprozess, der die unterschiedlichsten Partner von den kommunalen Verwaltungen, Verkehrsbetrieben, Bürgerinitiativen, Vereinen und Verbänden, aber auch Betrieben und Kammern zusammenbringt, hat das Ziel, ein Aktionsprogramm zur Umsteuerung in Richtung einer zukunftsfähigen Lebens- und

Wirtschaftsweise zu entwickeln und verbindliche Schritte zu vereinbaren. Die Agenda-Prozesse sind als ein konsens- und zielorientierter Diskurs angelegt und auf die Stärkung von Demokratie und Partizipation gerichtet. Sie sind somit prädestiniert als Handlungsfeld politischer Bildung. Agenda-Prozesse gehen von den Prinzipien der Nachhaltigkeit aus – sie können aber nur erfolgreich sein, wenn im Diskurs zwischen den Beteiligten eine Gleichrangigkeit ökologischer, sozialer und ökonomischer Aspekte hergestellt wird. In diesem Prozess sind erhebliche Vermittlungs- und Moderationsaufgaben zu erfüllen, für die von ihrer Ausbildung und Kompetenz her Mitarbeiter/innen der politischen Bildung in besonderer Weise geeignet erscheinen.

Neben der Moderationsfunktion, beispielsweise in Agenda-Prozessen, fällt der politischen Bildung die auch für die in ihr Tätigen höchst schwierige Aufgabe zu, den Anspruch und die alltagspraktischen Konsequenzen einer Kultur der Nachhaltigkeit näher zu bringen. Einen Zugang für die inhaltliche Strukturierung der Arbeit bietet die Studie „Zukunftsfähiges Deutschland" an, wenn sie insgesamt acht Leitbilder und ihre konkrete Ausgestaltung in die Diskussion einführt. Zusammengenommen beschreiben sie das Paradigma einer ökologischen Kultur in seinen wesentlichen Bestandteilen. Die Studie verknüpft dabei Werthaltungen, Lebensstile und politische Steuerungsinstrumente.[2] In der Bildungsarbeit können einzelne Leitbilder jeweils daraufhin befragt werden, welche im Vergleich zum Status quo veränderten subjektiven Werthaltungen, welche konkreten Verhaltensänderungen und Organisationsprinzipien des privaten Lebens daraus resultieren und welche politischen und rechtlichen Rahmenbedingungen notwendig, anzustreben und realisierbar sind. Zur Verdeutlichung sollen exemplarisch drei von insgesamt acht dieser Leitbilder benannt werden:

1. Der geschwinden Ankunft folgt oft genug kein Aufenthalt, weil er schon wieder von der ebenso geschwinden Abfahrt überschattet wird:

Rechtes Maß für Raum und Zeit

Bei diesem ersten Leitwert geht es darum, in Städtebau und Verkehrspolitik von den Werten möglichst großer Beschleunigung und Raumdurchlässigkeit zu einer Entschleunigung und zur Wiederentdeckung des Nahbereiches zu gelangen. Auf der Ebene des subjektiven Lebensstils hätte ein solcher Wandel Auswirkungen auf das Einkaufs-, Reise-, Freizeit- und Urlaubsverhalten, aber auch eine Veränderung von Statussymbolen zur Folge, da das große, starke schnelle Auto glatt aus der Mode käme. Konkrete „Wende-Szenen", wie die Wuppertalstudie ihre Projektvorschläge nennt, wären eine maßvoll motorisierte Automobilflotte, eine Erhöhung der Raumwiderstände, d.h. auch der Kosten für den Straßengüterverkehr, und die

Flächenbahn, die sich im Gegensatz zur aktuellen Politik nicht tendenziell auf die Verbindung von städtischen Knotenpunkten reduziert.

2. Der Markt an sich ist ökologisch blind:

Eine grüne Marktagenda

Marktwirtschaftliche Mechanismen und Orientierungen, die ausschließlich und unreflektiert auf Expansion setzen, gilt es zu domestizieren, ohne den Markt als solchen zu verteufeln. Gleichzeitig müssen die Marktmechanismen genutzt werden, um ökologisch sinnvolle Produkte und Entwicklungen zu fördern. Auf der Ebene der Lebensstile können die Individuen hier über bewusstes und ökologisch ausgerichtetes Konsumverhalten und einen sparsamen Umgang mit Ressourcen, z.B. Energie im eigenen Lebensalltag, gestaltend eingreifen. Konkrete Vorschläge für veränderte Rahmenbedingungen sind der Abbau ökologisch kontraproduktiver Subventionen und Steuervorteile, eine kostendeckende Vergütung von Strom aus erneuerbaren Energiequellen, die Verpflichtung, industrielle Großrisiken, z.B. Kernkraftwerke, vollständig durch eine private Haftpflicht und nicht durch eine Risikoumwälzung auf die Allgemeinheit abzudecken sowie eine aufkommensneutrale ökologische Steuerreform. Erste kleine Schritte in diese Richtung versucht die Bundesregierung gegenwärtig politisch umzusetzen. Die aktuelle hochemotionale Diskussion um die Benzinpreise und die Rücknahme bzw. Aussetzung der Ökosteuer lässt erahnen, wie viel politisches Stehvermögen und politische Bildung – nicht zuletzt auch bei Politikern und Medien – notwendig sind, um hier eine Umsteuerung durchzusetzen.

3. Das Gegenteil zum einfachen Leben ist das zerfaserte Leben, das sich zwischen Gütern und Erlebnissen verzettelt:

Gut leben statt viel haben

Dieses Leitbild hebt unmittelbar auf den ökologischen Lebensstil ab. Es setzt jenseits eines Mindestmaßes an Bedarfsdeckung auf eine Loslösung dessen, was als Lebensqualität erfahren wird, von materiellen Werten, von Konsum und Statussymbolen. Konkrete Vorschläge sind ein bewusster und sparsamer Umgang mit Strom (nichts ist so spareffizient wie das nicht gekaufte Gerät), eine Ernährung mit ökologischem Weitblick, der z.B. auch die Transportkilometer bei Produktion und Distribution bis in den Magen des Verbrauchers einbezieht und Nutzungsgemeinschaften möglichst vieler längerfristiger Gebrauchsgüter, z.B. des Autos oder der Waschmaschine, nach dem Motto: nutzen statt besitzen.

Diese Leitbilder verweisen auf eine Veränderung von Werteskalen als Lernziel politischer Bildung. Dabei muss nicht betont werden, dass dies nicht auf dem

Verordnungsweg geschehen kann, sondern nur möglich sein wird über eine bewusste Reflexion subjektiver Erfahrung und alltäglichen Erlebens. Es geht darum, hingenommene Selbstverständlichkeiten zu hinterfragen, beispielsweise dass die individuelle Mobilität regelmäßig im Stau vor dem nächsten Autobahnkreuz endet; dass der Lärm einer belebten Straße zur Einnahme von Schlaftabletten führt oder dass viele Menschen vor ungebremster Reizüberflutung unseres medialen und städtischen Lebens keine Chance mehr haben selbst herauszufinden, was sie im Moment gern tun oder lassen möchten. Die Verschiebung von Werteprioritäten wird besonders augenfällig in der Frage, was Menschen als Luxus erleben und damit als ein wirklich knappes und begehrenswertes Gut. In einem bemerkenswerten Essay hat Hans Magnus Enzensberger diesen Prozess beschrieben.

„Der Luxus der Zukunft verabschiedet sich vom Überflüssigen und strebt nach dem Notwendigen, von dem zu befürchten ist, dass es nur noch den Wenigsten zu Gebote stehen wird. Das, worauf es ankommt, hat kein Duty Free Shop zu bieten.“[3] Als die neuen Luxusgüter beschreibt Enzenberger dann u.a.:

- die Zeit, über die man selbst verfügen kann,
- die Aufmerksamkeit, die man nur auf das konzentrieren kann, was man selber sehen, hören, fühlen und wissen möchte,
- der Raum, der deshalb zum Luxus wird, weil er die freie Bewegung erst möglich macht,
- die Ruhe, die es gestattet sich dem vielfältigen Lärm zu entziehen, vom Verkehr über diverse Lautsprecher bis zum Nachbarn oder den wöchentlichen Straßenfesten,
- die Umwelt, die es ermöglicht, die Luft zu atmen, das Wasser zu trinken, seine Umgebung zu riechen, ohne dass es stinkt, Lebensmittel zu essen, die nicht vergiftet sind.

Die neuen Luxusgüter sind auch nur dann als solche zu erleben, wenn man über mehrere von ihnen verfügen kann – die freie Zeit eines Arbeitslosen gehört sicher nicht dazu. Und es ist absehbar, dass auch diese Form von Luxus nur wenigen zur Verfügung steht, die Frage der Verteilungsgerechtigkeit also bestehen bleibt. Es könnte aber ein beachtlicher Anstoß für einen kulturellen Wandel sein, wenn es „Mode“ würde, diesen Luxusgütern nachzustreben. Der Versuch, die Lebensumwelt und den subjektiven Lebensstil so zu gestalten, dass wenigstens Anteile von möglichst vielen der neuen Luxusgüter gelebt werden können, kann ein großer Schritt in eine ökologisch orientierte Kultur sein. Sie wird sicher nicht den vollen Luxus für alle bringen, wohl aber in möglicherweise veränderten Gemeinschaftsformen, mit nachhaltigeren Lebensstilen und mit zufriedenerem Lebensgefühl die Zukunft lebbar und gestaltbar werden lassen. Dies ist keineswegs als Aufruf zur Flucht von der Stadt aufs Land zu verstehen, sondern gilt ausdrücklich auch für die Neu- und Umgestaltung städtischer Lebensformen und Lebensräume.

Diese Überlegungen verweisen die politische Bildung auf die Reflexion der individuellen und gesellschaftlichen Lebensstile, die sich in unterschiedlichen gesellschaftlichen Milieus extrem ausdifferenziert haben. Dies zwingt zur Auseinandersetzung mit den Teilnehmenden um die eigenen Lebensstile, Werteskalen und Prioritätensetzung. So zeigen Ergebnisse der Lebensstilforschung, dass die Gruppe der aus ökologischen Gründen Verzichtbereiten seit 1990 abgenommen hat, während der Trend zur Genussorientierung zugenommen hat. Am verbreitetsten ist jedoch ein Mischtypus, der sowohl materiellen Konsum haben will, als auch auf das „gute Leben“ im Sinne der genannten neuen Luxusgüter nicht verzichten möchte.[4] Die Widersprüchlichkeit der Orientierungen ist also in vielen Individuen selbst verankert. Man könnte auch sagen, viele wollen von den existierenden Alternativen jeweils die positiven Aspekte nützen und erleben bei gleichzeitiger Vermeidung der negativen Seiten. Oder anders ausgedrückt: die Widersprüchlichkeit der subjektiven Werteskalen entspricht der gesellschaftlichen Desorientierung in der Zwischenzeit, die für den Übergang von der ökonomischen zur ökologischen Kultur, vom ungebremsten Fortschrittsparadigma zum Nachhaltigkeitsparadigma kennzeichnend ist. Es ist eine schwierige, aber notwendige Aufgabe politischer Bildung zu versuchen ihre Teilnehmenden beim „Sortieren“ der individuellen und kollektiven Werteskalen zu unterstützen. Dazu gehört die Entdeckung und das Nachvollziehen der Widersprüchlichkeiten ebenso wie die Entdeckung und Erarbeitung eher stimmiger, am Nachhaltigkeitskonzept und am subjektiv gutem Leben orientierter Wert- und Prioritätensetzungen.

Der Befund macht deutlich, dass es sich bei dem Diskurs um den Leitwert Nachhaltigkeit und seine Konsequenzen um einen Konflikt zwischen zwei – trotz vorhandener oder vermeintlicher Schnittmengen – perspektivisch antagonistischen Kulturen handelt, der sich bis in die einzelnen Individuen und ihre Lebensstile und -gefühle durchzieht. Für die politisch-ökologische Bildungsarbeit verschiebt sich in dieser Lage die Perspektive. Im Zentrum steht nicht mehr die konkrete politische (Widerstands-)Aktion auf der Ebene politischen Handelns, sondern die Auseinandersetzung mit Formen individueller Lebensführung und -gestaltung, mit subjektiven Prioritätensetzungen und Werthaltungen sowie mit dem (sich selbst gegenüber toleranten wie reflektierten) Umgang mit den eigenen Widersprüchen.

Die Frage der Lebensstile und eines Wertewandels von materiellen zu postmateriellen Werten war auch in den achtziger Jahren durchaus in den Konzeptionen politisch-ökologischer Bildung im Blick, aber tendenziell mehr als positive Nebenfolge der politisch-ökologischen Aktionserfahrungen[5] denn als Anknüpfungspunkt für Bildungs- und Lernprozesse. Ebenso darf unter den sich veränderten Bedingungen auch heute eine dem Leitwert der Nachhaltigkeit verpflichtete politische Bildung keineswegs die Ebene unmittelbaren politischen Engagements und Handelns aus dem Blick verlieren. Wo immer sich Ansätze für politisches Handeln zeigen, ist es Aufgabe politischer Bildung diese aufzugreifen und in ihre Arbeit einzubeziehen. Aber Ausgangspunkt und Perspektive haben sich verändert: der Zugang erscheint über das Aufgreifen von Lebenslagen und Lebensstilen eher erreichbar zu sein als über konkrete politische Konflikte. Und die Perspektive ist nicht die unmittelbare politische Aktion, sondern die ökologisch-kulturelle Umorientierung als langfristige Umgestaltung von Lebensstilen und -haltungen. Ökologisch-politisches Engagement und die Strategien seiner Umsetzung sind vor diesem Hintergrund dann Bestandteil und Ergebnisse des kulturellen gesellschaftlichen Wandels.

Wenn Nachhaltigkeit zu einem Leitwert politischer Bildung werden soll – und aus meiner Perspektive ist dies der Fall –, dann ergeben sich daraus zwei Leitziele politischer Bildung, mit denen sie auch eine konkrete inhaltliche Position bezieht:

1. Ausgehend von der Feststellung, dass der Widerspruch zwischen ökonomischer Orientierung und ökologischer Orientierung ein Dissens zwischen zwei sich widersprechenden, sich ausschließenden, sich überlappenden Kulturen ist, führt das Leitbild des Nachhaltigkeit dazu, inhaltlich Partei zu ergreifen, eine ökologische Kultur als inhaltliches Leitziel politischer Bildung aufzunehmen. Damit werden sowohl die Umweltziele eines nachhaltigen Umgangs mit den natürlichen Ressourcen als auch die individuellen Lebensstile, -führungen und Wertekontexte der Teilnehmenden zu Themen politischer Bildung.
2. Das Leitbild der Nachhaltigkeit fordert eine globale und intergenerative Solidarität, die als ethische Grundposition handlungsleitend ist. Sie besagt, dass der zur Verfügung stehende „Umweltraum" gerecht zwischen allen Menschen zu verteilen und für die nachfolgenden Generationen zu erhalten ist. Dies erfordert von den Individuen eine Ausweitung des Partnerhorizontes, vor allem bezogen auf die außerhalb der industrialisierten Wohlstandszonen lebenden Menschen und auf zukünftige Generationen. Mit diesem Verständnis von Solidarität als Leitziel bezieht politische Bildung selbst ethisch Position, macht eine Vorgabe, über die es mit den Teilnehmenden sich auseinander zu setzen gilt.

Da politische Bildung auf das Subjekt zielt und von den Lebenslagen, Interessen, Werthaltungen ihrer Teilnehmerinnen und Teilnehmer ausgeht, sind die Ansatzpunkte einer ökologischen Orientierung als Lernziel im Alltagsbewusstsein und Alltagshandeln der jeweiligen Zielgruppen zu suchen, das heißt im Nahbereich lokaler, regionaler oder betrieblicher Kontexte sowie in den Lebensstilen und den damit verbundenen Lebensgefühlen. Politische Bildung steht damit vor der Schwierigkeit eines Spagats, der auf der einen Seite die globalen Bedrohungszusammenhänge analysieren sowie die begrenzten politischen Lösungsperspektiven konstatieren muss und dennoch auf der anderen Seite bei den Teilnehmerinnen und Teilnehmern die Motivation zu wecken versucht, in wichtigen Bereichen ihre Positionen und Lebensgewohnheiten zu revidieren.

Über die Frage der Wertorientierungen und Lebensstile der Individuen hinaus zielt politische Bildung verstärkt auch auf die Ebene konkreter Änderungen gesellschaftlicher Rahmenbedingungen für die Umsetzung ökologischer Handlungsstrategien und im technologischen und ökonomischen Bereich. Es geht darum, die Anwendung bestehender technologischer Konzepte für ein nachhaltiges Wirtschaften (z.B. in der Energieversorgung, im Verkehr oder in der Produktionstechnik) zu unterstützen, auch und gerade dann, wenn dies noch keine generelle Trendwende bedeutet, sondern eher exemplarischen Charakter hat. Die Möglichkeiten und Bedingungen der ökonomischen, operationalen und politischen Umsetzung nachhaltiger Konzepte als Mainstream statt als Nische müssen auch im Nahbereich geklärt und wo immer möglich exemplarisch realisiert werden. Hierzu sind neue Kooperationen von Trägern der politischen Bildung etwa mit Forschungsinstituten, gesellschaftlichen Institutionen oder ökologisch reflektierenden Unternehmen anzustreben.

Dies bedeutet auch eine partielle Neudefinition der Handlungsorientierung politischer Bildung, die neben ökologischen Aktionsgruppen Forschungsvorhaben sowie die technologische und ökonomische Umsetzung konkreter exemplarischer Projekte z.B. im Energie- oder Verkehrsbereich einbezieht. Hinzu kommen Formen von Beratung oder Mediation als konzeptionelle Elemente.

Politische Bildung wird auf diese Weise, stärker als dies vielfach bisher der Fall ist, selbst zum Bestandteil zivilgesellschaftlicher Strukturen, die neben und in partieller Kooperation mit etablierten Institutionen einerseits den gesellschaftlichen Diskurs um eine neue ökologisch-ethische Orientierung organisiert und andererseits sich beteiligt an der Initiierung und Realisierung exemplarischer Projekte eines technologisch-ökonomischen Wandels, der an dem Leitwert der Zukunftsfähigkeit orientiert ist.

Zwischen dem traditionellen Fortschrittsparadigma und dem Nachhaltigkeitspradigma klafft offensichtlich eine beträchtliche Lücke – sie scheinen miteinander nicht oder nur schwer vermittelbar. Nicht, dass der Nachhaltigkeitsansatz unwissenschaftlich oder antiwissenschaftlich wäre – im Gegenteil. Ökologische Ressourcenschonung und Verteilungsgerechtigkeit stellen, sollen die weit gesteckten Ziele erreicht werden, hohe Anforderungen an wissenschaftlich-technische Lösungen und Innovationen, Phantasie und Kreativität, im naturwissenschaftlich-technischen Bereich ebenso wie im sozial- und geisteswissenschaftlichen. Aber die Ausgangspunkte, Wert- und Zielorientierungen sind grundlegend verschieden. Unbegrenzte Naturbeherrschung, einschließlich der des Menschen, Orientierung an kurzfristigen ökonomischen Verwertungsinteressen und die

Überzeugung von der Grenzenlosigkeit und Unausweichlichkeit des wissenschaftlich-technisch Machbaren auf der einen Seite stehen auf der anderen Seite gegenüber: die Überzeugung von der Notwendigkeit eines kooperativen, ressourcenschonenden Umgangs mit der Natur, die Orientierung an einem möglichst authentischen Leben und Überleben aller Menschen einschließlich der kommenden Generationen und der belebten und unbelebten Umwelt sowie die Einsicht in die zwangsläufige Begrenztheit menschlichen Handelns, Forschens und Wirtschaftens durch die Konstitution der Natur innerhalb und außerhalb des Menschen. Die beiden Ansätze stehen für unterschiedliche Pfade wissenschaftlichen Forschens und technologischer Anwendungen. Ausgehend von der Feststellung, dass es eine neutrale, ausschließlich an der Sache orientierte, weder ökonomisch noch politisch zumindest mitbestimmte Wissenschaft und Technik faktisch nicht gibt, stellen sich die Fragen nach den Interesenskontexten, den Zielsetzungen und den ethischen Wertentscheidungen die den jeweils unterschiedlichen Pfaden und Paradigmen zugrunde liegen. Die Entwicklung wissenschaftlich-technischer Prozesse ist gesellschaftlich steuerbar, zwingt zu einer Vielzahl von Einzelentscheidungen mit immer wieder neuen Abwägungsprozessen und Urteilsbildungen.

Für die politische Bildung bedeutet dies idealtypisch Anforderungen auf vier Ebenen:

- Sie muss erstens neben den naturwissenschaftlich-inhaltlichen Sachverhalten die Implikationen in den sozialen, politischen, ökonomischen Bereichen aufzeigen.
- Sie muss zum zweiten in den in den jeweiligen Anwendungsbereichen unterschiedlicher Technologien nach den involvierten Interessen fragen.
- Sie sollte drittens gemeinsam mit ihren Teilnehmenden Beurteilungsverfahren und -kriterien entwickeln, die eine Einschätzung der jeweiligen Einzelfälle ermöglichen.
- Schließlich kommt es viertens darauf an, Strategien aufzuzeigen, die den Teilnehmenden Wege zur konkreten politischen Partizipation eröffnen.

Vor dem Hintergrund dieses Aufgabenkataloges hat politische Bildung ein doppeltes Problem: sie soll ihren Teilnehmenden die inhaltliche Positionsfindung, Werturteilsbildung und Positionsfindung ermöglichen und gleichzeitig bei sehr begrenztem Angebot Wege zum praktischen Handeln aufzeigen und dazu motivieren sie auch zu nutzen, sie unter Umständen auch politisch zu erkämpfen. Politische Bildung agiert also idealtypisch gleichzeitig auf drei Ebenen:

- der inhaltlichen Aufklärung und Positionsfindung über wissenschaftlich-technische Zusammenhänge und Projekte,
- dem sozialpsychologischen Ziel der Vermittlung von Kompetenzbewusstsein und Motivation und
- der politischen „Systemkunde“ und Strategieentwicklung.

Diese pädagogischen Handlungsebenen in einer Veranstaltung, einem Seminar, Kurs zusammenzuführen muss zwangsläufig die Ausnahme bleiben.

Die Praxis der Bildungsarbeit wird berechtigterweise dann als erfolgreich gewertet, wenn die Teilnehmenden die behandelten inhaltlichen Zusammenhänge nachvollziehen, den Transfer in die eigene Lebenswelt herstellen und eine Position zu den Dingen gefunden haben. Die politische Umsetzung und Strategieentwicklung bleibt in der Tendenz unbehandelt oder auf der Ebene von Appellen und allgemeinen Hinweisen stehen. Dies ist der politischen Bildung auch nicht vorzuwerfen, denn sie kann die politischen Strukturen, Handlungs- und Entscheidungsräume nicht schaffen, die für die Realisierung ihrer pädagogischen Ziele notwendig wären. Auf defizitäre Partizipationsmöglichkeiten und fehlende gesellschaftliche Diskursstrukturen kann hingewiesen werden – was durchaus auch eine Bildungsaufgabe ist –, sie können durch Bildung aber nicht geschaffen werden. Hier ist ein weiterer kultureller Wandel vonnöten: die Entwicklung der politischen Kultur dieses Landes zu einer nicht von ökonomischem Verwertungsinteresse und Medienmacht bestimmten partizipatorischen Zivilgesellschaft. Ein Ziel, auf das hinzuarbeiten die vornehmste Aufgabe jeder politischen Bildung ist – und gleichzeitig ein gesellschaftliches Projekt, dessen Realisierung realistisch betrachtet immer nur annäherungsweise erreichbar sein wird: eine nachhaltige und partizipatorische Gesellschaft.

Anmerkungen

1 Vgl. Wolfgang Beer: Lernen im Widerstand. Politische Sozialisation und politisches Lernen in Bürgerinitiativen. Hamburg 1978/Berlin 1980

2 Vgl. BUND/MISEREOR (Hrsg.): Zukunftsfähiges Deutschland. Ein Beitrag zu einer global nachhaltigen Entwicklung. Basel/Boston/Berlin 1996, S. 153-285

3 Hans Magnus Enzensberger: Der neue Luxus. In: Herrad Schenk: Vom einfachen Leben. Glückssuche zwischen Überfluß und Askese. München 1997, S. 284

4 Vgl. Gerhard de Haan: Skizzen zu einer lebensstilbezogenen Umweltbildung. In: Michael Lohmeyer u. a. (Hrsg): Ökologische Bildung im Spagat zwischen Leitbildern und Lebensstilen, Loccumer Protokolle, 25/97. Loccum 1997, S. 138 f.

5 Vgl. Wolfgang Beer: Ökologische Aktion und ökologisches Lernen. Erfahrungen und Modelle für die politische Bildung. Opladen 1982, S. 85 ff., S. 113 ff.

Literatur

Altner, Günter: Naturwissenschaft und Politik. In: Praxis Politische Bildung, 2. Jg., Heft 2/1998, S. 83 ff.

Beer, Wolfgang: Lernen im Widerstand. Politische Sozialisation und politisches Lernen in Bürgerinitiativen. Hamburg 1978/Berlin 1980

Beer, Wolfgang: Ökologische Aktion und ökologisches Lernen. Erfahrungen und Modelle für die politische Bildung. Opladen 1982

Beer, Wolfgang: Politische Bildung im Epochenwechsel. Grundlagen und Perspektiven. Weinheim/München 1998

Beer, Wolfgang: Den Interdisziplinären Dialog gestalten. Die naturwissenschaftlich – technologische Entwicklung als Herausforderung für die politische Bildung. In: Praxis Politische Bildung, 2. Jg., Heft 2/1998, S. 90 ff.

Beer, Wolfgang: Ökologische Bildung im Paradigmenwechsel. Vom Lernen im Widerstand über die Kultur der Nachhaltigkeit zur Koevolution von sozialen, technischen und natürlichen Systemen. In: Praxis Politische Bildung, 4. Jg., Heft 3/2000, S. 165 ff.

BUND/MISEREOR (Hrsg): Zukunftsfähiges Deutschland. Ein Beitrag zu einer global nachhaltigen Entwicklung. Basel/Boston/Berlin 1996

Enzensberger, Hans Magnus: Der neue Luxus. In: Schenk, Herrad (Hrsg.): Vom einfachen Leben. Glückssuche zwischen Überfluss und Askese. München 1997

Haan, Gerhard de: Skizzen zu einer lebensstilbezogenen Umweltbildung. In: Lohmeyer, Michael u.a. (Hrsg.): Ökologische Bildung im Spagat zwischen Leitbildern und Lebensstilen, Loccumer Protokolle, 25/97. Loccum 1997

Klaus Dietrich Wachlin

Fähigkeiten für die Zukunft lernen

Überlegungen zur Bedeutung nichtformaler Qualifikationen

Die Koalitionsvereinbarung von Bündnis 90/Die Grünen mit der SPD aus dem Jahr 1998 enthält den Satz: *„Wir orientieren uns am Leitbild der Nachhaltigkeit. Die Agenda 21 ist dafür unsere wichtigste Grundlage. Unser Ziel ist eine nachhaltige, das heißt wirtschaftlich leistungsfähige, sozial gerechte und ökologisch verträgliche Entwicklung."*

Diese Aussage ist nur *ein* Beispiel von tausend möglichen, in dem der durch das Brundtland Papier aus dem Jahre 1987 angestoßene, in der Rio Konferenz 1992 in die Politik eingetretene Prozess zur Umsetzung des Leitbildes Nachhaltigkeit immer konkretere Formen annimmt (vgl. Harborth 1991). Die Diskussion über die Frage, ob Veränderungen zu mehr Nachhaltigkeit schon ins Laufen oder schon wieder ins Stocken gekommen ist, bleibt müßig. Denn falls das Prinzip der Nachhaltigkeit als Paradigmenwechsel interpretiert wird, sind auch diejenigen Begleitumstände zu erwarten, mit denen die Innovationsforschung den Wechsel von Paradigmen charakterisiert: ein regelmäßig langsames Vordringen des neuen Paradigmas, anhaltende Widerstände vom bisherigen Paradigma, die Widerständigkeit vorhandener Strukturen, institutioneller Arrangements sowie der zugrunde liegenden persönlich-psychischen sowie der gesellschaftlich-kulturellen Muster (Wachlin 2000). Bei dem neuen Paradigma der Nachhaltigkeit lohnt eine kritische Inventur vor dem Hintergrund der – zu Recht – gestellten Frage warum denn die Veränderungsprozesse einerseits so lange brauchen, obwohl andererseits schon so viel geschehen ist, auch und gerade im Bereich der Bemühungen um die Nachhaltigkeit in der Pädagogik bzw. der Umweltpädagogik. Ausgehend von dieser Fragestellung soll nachstehend zunächst ein vergewissernder Blick auf das Problem geworfen werden, für das sich Nachhaltigkeit als Lösung präsentiert. Problemorientiert werden in einem zweiten Schritt Anforderungen des Paradigmas an Prozesse der Bildung entwickelt. In einem dritten Schritt wird die enge Koppelung der Ausbildung von Humanressourcen an die Weiterentwicklung von Nachhaltigkeit thematisiert. Von daher wird dann auch erkennbar, warum der Veränderungsbedarf des Nachhaltigkeitsparadigmas weit über den engeren Bereich der Pädagogik bzw. der formalen Bildung hinausreicht. Nach einigen Hinweisen zur Bedeutung der so genannten „weichen" Faktoren in Bildungsprozessen, werden abschließend einige Folgerungen für „nachhaltige Bildung" abgeleitet. Dieses Vorgehen entspricht dem Selbstverständnis des Autors, der die im engeren Sinne pädagogischen Anliegen eher bei den Mitautorinnen und -autoren des Sammelbandes aufgehoben sieht, und sich als Mitarbeiter bei der Akademie für Technikfolgenabschätzung und Theologe eher für die angedeuteten, fachübergreifenden Perspektiven kompetent sieht.

1. Was war noch einmal das Problem, für das „Nachhaltigkeit" die Lösung sein soll?

Ein wichtiges Stichwort zum Zusammenhang zwischen dem Problem der aktuellen Bildung und der Nachhaltigkeit liefert einerseits Hartwig von Hentig, wenn er schreibt: „Die Umwandlung von Bildung in Schulbildung ging in dem Jahrhundert vor sich, in dem sich die *Wissenschaft* (Hervorhebung v. Vf.) zur entscheidenden gesellschaftlichen Lebensbedingung entwickelte, man also Grund hatte, individuelle Lebenstüchtigkeit an ihr zu messen." (Hentig 1999) Zum selben Stichwort *Wissenschaft* formuliert andererseits C. F. von Weizsäcker „Thesen zur Rolle der Wissenschaft in der Krise der Moderne" (Weizsäcker 1994):

- Die jetzt anstehende Krise hat eine ihrer Ursachen in der neuzeitlichen Gestalt der Wissenschaft.
- Weder der Verzicht auf Wissenschaft noch ihre unveränderte Fortführung kann diese Krisenursache überwinden.
- Nötig wäre ein besseres Verständnis der kulturellen Rolle der Wissenschaft.

Antwortversuch

- Der Grundwert der Wissenschaft ist die reine Erkenntnis.
- Eben die Folgen der reinen Erkenntnis verändern unaufhaltsam die Welt.
- Es gehört zur Verantwortung der Wissenschaft, diesen Zusammenhang von Erkenntnis und Weltveränderung zu erkennen.
- Diese Erkenntnis würde den Begriff der Erkenntnis selbst verändern.

Hans Jonas hat diesen Zusammenhang von wissenschaftlicher Erkenntnis und Weltveränderung in seinen Arbeiten zur Neugestaltung der Verantwortung in einer technischen Zivilisation dargestellt und analysiert. Dabei weist er insbesondere auf die sich globalisierenden Wirtschaftsprozesse als entscheidende Treiber einer folgenreichen, wissenschaftsbasierten Veränderungsdynamik hin (Jonas 1979).

Die angesprochene Dynamik ist seiner Auffassung nach induziert von einer hochgradig spezialisierten und arbeitsteiligen Technik; die Veränderungen haben oft Systemcharakter (Informationstechnik), sie durchdringen viele Lebensbereiche schnell und tief, führen zu z.T. unüberschaubaren Konsequenzen, die sich gleichwohl in aller Regel schnell, über Marktmechanismen meistens auch global durchsetzen.

Die Folgen dieser Entwicklung lassen sich einerseits charakterisieren durch das von Tillich in die Theologie, von Jonas in die philosophische Ethik eingeführte und in der gegenwärtigen Technikfolgenforschung (Vgl. aber schon Weizsäcker 1980) häufig verwendete Stichwort der *Ambivalenz*, andererseits aber auch durch die *Zwangsläufigkeit der Folgen*, durch deren wachsende *Kulturmächtigkeit* (z.B. Wechsel der Kommunikation von der Schriftform (Brief) zur elektronischen (Mails, SMS, Handy]) und auf der gesellschaftlichen Ebene durch die *Desintegration der Teilsysteme* Ökonomie und Märkte, Ökologie, Bildung, Politik.

Ein notwendiges, integriertes und koordiniertes Gegensteuern der Gesellschaft steht unter wachsenden Erschwernissen. Es sind dies im Einzelnen: die Individualisierung der zweiten Moderne, der wachsende (legitime) Wertepluralismus, massive Traditionsabbrüche, eine weiter wachsende Arbeitsteilung sowie der wirtschaftliche Konkurrenzdruck durch die Globalisierung.

2. Nachhaltigkeit: ein Konzept mit weit reichenden Herausforderungen

Die holzschnittartig angedeuteten Dynamiken bilden nun den Rahmen für allfällige Überlegungen zu Veränderungen im Bildungswesen unter dem Stichwort „nachhaltige Bildung". Schon damit dürfte aber deutlich sein, dass Veränderungen bzw. Verbesserungen im Bildungswesen, die dem Problemlösungskonzept *Nachhaltigkeit* Rechnung tragen wollen, durch lediglich innersystemare Veränderungen nicht herbeizuführen sind. Glücklicherweise ist mindestens in einigen Bundesländern eine Debatte darüber in Gang gekommen, ob *Nachhaltigkeit* im Rahmen bestehender Unterrichtspläne zum optionalen oder verpflichtenden Kanon gehört. Solange aber die Diskussion lediglich um diese Alternative kreist, bleibt die Reaktion des Bildungswesens unterhalb der für ein Konzept Nachhaltigkeit nötigen Flughöhe. Die wesentliche Ursache für diese Bewertung liegt in dem Umstand, dass schon die Problembeschreibung Anforderungen aufzeigt, die Einzelsysteme übergreifen, sich auf Prozesskompetenzen bezieht, personale wie institutionelle Dimensionen umfasst und sich von daher einer ausschließlich fachspezifischen Zuordnung entzieht.

Ein problemorientiertes Anforderungsprofil für eine Verbesserung gesellschaftlicher Handlungsfähigkeit lässt – auch wieder holzschnittartig – vier wichtige Dimensionen erkennen.

Ein *erste zentrale Voraussetzung* für Entscheidungen im Sinne von Nachhaltigkeit bildet die Fähigkeit einer Gesellschaft, dafür ausreichende und belastbare Expertise zu gewinnen; diese muss transdisziplinär, transsektoral und transgenerational sein. Die Beschreibung, Analyse und Prognose von Sachverhalten, die nachhaltigkeitsrelavant sind, machen funktionierende Informationssysteme, kommunikative Kompetenz, funktionierende Evaluationsverfahren sowie Diskursmöglichkeiten erforderlich. Deren aktuelle institutionelle Ausgestaltung sowie die verfügbaren personengebundenen Kompetenzen dafür bleiben weithin defizitär.

Ein *zweite zentrale Voraussetzung* einer nachhaltigkeitsorientierten Gesellschaft betrifft die Fähigkeit, zentrale Wertekonflikte konstruktiv und mit hoher Prozeskompetenz zu gestalten. Eine ganze Reihe wichtiger gesellschaftlicher Streitfragen, wie die Zukunft der Energieversorgung, der Umgang mit Sterbenden sowie Gestaltungsfragen der Gentechnik werden derzeit – vermittelt durch die Medien – eher wie fundamentalistische Religionskriege, denn als aufgeklärter Sachdiskurs geführt. Dabei betrifft das aktuelle Defizit weniger die Menge der zur Verfügung stehenden Informationen als vielmehr den Umgang mit unterschiedlichen, weltanschaulich geprägten Interpretationen der Informationen. Insbesondere in Deutschland dominiert derzeit beispielsweise im medialen Bereich der Gestus einer moralisierenden, wechselseitigen Verketzerung. Der Mechanismus ist schon gefährlich fur die medial schwächere Seite; viel gefährlicher aber ist er für die Sach- und Verfahrensfragen, weil diese auf Flint-stone-Niveau stagnieren statt sich demokratisch weiter zu entwickeln (Wachlin 2000). Wie also kann Bildung beitragen zur *institutionellen Entwicklung von Verfahren* und *Förderung von personalen Kompetenzen*, damit die allfälligen Leitbild- und Wertkonflikte, die Interessenkollisionen sowie unvermeidliche Machtkonkurrenzen konstruktiv und mit positiver Phantasie gestaltet werden können? (Vgl. dazu Wachlin/Renn 1999 sowie Beckmann/Keck 1999)

Mehr institutionell-technischen Charakter hat eine *dritte Voraussetzung*, in der es darum geht, die Entscheidungsprozesse in einer Gesellschaft einerseits über die Grenzen der gleichzeitig bestehenden Systeme hinweg zu koordinieren; andererseits dafür Sorge zu tragen, dass das gegenwärtig verfügbare Wissen auch für Entscheidungen künftiger Generationen verfügbar bleibt.

Schließlich ist *viertens* unter den geschilderten Bedingungen der zweiten Moderne sowohl auf Ebene der Kulturen, der Wirtschaftsorganisationen und zumal der Individuen davon auszugehen, dass es zu zentralen Fragen keinen Konsens geben wird. Der häufigere Fall wird der sein, dass – nach harten Verhandlungen – Kompromisse möglich werden; für die Frage der Zukunftsfähigkeit von Zivilisationen ist aber das *Management von Dissensen* von überragender Bedeutung. *Konvivenz* bildet dabei eine institutionelle, kulturelle und personelle Grundbedingung und notwendige Voraussetzung für eine handlungs- und zugleich zukunftsfähige Zivilisation.

Die hier problemorientiert, holzschnittartig entwickelten Herausforderungen an Dimensionen einer „nachhaltigen Bildung“ sollen nun an dem „Klassiker“ des Nachhaltigkeitsparadigmas“, dem Brundtlandt-Bericht aus dem Jahr 1987 verifiziert werden. Danach gilt: *„sustainable development“*...(zitiert nach Huber 1995).

- It „integrates economics and ecology in decision making and law making to protect the environment and to promote development“ (WCED 1987, 37).
- It „aims at a type of development wich integrates production with resource conservation and enhancement, and links both to providing an adequate livelihood base and equitable acess to ressources“ (39).
- It tries to „reorient international relations to achieve trade, capital and technology flows that are more equitable and consistent with environmental imperatives“ (40).
- ...wants to achieve „social equity between generations and within each generation... *It meets the needs of the present without compromising the ability of future generations to meet their own needs*“ (32, 43).

Ethische Grundlagen umweltgerechten Handelns

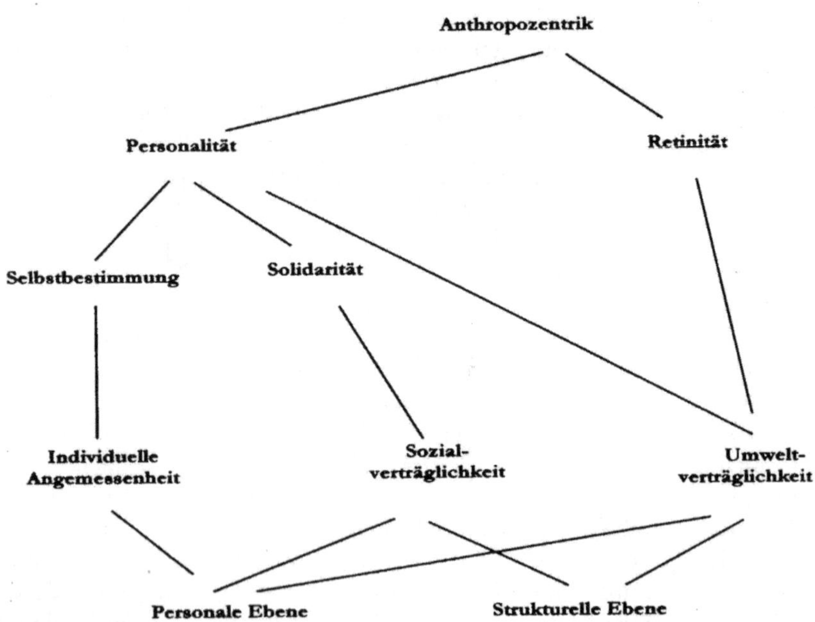

- It „defines the goals of economic and social development in all countries in terms of sustainibility..., gives overriding priority to the essential needs of the world's poor..., meets human needs by increasing productive potential and ensuring equitable opportunities for all" (43).

Dieses Nachhaltigkeitskonzept wurde 1992 in der Rio-Konferenz für Entwicklung und Umwelt konkretisiert. Es ist in seiner Reichweite *global* (lokal, regional, national und international) und auf *lange Zeiträume* bzw. *Dauer* gestellt; es fordert dazu auf, die Sachfragen *vernetzt* und *vieldimensional* zu behandeln, um ihrer *komplexen Struktur gerecht zu werden;* dabei müssen Teilsysteme (Ökonomie, Ökologie, Politik, Sozialsystem) eine *integrierte Betrachtung* erfahren. Insofern ist das Nachhaltigkeitsparadigma einerseits wissenschaftsbasiert und interessiert an Operationalisierbarkeit sowie Entscheidungsfähigkeit (Agenda 21), andererseits ist das Konzept klar normativ fundiert und sowohl der Gerechtigkeit (Solidarität) und der Menschenwürde zwischen den Generationen wie innerhalb einer Generation verpflichtet (Huber 1995).

Der Sachverständigenrat für Umweltfragen (SRU) stellt in seinem Jahresgutachten 1994 8SRU 1994] die normative Dimension der Nachhaltigkeit vor und wählt dafür die nachstehende Systematik. (Siehe Abbildung: Ethische Grundlagen umweltgerechten Handelns.)

Der SRU schlägt eine Reihe von Maßnahmen auf der strukturellen Ebene vor:

Instrumente auf der strukturellen Ebene

- emissionsarme Herstellungsprozesse
- Produkte
- Energieverbrauch
- Rohstoffnutzung
- Flächennutzung
- Handlungsoptionen
- Ordnungsrechtliche Instrumente
- Organisatorische Maßnahmen
- Ökonomische Instrumente

Zusätzlich hält der SRU eine ganze Reihe von zusätzlichen Maßnahmen auf der personalen Ebene für nötig:

Instrumente auf der personalen Ebene

- Entwicklung eines Sustainability-Ethos
- Umweltethos
- ethische Kompetenz
- integrierte Verantwortung; Konsenssuche

- Experten (Sache, Vermittlung, Engagement, Gemeinwohl)
- Rest-Risiko-Akzeptanz
- Bildungspolitische Informations- und Steuerungsinstrumente
- Schulen
- berufliche Bildung
- Hochschulen
- Weiterbildung

Damit intendiert der SRU Innovationen sowohl innerhalb wie außerhalb (Sustainability-Ethos) der klassischen Zuständigkeiten von Bildungspolitik und Bildungsplanung.

Eine zusätzliche, wichtige Dimension bringt die Enquêtekommission „Schutz des Menschen und der Umwelt" durch das von ihr vorgelegte Konzept einer nachhaltigen Entwicklung zur Sprache (Bundestag 1997). Sie geht davon aus, dass *Innovationen* im technischen, sozialen und institutionellen Bereich zur Erfüllung der Anforderung einer nachhaltigen Entwicklung unverzichtbar sind (Bundestag 1997, S. 144-169). Wenn das regulative Prinzip für *sustainable development* lautet: *„It meets the needs of the present without compromising the ability of future generations to meet their own needs"* (Huber 1995, 12), dann wächst plausiblerweise mit einer vermehrten Anzahl von Innovationen die Chance der nachfolgenden Generationen, aus einer Pluralität von Optionen zu wählen.

Einleitend wurde in diesem Beitrag die Krise der Moderne, auf die das Nachhaltigkeitsparadigma eine Antwort darstellt, mit dem Charakter der neuzeitlichen Wissenschaft in Verbindung gebracht (Weizsäcker 1994). Die sich entwickelnde Veränderungsdynamik erzeugt als Wissensgesellschaft Chancen, die von den Menschen erstrebt, und Krisen, die gefürchtet werden. Sowohl der Problem- wie der Problemlösungshorizont des Konzeptes „Nachhaltigkeit" reichen weiter als „nur" („nur" nicht abwertend, lediglich eingrenzend) bis zu einer verstärkten Umwelterziehung und Umweltbildung. Die Bewältigung einer wissenschafts- und wissensgetriebenen Veränderungsdynamik ist eine Frage vieldimensionaler *Bildungsprozesse: innerhalb und außerhalb bisheriger Zuständigkeiten und formaler Qualifikationen.*

3. Humanressourcen: ein Schlüsselfaktor

Wir verstehen unter *Humanressourcen* die Gesamtheit aller Kenntnisse, Fähigkeiten und Erfahrungen, die zur gesellschaftlichen Versorgung mit Gütern und Dienstleistungen beitragen, dabei zählen zu den Humanressourcen das Humankapital, das Wissenskapital sowie das Sozialkapital einer Gesellschaft (dazu und zum Folgenden vgl. Clar 1998; Clar, Doré, Mohr 1997, Matalik, Schade 1998).

Zum *Humankapital* rechnet vor allem das in ausgebildeten und lernfähigen Individuen repräsentierte Leistungspotential einer Bevölkerung.

Unter *Wissenskapital* versteht man das nicht an Personen gebundene, für gesellschaftliche Gestaltung relevante Wissen; es ist erneuerbar und kann differenziert werden in *Orientierungswissen* (als Wissen um Maßstäbe) und *Sach- und Verfügungswissen* (als Wissen um Sachverhalte, als Erfahrungen, als Anwendungs- und Prozesskompetenz).

Das *Sozialkapital* schließlich wird repräsentiert und aufbewahrt in sozialen Strukturen, Traditionen, elementaren Normen, geltenden Sanktionen sowie in der ebenso unbestimmten wie höchst wirksamen Wirklichkeit, die unter dem Begriff *Kultur* gefasst wird.

Die grundsätzlichen Ausführungen des SRU aus dem Jahr 1994 sowie das Ergebnis der Enquete-Kommission aus dem Jahr 1998 spiegeln in je unterschiedlicher Weise wider, dass die Humanressourcen für eine nachhaltige Zukunft eine zentrale Rolle spielen. Warum das so ist und inwiefern die Anforderungen an Bildung präzisiert werden können, zeigt die exemplarische Beschäftigung mit einigen anerkannten Managementregeln für eine ökologisch nachhaltige Entwicklung (vgl. Harborth 1991; Huber 1995; SRU 1994).

Eine Entwicklung ist nachhaltig, wenn sie den Kapitalstock einer Ressource so weit erhält, dass die Lebensqualität zukünftiger Generationen in ökonomischer, ökologischer und sozialer Hinsicht gewährleistet bleibt.

Nachhaltigkeitsstrategien

Effizienz:	beim Einsatz knapper natürlicher Ressourcen ist ihre zunehmende Substitution durch Wissen erforderlich
Substitution:	nicht-erneuerbare Ressourcen werden durch erneuerbare ersetzt
Suffizienz:	Verhaltensänderungen zur Verminderung umweltgefährdender Aktivitäten
Konsistenz:	Orientierung produktiver und konsumptiver Prozesse an der Tragelast des natürlichen Ökosystems

Es lässt sich nun zeigen, dass für alle Strategien zum Erreichen einer ökologisch nachhaltigen Zukunft die Verfügbarkeit von ausreichenden Humanressourcen von entscheidender Bedeutung ist.

Jede *Effizienzstrategie* wie auch eine *Substitutionsstrategie* setzen die Verfügbarkeit von gut ausgebildeten Menschen (Humankapital) und ausreichende Mengen alten und neuen Wissens (Wissenskapital) voraus. Dasselbe gilt für das Ziel der *Konsistenz,* auch hier geht es um die Zusammenführung von alten und neuen Wissensbeständen durch gut ausgebildete Menschen. Die Umweltrelevanz von *Suffizienzstrategien* ist empirisch breit und gut bekannt am Beispiel des Autofahrens: neben der Motorentechnik entscheidet der Gasfuß des Fahrers über das Ausmaß von Verbrauch und Abgas. Aber auch bei allen anderen Strategien entscheiden nicht allein die „harten" Faktoren über den Erfolg innovativer Verfahren, Produkte und Institutionen: die Humanressourcenforschung weist auf die eminente Bedeutung der so genannten „weichen" Faktoren hin. Daraus ergeben sich plausible und einige vielleicht überraschende Konsequenzen für die Förderung einer nachhaltigkeitsdienlichen Bildung.

4. Die weichen Faktoren: Hinweise zu Nachhaltigkeit und Bildung

1. Für alle Strategien zur Förderung einer nachhaltigen Entwicklung spielen Wissen und seine Voraussetzungen, nämlich Bildung und Forschung, eine zentrale Rolle:
   *Effizienz*steigerungen durch Wissen über Material, Verfahren, Prozesse, Strukturen sind das Ergebnis gezielter Bildungs- und Forschungsprozesse.
   Substitution nicht-erneuerbarer Ressourcen durch erneuerbare ist durch strukturiertes Wissen möglich; strukturiertes Wissen kann tendenziell unbegrenzt wachsen und beliebig häufig verwendet werden.
   *Suffizienz*strategien beruhen auf der Wirkung neuer Leitbilder, alternativer Werte; diese bezeichnen wir als Orientierungswissen. Dieses Wissen muss von jeder Generation neu erarbeitet werden.
   Konsistenzstrategien erfordern über große geographische Räume und ausgedehnte Zeitfenster hinweg die Erzeugung und Verbindung anthropo- und ökosystemarer Wissensbestände, erhebliche technische, rechtliche, institutionelle, politische Koordinationsleistungen sowie technische, institutionelle und soziale Innovationen.
2. Die aus Bildung und Forschung resultierenden positiven externen Effekte für Nachhaltigkeit liegen nur teilweise im Blick und Kalkül individueller und unternehmerischer Investitionsentscheidungen; es kommt systembedingt zu Unterinvestitionen in Humankapital.
3. Das Potential für Bildung und Nachhaltigkeit beruht mittelbar und unmittelbar auf demographischen Voraussetzungen. Das gilt für die Produktion wie für die Nutzung von Wissen.

4. Familien erbringen biologisch, emotional, kulturell und pädagogisch entscheidende Voraussetzungen und wesentliche Unterstützungsleistungen für alle schulischen und weiteren Bildungsprozesse. Es ist im Interesse nachhaltiger Bildung im nicht-formalen Bereich stets neu zu prüfen, ob die familien- und steuerpolitischen Prioritäten sowie die verfügbare Infrastruktur (Kinderbetreuung) der Bedeutung des familiären Beitrages entsprechen.
5. Neben den bisherigen formalen Qualifikationen wird heute die Bedeutung nichtformaler Schlüsselqualifikationen hoch eingeschätzt. Dazu gehören u.a.: Kommunikationsfähigkeit, kreatives Denken, selbstgesteuertes Lernen, effektive Problemlösungsheuristiken, Entscheidungsfähigkeit, Teamfähigkeit, informationstechnische Kompetenz.
6. Generell nutzbare Qualifikationen (Schlüsselqualifikationen) werden nach bisheriger Erkenntnis in großem Umfang im *Vor- und Grundschulbereich* so-wie *am Arbeitsplatz* erworben. Bildungserfolge in diesen Bereichen haben wegen der zunehmenden Komplexität und Technisierung der Gesellschaft erhebliche positive externe Effekte. Praxisorientierte Ausbildungsmodule, überhaupt duale Ausbildungs- und Weiterbildungsformen haben einen positiven Effekt auf eine nachhaltige Bildung.
7. Bei der wachsenden Dynamik von Veränderungen in Wirtschaft und Gesellschaft und Umwelt steigt die volkswirtschaftliche Bedeutung einer effizienten *Synchronisierung von Ausbildungsangebot und Ausbildungsnachfrage.*
(Zum Ganzen vgl. Clar 1998; Clar, Doré, Mohr 1997, Matalik, Schade 1998)

„Lauf so schnell, wie du kannst, damit du bleibst, wo du bist!"

Alice im Wunderland

5. Ausblick: Forderungen zur Förderung einer nachhaltigen Bildung

1. Für eine bessere Kenntnis der qualitativen und quantitativen Relationen von Mitteleinsatz und dessen Effekte im gesamten Bildungsbereich muss die *Forschung über Bildung und Nutzung von Humankapital, insbesondere hinsichtlich der Bedeutung, der Entstehungsbedingungen und Förderungsmöglichkeiten der „weichen Faktoren"* verstärkt werden.
2. Angesichts des systembedingten Marktversagens im Bildungssystem ist die *staatliche Verantwortung* für die Bildung von Humankapital gefordert; sofern es diesbezüglich zu Staatsversagen kommt, sind Privatpersonen, Wirtschaft, Kirchen, Parteien, Stiftungen gefordert. Die derzeit diskutierten alternativen Modelle, nach amerikanischem Vorbild Bildungsprozesse zu „privatisieren"

sind voraussetzungsvoll: dort, wo Bildung privater Initiative überlassen bleibt, bedarf diese eines ausgeprägten, unterstützenden Infrastruktursystems.

3. Insbesondere die *steuerliche und infrastrukturelle Unterstützung von Familien mit Kindern*, die *vorschulische Betreuung und Erziehung und die Grundschulausbildung* bedarf gesellschaftlich größerer Aufmerksamkeit und einer ergebnisorientierten Gestaltung.
4. Sozialisationsprozesse scheinen in dem Maß förderlich für nachhaltigkeitskonforme Qualifikationen zu sein, als sie zuverlässige Rahmenbedingungen und emotionale Bejahung bieten, soziale Verbindlichkeit fordern und gleichzeitig hinreichend Autonomie gewähren. Diese Randbedingungen fördern jenen Mut, der Solidarität mit Selbstständigkeit sowie jene Kommunikationsfähigkeit, die Kompetenz und Lernbereitschaft verbindet.
5. Für die Erziehung und Bildung muss das *Orientierungswissen* (Werte, Leitbilder, Überzeugungen) neu bewertet werden. Orientierungswissen bildet die außerökonomische Voraussetzung von Ökonomie und die außerpolitischen Grundlage von Politik; das Fehlen von Orientierung wirkt sich ökonomisch, ökologisch und sozial desaströs aus, es führt zur Nicht-Nachhaltigkeit. Der Anteil der Kirchen und Weltanschauungsgemeinschaften an der Konstitution und Verfügbarkeit von Orientierungswissen bedarf neuer gesellschaftlicher Wertschätzung
6. Wichtige *Qualifizierungsprozesse* (beispielsweise bei Teilzeitstudenten) finden *außerhalb der formalen Qualifikationssysteme* (Hochschule) statt: Studierende etwa werden *on the job* weltoffen, kommunikationsfähig, kooperationsgeübt und flexibel; sie bilden ein erhebliches Innovationspotential, das vom Bildungssystem genutzt werden kann. Chancen liegen in Ansätzen zu *multidisziplinären Studiengängen*, die sich zu *transdiziplinären Ausbildungs- und Forschungsrichtungen* weiterentwickeln können.
7. Die Bedeutung tayloristischer Koordinierung von Arbeit und Wissen nimmt ab: in einer hoch technisierten und differenzierten Gesellschaft geschieht Koordinierung zunehmend über *Teams*, die miteinander und untereinander kommunizieren. Der Fachspezialist wird durch den *Kommunikationsvirtuosen* (Münch 1995) abgelöst. Die Notwendigkeit einer fachspezifischen Ausbildung wird grundsätzlich bestehen bleiben; aber die Bildungssysteme werden die außerfachlichen Anteile stärken und externe Lernräume fördern.

„Unser Wissen differenziert sich aus, dennoch ist die Praxis stets ein Ganzes, das alle nur erdenklichen Bestandteile unseres Wissens in Anspruch nimmt."

R. Münch

Die vorstehenden Ausführungen stellen Überlegungen zur Weiterentwicklung der Bildung in den Zusammenhang einer notwendigen, nachhaltigen Entwicklung. Dabei wurde gezeigt, dass eine nachhaltige Entwicklung auf *Expertise* gegründet sein muss, die transdisziplinär und transsektoral verknüpft ist. Dafür bedarf es institutioneller Vorkehrungen sowie personaler Fähigkeiten wie kommunikative Kompetenz und Lernfähigkeit, Fehlerfreundlichkeit u.a.

Für zunehmende Herausforderungen der *diskursiven Koordinierung* braucht es Verfahrenskompetenz im Sinne von prozeduraler, methodischer Kenntnisse, aber vor allem auch kommunikative Fairness, Glaubwürdigkeit, Geduld und Mut.

Die *Koordination* vieler gesellschaftlicher Wissens- und Funktionsbereiche erfordert kommunikative Personen mit der Fähigkeit, Komplexität zu bewältigen, mit Sozial- und Führungskompetenz, Verhandlungssicherheit und Partizipationsfähigkeit.

Schließlich bleibt *Konvivenz* unverzichtbar: sie baut sich auf aus ethischer Kompetenz, souveräner Konfliktfähigkeit, weit reichender (Frustrations-)Toleranz sowie (multi-)kultureller Kompetenz.

Dem einen oder der anderen mag dieses Ensemble nichtformaler, nachhaltigkeits-fördernder Fähigkeiten als utopische Überforderung erscheinen – bei Licht besehen sind es Mindestanforderungen dafür, dass eine wachsende Anzahl von Menschen den Globus als Heimat erlebt und *zugleich* als Horizont konkreter wie strategischer Planung und Entscheidung gelten lässt.

Literatur

Beckmann, Jens/Keck, Gerhard: Beteiligungsverfahren in Theorie und Anwendung. Akademie für Technikfolgenabschätzung. Stuttgart 1999

Clar, Günter: Neue Optionen für die Entwicklung von Humanressourcen. Wege zu mehr Nachhaltigkeit und Wettbewerbsfähigkeit. Akademie für Technikfolgenabschätzung. Stuttgart 1998

Clar, G./Doré, J./Mohr. H. (Hrsg.): Humankapital und Wissen. Grundlagen einer nachhaltigen Entwicklung. Heidelberg/New York 1997

Deutscher Bundestag (Hrsg.): Konzept Nachhaltigkeit. Fundamente für die Gesellschaft von Morgen. Zwischenbericht der Enquete-Kommission „Schutz des Menschen und der Umwelt" des 13. Deutschen Bundestages. Zur Sache 1/97. Bonn 1997

Harboth, Hans-Jürgen: Dauerhafte Entwicklung statt globaler Selbstzerstörung. Berlin 1991

Hentig, Hartmut von: Bildung. Ein Essay. München 1999

Huber, Joseph: Nachhaltige Entwicklung. Berlin 1995

Jonas, Hans: Das Prinzip Verantwortung. 1. Aufl. Frankfurt/M. 1979

Matalik, Silvia/Schade, Diethard (Hrsg.): Entwicklungen in Aus- und Weiterbildung. – Anforderungen, Ziele, Konzepte. Baden-Baden 1998

Münch, Richard: Dynamik der Kommunikationsgesellschaft. Frankfurt/M.1995

SRU (Der Rat von Sachverständigen für Umweltfragen): Umweltgutachten 1994. Für eine dauerhaft-umweltgerechte Entwicklung. Stuttgart 1994

Wachlin, Klaus Dietrich/Renn, Ortwin: Diskurse an der Akademie für Technikfolgenabschätzung – Verständigung, Reflexion, Gestaltung, Vermittlung. In: Bröchler, S./Simonis, G./Sundermann, K. (Hrsg.): Handbuch für Technikfolgenabschätzung. Berlin 1999, S. 711-722

Wachlin, Klaus Dietrich: Nachhaltigkeit zwischen Ökologie und Wettbewerbsfähigkeit. Plädoyer für eine neue Verhältnisbestimmung. In: evangelische aspekte 2/99, S. 34-38

Wachlin, Klaus Dietrich: Innovationen im 21. Jahrhundert – Anforderungen an eine Kultur des Wandels. In: Landesmuseum für Technik und Arbeit in Mannheim (Hrsg.): Mythos Jahrhundertwende. Mensch, Natur, Maschine in Zukunftsbildern 1800-1900-2000. Baden-Baden 2000, S. 311-318

Wachlin, Klaus Dietrich: Anmerkung zu Szenen im gen-ethischen Theater. In: Schell, Thomas von/Seltz, Rüdiger: Inszenierungen zur Gentechnik. Opladen 2000, S. 33-52

Weizsäcker, C.F.v.: Die Ambivalenz des Fortschritts. In: ders.: Der Garten des Menschlichen. Frankfurt/M. 1980, S. 45-65

Weizsäcker, C.F. v.: Wissenschaft und Menschheitskrise. Zuletzt. In: ders.: Der bedrohte Frieden – heute. München 1994, S. 221-230

Kapitel III

Regionen lernen Nachhaltigkeit

Anwendungsbereiche und Handlungsfelder

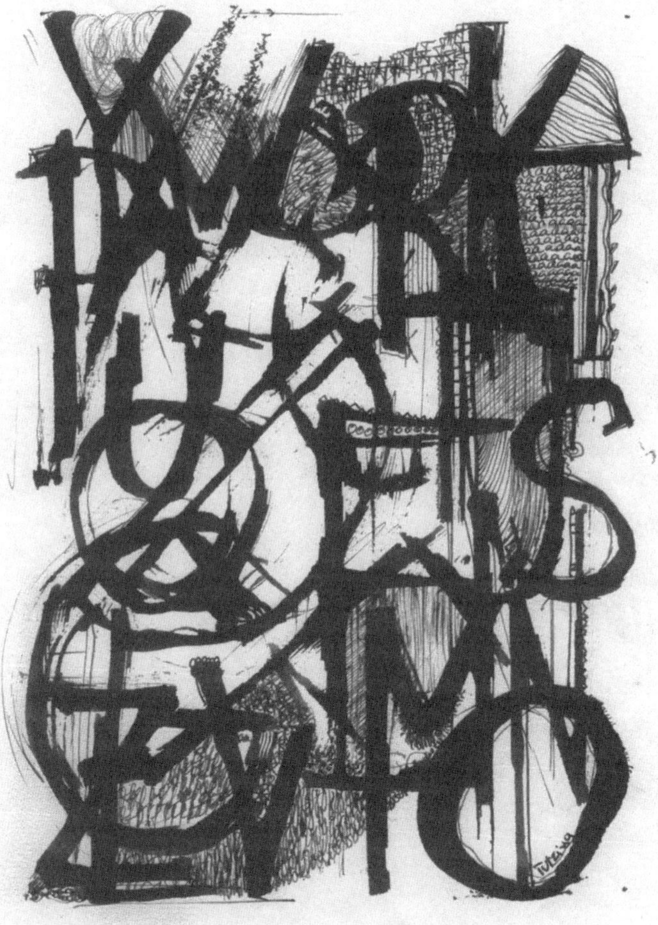

Peter Markus

Einführung: Regionen lernen Nachhaltigkeit

1. Lernende Regionen lokal und regional

Zumeist beginnen die Diskussionen über Regionen mit der Frage: „Wo fangen sie an und wo hören sie auf?“ Wir verständigen uns auf die Definition, dass eine Region das ist, was wir aus nachvollziehbaren Gründen so verstehen wollen. Denn es gibt eine Vielzahl von Gliederungen, Einteilungen und Abgrenzungen, die die Region zur Region machen, so u.a. die „Strukturregionen“ mit stark wirtschaftlicher Ausrichtung, die naturräumlichen Gebiete, wie Eifel, Sauerland, die politischen Regionen, sprich die Kreise auch Bundesländer und die Bundesrepublik Deutschland werden auf europäischer Ebene so bezeichnet, sowie die Bezirke, die als Regierungsbezirke, beispielsweise in Nordrhein-Westfalen, mehrere Landkreise und Kommunen umfassen. Daneben gibt es „Agenda-Regionen“ sowie Kulturregionen, die aus kultur- und strukturpolitischen Gründen als solche zusammengefasst sind.

Die Menschen in einer Region sind durch Infrastrukturen wie Verkehrswege und gemeinsam für sie vorhandene Einrichtungen wie den öffentlichen Verkehr sowie Vereine, Vereinigungen, Gesellschaften, die kommunale Verwaltung, die regionale Verwaltung sowie die regionale Politik miteinander verbunden. Doch die Kooperation und auch schon die Kommunikation untereinander folgt damit eher traditionellen Wegen und lässt die Potentiale mit denen man gemeinsam Neues schaffen kann, brach liegen. Eine „konstruktive Subsidiarität“ würde ökonomisch bedeuten, für die gemeinsame Wertschöpfung etwas entlang von Wertschöpfungsketten zu tun. Im sozialen Bereich hieße das, gemeinschaftliche Initiativen auf den Weg zu bringen, die die oft zitierte Zivilgesellschaft mit Leben füllen können. Wertschöpfungsketten, wie „Energie“ lassen sich nutzen, indem im ökonomischen und ökologischen Sinne der Einsatz regenerativer Energieträger wie beispielsweise Holz und Biomasse gefördert werden, um die heimischen kleineren und mittleren Betriebe im Anlagenbau, in der Holz-/Biomasse-Verarbeitung, aber auch die landwirtschaftlichen und die forstwirtschaftlichen Betriebe als Produzenten zu fordern und zu fördern. Natürlich sind auch die Nachfrager, seien es Kommunen als Planer und Träger von Bauvorhaben (Wohn- und Gewerbegebiete), die regenerative Energien einsetzen wollen, ebenso wie einzelne Konsumenten und Konsumentengruppen angesprochen.

Somit sind lebendige und lernende Regionen politisch modern, sozial engagiert und ökonomisch und ökologisch fortschrittlich. In ihr gibt es kreative Menschen mit lebendigen und neuen Ideen, die zu einer verbesserten Lebenswelt im sozialen und mentalen Sinne führen, aber auch für die Wirtschaft neue Produkte und Dienstleistungen bedeuten können. Allein für den Tourismus würde es viel Substanz bringen, in einer Region nicht nur ein gutes Image zu verkünden, sondern es auch durch lebendige Gemeinschaften, die ihr tägliches Leben und ihr Wirtschaften unter diese Zukunftsorientierung stellen, zu fundieren.

Aber Menschen und Gemeinschaften sowie die Kreativität und die guten Ideen finden sich nicht bzw. kommen nicht von alleine. Lernende Regionen für eine zukunftsorientierte und damit nachhaltig wirkende Entwicklung einer Region soll und muss in konkreten Aktionsfeldern mit aktiven Akteuren und Optionen und Gestaltungsmöglichkeiten initiiert, organisiert, getragen und zumindest am Anfang auch betrieben werden, bis sich in den erfolgreichen Bereichen ein selbsttragender Prozess zu etablieren beginnt.

Nun ist es sicherlich nicht so, dass jedwede Vereinigung, Initiative, Kooperation und Institution von neuem geschaffen werden muss. Es macht Sinn, eine integrierte und nachhaltige Entwicklung mit bereits bestehenden Institutionen gemeinsam anzugehen. So sind es zum einen die Heimat- und Sportvereine sowie die Vereinigungen ausländischer MitbürgerInnen (MigrantInnen), die Agenda-21-Gruppen, insbesondere in den Kommunen, wie es auch im Beitrag von Garritzmann dargelegt worden ist, die Umwelt- und Naturschutzinitiativen, Frauen, Kinder und Jugendlichen, Aktivisten und Vereinigungen, wie sie Doris Freer für die Stadt Duisburg vorgestellt hat, sowie die Eine-Welt-Initiativen, die sich internationalen Zusammenhängen und einer internationalen Gerechtigkeit verschrieben haben. Darüber hinaus gibt es in Nordrhein-Westfalen die Regionalen Entwicklungskonferenzen (REK), die die strukturelle und wirtschaftliche Entwicklung der Regionen steuern sollen. Dazu kommen informelle Arbeitsgruppen und Arbeitskreise in Kommunen, z.B. zu den regenerativen Energien, z.T. gekoppelt mit den Bildungsträgern wie den Volkshochschulen sowie neue Allianzen zwischen Wirtschaft und gesellschaftlichen Gruppen, wie sie in dem Beitrag von Henschel für die Firma Aventis nachgezeichnet worden sind. Weitere Gruppen sind als Programmgruppen innerhalb von EU-, Bundes- und Landesprogrammen, wie z.B. zu LEADER plus oder im Bündnis für Arbeit, Ausbildung und Wettbewerbsfähigkeit im ländlichen Raum aktiv.

Allerdings dürfen diese fruchtbaren ersten Ansätze, von denen einige „in die richtige zukunftsorientierte Richtung" gehen, nicht darüber hinwegtäuschen, dass sie oft singulär und zufällig sind und weder immer einfach so zusammenpassen, noch Konsequenzen aus den oft als Projekte durchgeführten Aktivitäten gezogen werden. So gibt es, gerade im Agenda-21-Bereich z.Zt. die Situation, dass viele

Projekte, auch wenn sie erfolgreich abgeschlossen sind, nicht in die normale Verwaltungs- und politische Praxis einer Region überführt werden. Damit ist die Verstetigung nachhaltiger Entwicklungen eingeschränkt. Es wäre also ein sehr wichtiges Anliegen, nicht nur Unterstützung seitens der Politik und der Verwaltung, und wichtiger gesellschaftlicher Akteure zu haben, sondern gleichzeitig die Bildungskollegen/-kolleginnen mit einzubeziehen, da diese sich sicher längerfristig mit Entwicklung auseinander setzen können, um diese Implementierung und Multiplikation der neuen Ideen und neuen Entwicklungen in der Region sicherzustellen. Dass es außer den angesprochenen Bildungseinrichtungen kaum Strukturen für die Institutionalisierung der Bemühungen gibt, ist dabei in vielen Fällen mehr als deutlich geworden. Die Unterstützung muss daher im Sinne eines organisierten, zielorientiert formulierten und moderierten Prozesses funktionieren. Die genannten Bildungseinrichtungen als formale Träger von Bildungsmaßnahmen, wie wir die nachhaltige Entwicklung von Regionen verstehen, können nicht aufgrund ihres Auftrages und ihrer Ressourcen, solche Aufgaben erfüllen. Hier gilt es programmatisch klarzustellen, was Bildung für eine nachhaltige Entwicklung in den Regionen bedeuten soll und wie diese Leistungen, die klar charakterisiert werden müssen, extra honoriert werden können. Daraus ergeben sich natürlich auch eine Reihe von Qualifizierungsnotwendigkeiten und Anforderungen an die Kollegen/Kolleginnen in den jeweiligen Einrichtungen. Damit sind die Erfolgsfaktoren für eine lernende und zukunftsfähige Region bereits angedeutet: 1.) Von den Einzelpersonen als Aktivisten hin zur Schaffung eines positiven Umfeldes, um die Entwicklungen in den Regionen im Nachhaltigkeitssinne und den neuen Bildungskonzepten koppeln zu können. 2.) Rückenstärkung seitens der Politik, wie z.B. durch das Erneuerbare-Energien-Gesetz (EEG), und die Biomasse-Verordnung sowie die Unterstützung wichtiger Akteure aus Politik, Verwaltung, gesellschaftlichen Gruppen, insbesondere der Wirtschaft. Daraus muss allerdings auch konkrete Unterstützung der jeweiligen Initiativen, Projekte und dann der Prozesse kommen.

Damit sind wir bei den Leitlinien für die Entwicklung von Regionen zur lernenden Region im Sinne einer nachhaltigen und integrierten Entwicklung. Sie lauten kurz und knapp zusammengefasst:

Kooperation, Kommunikation und Prozessorganisation.

Diese konkreten Aufgaben sind im Sinne eines umfassenden Lehr- und Lernbegriffes mit kompetenzvermittelnden und praktischen Konsequenzen im formellen und informellen Bereich (VHS sowie Initiativen) zu organisieren, umzusetzen und zu unterstützen. Dabei sollte nicht außer Acht gelassen werden, dass es bestimmte Qualitätskriterien für eine solche Entwicklung gibt. Ein wichtiges ist, eine möglichst große Beteiligung sicherzustellen und dann nicht nur von Vertretern/Vertreterinnen gesellschaftlicher Gruppen, die formell organisiert sind, sondern auch von einzelnen Bürgern/Bürgerinnen. Die Akteure, bereits genannt, sind neben Politik, Verwaltung und Wirtschaft auch Initiativen aus dem Frauen-, Jugend- und Migranten/Migratinnenbereich sowie als Träger einer solchen Entwicklung die Weiterbildungseinrichtungen und z.T. auch die Schulen einer Region. Bestehende praktizierte und z.T. im Wesentlichen erfolgreiche Konzepte sind die lokalen und regionalen Agenda-21-Prozesse, Programme, wie das der „Lernenden Regionen (BMBF)", Aktivitäten und Projekte im Rahmen des „Bündnisses-für-Arbeit", die durch die Ämter für Agrarordnung Nordrhein-Westfalen geleistet werden, sowie durch Projekte, in denen schwerpunktmäßig die Entwicklung einer Region als Bildungsaufgabe bearbeitet und Vorlagen für übertragbare Konzepte in andere Regionen geliefert werden. In diesem Sinne hat das Ministerium für Arbeit, Soziales, Qualifizierung und Technologie der Ev. Akademie Iserlohn und fundus e.V., einer Qualifizierungsgesellschaft im Kreise Höxter, ein Projekt zugesprochen, in dem genau diese Konzepte unter dem Titel „Das Bioenergiedorf" entwickelt werden. Dorfgemeinschaften sollen sich sozial, ökonomisch, ökologisch, nachhaltig entwickeln können, dabei neue Einkommensquellen erschließen, Gemeinwesen und Gemeinschaft stärken und durch den verstärkten Einsatz regenerativer Energien einen Beitrag zur Klimastabilisierung und zur ökologischen Nachhaltigkeit leisten können. Das Prozedere und der Prozess der Ansprache und der Gewinnung der Einbeziehung der Akteure zum einen, der Qualifizierung und Kompetenzbildung des Dorfes auf der anderen Seite sind ganz zentrale Ziele dieses Ansatzes. Das verfasste Konzept soll, wie gesagt, als Blaupause für die nachhaltige Entwicklung weiterer Regionen sicherlich auch mit anderen Themenschwerpunkten als Energie für Bildner/Bildnerinnen zur Verfügung stehen können.

Hermann Garritzmann

Agenda 21 als Beteiligungsmodell für eine nachhaltige Entwicklung

„Die Gestaltung der Zukunft erfordert Einmischung"

Meine Aufgabe, die Agenda-21-Prozesse im Kreis Höxter und seinen zehn Städten zu initiieren, zu moderieren und zu begleiten, war von Anfang an nicht angesiedelt in der Kreisverwaltung, sondern bei „fundus e.V", einem „Bildungsnetzwerk" für berufliche Bildung im Kreis Höxter, dessen Geschäftsführung von der Gesellschaft für Wirtschaftsförderung wahrgenommen wird. So hat das Agenda-21-Büro im Kreis Höxter seinen Ort gefunden irgendwo zwischen Bildung, Wirtschaftsförderung, Verwaltung und Politik. Und diese Verortung ist – von dem Anliegen der „Agenda 21" her gesehen – gar nicht so verkehrt.

Denn Moderator zu sein bedeutet in diesem Fall ja nicht nur (im wörtlichen Sinne) das rechte Maß zu finden, für eine Balance zu sorgen, sondern auch: Lernprozesse einer kommunalen und regionalen nachhaltigen Entwicklung in Gang zu setzen und Menschen mit ganz unterschiedlichen Lernerfahrungen und Vorstellungen von einer zukunftsfähigen Entwicklung daran angemessen zu beteiligen.

Im Tagungsprogramm steht: es geht thematisch um Bürgerkompetenz und um Bürgerbeteiligung. Bei der „Agenda 21" geht es letztlich um Anstiftungen zu gemeinsamen Lern-, Such-, Dialog- und Verständigungsprozessen. Aber es ist kein bestimmtes *Verfahren* wie manche andere Beteiligungsmodelle, die hier vorgestellt werden, sondern eher eine dringliche Einladung zu einem offenen Prozess. Es muss also auch ein wenig davon die Rede sein, was Bürgerinnen und Bürger denn auf diesen Weg locken soll.

Vielleicht können wir anfangen mit einer kurzen Geschichte, die beschreibt, was „Agenda 21" sicherlich nicht ist, und fortsetzen mit der einen oder anderen Lernweisheit, die schon einmal ein wenig einkreisen kann, was denn nun mit „Agenda 21" und deren Leitbild einer „nachhaltigen Entwicklung" eigentlich gemeint ist, besonders mit dem Blick auf die Beteiligung von Bürgerinnen und Bürgern. Zuerst die Geschichte:

„Der kleine Vogel“

„Das Käfigtürchen war offen geblieben. Mit einem leichten Satz war der kleine Vogel an der Öffnung, und von dort betrachtete er die weite Welt, zuerst mit einem Auge und dann mit dem anderen. Seinen winzigen Körper durchzuckte das Verlangen nach den weiten Räumen, für die seine Flügel geschaffen waren. Aber dann dachte er: wenn ich hinausfliege, könnten sie den Käfig zumachen, und ich bliebe als Gefangener draußen. Der kleine Vogel machte kehrt, und kurz darauf sah er mit Befriedigung, wie sich das Türchen wieder schloß, das seine Freiheit besiegelte.“

Italo Svevo (1861-1928)

Angst vor der Freiheit? – *„Demokratie heißt, dass sich Leute in ihre eigenen Angelegenheiten einmischen“*, hat Max Frisch einmal formuliert. Das meint auch: sich nach „draußen“ wagen, Initiative zu ergreifen, um in dem erkannten Sinne Veränderungen zu bewirken; den Gestaltungsraum, der sich bietet, wahrzunehmen.

Selten hat eine Idee wie die „Agenda 21“ dazu geführt, dass Menschen an so vielen Orten der Welt an einem gemeinsamen Ziel arbeiten. Die „Agenda 21“, die als Handlungsprogramm und als eine Art „Kursbuch Zukunft“ im Juni 1992 von der UN-Konferenz für Umwelt und Entwicklung“ (UNCED) in Rio de Janeiro beraten und verabschiedet wurde, hat eine große Vision formuliert; und der „Geist von Rio“ wirkt offensichtlich auch bei Leuten, die dieses dicke Dokument nie (ganz) gelesen haben.

Wie lässt sich das, was im Rahmen der „Agenda 21“ in Bewegung kommt, annähernd beschreiben?

Die (lokale) Agenda 21 ist:

- ein offener und ganzheitlicher Prozess, der versucht die zukünftige Entwicklung einer Stadt/einer Region auszurichten an dem Leitbild einer „nachhaltigen Entwicklung“,
- eine multi-lokale Zukunftswerkstatt, die gleichzeitig an vielen Orten der Welt stattfindet,
- eine BürgerInnenbewegung, aber nicht gegen etwas, sondern für etwas, das aber zunächst erst noch von den Beteiligten gemeinsam als Leitbild und mit Umsetzungsideen erarbeitet werden muss,
- inzwischen zu einer der wichtigsten Orientierungsgrößen geworden in Politik, Wirtschaft, Wissenschaft, Bildung, Regional- und Landschaftsplanung, Gesundheitspolitik, Lebensstil und Konsumfragen, …
- ist mehr als ein (qualifiziertes) Umweltprogramm (in Deutschland ist es leider schnell in diese „ökologische Schräglage“ gekommen); ihr geht es genauso um die Bekämpfung von Armut und Unterentwicklung. Sie ist ein ganzheitliches,

integriertes Politikprogramm. In einer globalisierten Welt kommt man nicht umhin, die Auswirkungen unseres Handelns hier vor Ort auf die Lebensmöglichkeiten andernorts – besonders im Süden und Osten dieser Erde – zu sehen.

- Es entstehen lebendige Elemente einer (neuen) Bürgergesellschaft: vielfältige Initiativen vernetzen sich. Wenn die Befähigung zu eigenverantwortlichem Handeln entdeckt wird, ist das auch eine Innovation für unsere Demokratie.
- Eine andere politische Gesprächskultur entsteht langsam durch diese Art der Partizipation von Bürgerinnen und Bürgern und durch den Versuch, in wichtigen Zukunftsaufgaben einen Konsens zu erreichen.

Eigentlich ist die „Botschaft" der Konferenz für Umwelt und Entwicklung 1992 in Rio de Janeiro ganz einfach:

- *Wir können die Zukunft nicht verbrauchen, um uns die Probleme der Gegenwart zu erleichtern.*
- Eine Welt, in der den meisten Menschen vorenthalten wird, was ein menschenwürdiges Leben ausmacht, ist nicht zukunftsfähig.

Nie zuvor haben die Menschen so viel gewusst wie die heutigen und sich gleichzeitig so dumm verhalten.

Betrachtet man die Bilanz des letzten Jahrhunderts, so könnte man zu dem Schluss kommen, dass der eigentliche Zweck der menschlichen (Wirtschafts-) Aktivität darin besteht, Rohstoffe in oftmals giftige Abfälle umzuwandeln.

Wir leben so, als ob wir keine Kinder hätten. Unsere Art zu leben und zu wirtschaften auf Kosten der uns tragenden Natur, auf Kosten der kommenden Generationen und auf Kosten der Menschen in anderen Ländern, vor allem im Süden und Osten dieser Erde, ist nicht zukunftsfähig und auch kein gutes Muster, das von anderen Völkern und Ländern kopiert werden sollte. Denn wir sind dabei Raubbau zu treiben an unserer ökologischen, sozialen und auch wirtschaftlichen Substanz.

Mit der Messgröße des „ökologischen Fußabdrucks"[1] lässt sich leicht feststellen, dass wir als Einzelne, als Kommune oder als Region im weltweiten Maßstab „auf zu großem Fuß" leben.

„Für die meisten Deutschen ist Nachhaltigkeit eine Wundertüte. Keiner weiß genau, was drinsteckt."

Wir müssen umdenken lernen in unserer Art zu leben und zu wirtschaften: einen andere Lebensstil finden. Und wir müssen darüber miteinander diskutieren, was für uns heute „Wohlstand" (also ein gutes Leben) bedeuten kann. Für eine Veränderung unseres Lebensstils brauchen wir einfache und einleuchtende Leitbilder, die wegweisend und attraktiv sind.

„Agenda 21" meint: das, was zu tun ist – mit Blick auf das 21. Jahrhundert – vor Ort und weltweit – oder: die Zukunft steht auf unserer „Tagesordnung".

Mit der Agenda 21 ist das Leitbild der „Nachhaltigkeit" zu einer Metapher geworden für eine neue globale Entwicklungsperspektive, die versucht, die Natur- und Ressourcenkrise mit der globalen Verteilungs- und Gerechtigkeitskrise für heutige und zukünftige Generationen zu verknüpfen. Damit wird deutlich, dass Fragen von Umwelt und Entwicklung zwei Seiten einer Medaille sind, und zwar nicht nur auf der globalen Ebene, sondern ebenso bei lokalen und regionalen Zukunftsplanungen. Die Frage nach Gerechtigkeit und Ungerechtigkeit wird damit zum Kern der Nachhaltigkeits-Debatte.

Das Leitbild einer „nachhaltigen Entwicklung" ist verbindlich, aber zugleich interpretationsbedürftig. Es ist keine Anweisung zum Handeln, sondern zum Suchen.

Bevor die „Agenda 21" in Einzelfragen konkret wird, ist sie zunächst einmal ein ethisches Programm: eine Entscheidung für ein verantwortliches, solidarisches Handeln mit einem weltweiten Blick. Getragen von der Hoffnung, dass das, was Einzelnen nicht gelingt, zusammen in einer *„globalen Partnerschaft"* möglich ist.

Teile dieses Umdenkens sind auch unterschiedliche „Strategien der Nachhaltigkeit", die etwa diskutiert werden unter den Kürzeln: Effizienz, Suffizienz und Konsistenz (oder: Besser – Weniger – Anders).

Unter „Effizienz" versteht man dabei die Verringerung des Ressourcen- und Umweltverbrauchs pro Gut, unter „Suffizienz" die Verringerung des Pro-Kopf-Verbrauchs an Gütern. „Konsistenz" bedeutet, die Stoff- und Energieströme quantitativ und qualitativ an die Verarbeitungsfähigkeit der Ökosysteme anzupassen (den „Menschenhaushalt" wieder in den „Naturhaushalt" einzufügen).

Wesentlich für dieses Umdenken ist ein Denken in Zusammenhängen: das Prinzip der Vernetzung.

Eine Entwicklung kann nur nachhaltig sein, wenn sie ausgewogen ist. Daran erinnert das „magische Dreieck" mit den drei Seiten Ökologie, Ökonomie und Soziales, die immer wieder neu miteinander in eine Balance gebracht werden müssen und die Grundfrage wach halten:

Wie lassen sich eine leistungsfähige Wirtschaft und ein sozal-verträgliches gerechtes Gemeinwesen langfristig sichern, ohne auf Kosten der Umwelt, anderer Regionen in der Welt oder zukünftiger Generationen zu leben?

Um eine nachhaltige Entwicklung in Gang zu bringen, ist es absolut notwendig, dass sich möglichst viele Menschen aus allen gesellschaftlichen Gruppen daran beteiligen. Da „Nachhaltigkeit" nicht nur eine Frage für Experten ist, sondern eine Veränderung unserer Ernährungs-, Wohn-, Mobilitäts-, Freizeit- ... Kultur beinhaltet, kann jede Bürgerin, jeder Bürger an diesem Veränderungsprozess ganz konkret mitwirken.

Es kann anregend sein, dabei die zumindest doppeldeutige Formulierung von Gerhard Polt im Hinterkopf zu haben: *„Wir hinterlassen nichts. Unsere Kinder sollen es einmal besser haben."*

„Agenda 21" ist kein bestimmtes Verfahren der Bürgerbeteiligung, das abgearbeitet werden kann, sondern ein gemeinsamer offener Dialog, Such-, Lern- und Verständigungsprozess, der nach Art. 28 der „Agenda 21" von den einzelnen Kommunen initiiert werden soll. Das „Herzstück" einer lokalen Agenda 21 ist, möglichst viele Bürgerinnen und Bürger, Institutionen und Einrichtungen sowie gesellschaftliche Kreise, Gruppen und Initiativen als Partner zu gewinnen, in ihrem Lebens- und Aufgabenbereich Leitbilder und Ideen für eine nachhaltige Zukunft mit zu entwickeln, umzusetzen und andere davon zu begeistern.

Wichtig ist, einen solchen Prozess wachsen zu lassen und nicht der Versuchung zu erliegen, Ziele und gewünschte Ergebnisse vorschnell vorgeben zu wollen.

„Tell them, and they will forget; demonstrate, and they will remember; involve them, and they will understand"[2] könnte das Geheimnis dieser Beteiligung lauten.

Allerdings erfordern solche Prozesse bei vielen Entscheidungsträgern ein Umdenken. *Warum haben die uns denn überhaupt gewählt, wenn die nun doch alle mitreden wollen?*, denkt so mancher Politiker halblaut. Politiker/innen müssen oft erst lernen, solche vielfältigen Initiativen nicht als Konkurrenz zu verstehen. Auf Seiten der Bürger gilt es, Verantwortungsbewusstsein und Initiativen zu entwickeln (auch wenige Bürger können etwas in Bewegung bringen), auf Seiten der Verwaltung, der Verantwortungsbereitschaft und Sachkompetenz der Bürgerinnen und Bürger zu vertrauen und die eigene Angst vor einem Machtverlust zu überwinden.

„Lokale Agenda 21" heißt aber auch nicht, die kommunale oder regionale Politik ganz neu zu erfinden, sondern sie an dem Leitbild der „Nachhaltigkeit" neu auszurichten. Quer denken zu können ist dabei eine notwendige Fähigkeit.

Wenn Bürgerinnen und Bürger anfangen, in Auftaktveranstaltungen, Foren, Arbeitskreisen, Runden Tischen etc. nachhaltige Handlungsprogramme und Leitlinien zu entwickeln, dann sind dabei folgende *methodische Annahmen* wichtig (nach Dr. Rainer Dollase[3]):

- Die Effekte werden nicht direkt erzielt, sondern indirekt, d.h. die Agenda 21 versucht, alle Betroffenen zu beteiligen und sie ins Gespräch zu bringen, anstatt die Zielvorgaben – etwa bei Energie und Klima – direkt durch Erlasse und Gesetze zu erreichen. Man könnte sagen, dass hier eine stärkere Prozess- statt einer Produktorientierung wirksam ist. Der Weg ist zunächst das Ziel.
- Der Fortschritt in der Sache ist langsam. Durch die Umwege und durch die Partizipation aller Betroffenen erweist sich die Agenda 21 indirekt als Anhängerin der Langsamkeit. Wenn wir alle beteiligen, dann können die Fortschritte nicht schnell sein.

- Der Fortschritt hängt von unserer Findigkeit ab, divergierende Interessen zu harmonisieren.
- Wir müssen Produkte, Maßnahmen und Regelungen erfinden, mit denen unsere wie auch andere Interessen befriedigt werden können und die zugleich Nachhaltigkeit sichern.
- Wir müssen viele Menschen erreichen, um erfolgreich zu sein. Agenda 21-Prozesse müssen also Massenbewegungen werden. Sie dürfen nicht nur Anliegen einer kleinen, elitären Gruppe sein, die sich womöglich dann noch als der bessere Teil der Menschheit fühlt.
- Alles in allem bedient sich also die Agenda 21 sehr sanfter Methoden. Berücksichtigt werden soll, dass die Kreativität der Maßnahmen umso größer wird, je mehr Leute selbstbestimmt und selbstorganisiert an diesem Agenda-21-Prozess arbeiten.

„Wer sein Ziel weit steckt, hat viel Raum zum Wachsen" (Sylvia Schubert)

Das Konzept der „Nachhaltigkeit" sprengt endgültig die Stadtmauern, erfordert den Blick und die Verbindung nach außen, in die Region, in die ganze Welt. Aber trotz dieser Zusammenhänge bleibt der Mittelpunkt des eigenen Handelns die Stadt selbst.

Manche haben dieses kreative Spannungsverhältnis dann doch sehr einseitig aufgelöst und nur über die Entwicklung ihrer eigenen Stadt nachgedacht (ergänzend zu anderen Planungsprozessen wie Stadtmarketing oder Stadtentwicklungsplanung u.Ä.), und wie gewohnt in Konkurrenz zu den Nachbarstädten. Wenn die Agenda 21 über die Diskussion und Lösung örtlicher Probleme hinausgehen soll, dann ist eine stärkere Koppelung von globaler Verantwortung und örtlichem „Gewinn" notwendig.

Die Diskussion, ob die Agenda-21-Prozesse eher top-down (von oben) oder bottom-up (von unten) in Gang gekommen sind, ist aus meiner Sicht müßig; die Impulse dazu sind aus sehr unterschiedlichen Richtungen gekommen; manchmal gleichzeitig, wo dann beim Zusammentreffen auch viel mehr Wirbel entstehen kann.

Am Anfang unseres Agenda-Prozesses hat eine kleine Arbeitsgruppe nach früheren Erfahrungen einmal acht *Handlungsfelder* formuliert, die für eine zukunftsfähige Entwicklung unserer ländlichen Region entscheidend sein könnten.
- Landschaft – Natur
- Bauen – Wohnen
- Energie – Verkehr
- Freizeit – Tourismus
- Gemeinwesen – soziales Zusammenleben

- Bildung – Kultur
- Arbeit – Wirtschaft
- Gesundheit – Lebensweise

Nach vielen Suchgesprächen und Lernschritten sind die Themen und Maßnahmen heute schon viel konkreter:

Die ersten Holzhackschnitzel-Heizungen und Biogasanlagen sind gebaut oder in Planung, die Kreisverwaltung ist nach dem EG-Öko-Audit zertifiziert, die regionale Vermarktung hat ihre ersten Schritte hinter sich, der Reichtum von Landschaft, Kultur und Geschichte wird allmählich für einen sanften Tourismus entdeckt, ...

Ergänzend zu den lokalen Agenda-21-Prozessen in den Städten wurden auf der Ebene des Kreises sieben Agenda-Fachforen eingerichtet:

- Nachhaltige Produktentwicklung
- Wirtschaft, Qualifizierung, Weiterbildung und neue Medien
- Nachwachsende Rohstoffe
- Planung der Zukunft
- Landschaft – Natur – Kultur – Heimat
- Soziales Zusammenleben – Ausländer, Aussiedler
- Jugend: Bildung – Arbeit – Freizeit

„Live dabei im 21. Jahrhundert" – so lautet das Motto unseres Zukunfts-Ideenwettbewerbes für Jugendliche. Die Erwachsenen von morgen werden nach ihren Ideen und Träumen für dieses Jahrhundert gefragt:

Wie soll denn eure Zukunft aussehen? Wie möchtet ihr in diesem Jahrhundert leben? Wie könnt ihr die Umwelt schützen? Wie könnt ihr euch an wichtigen Entscheidungen beteiligen? Wie sieht euer Dorf, eure Stadt, unser Kreis Höxter in 20 Jahren aus? Wie stellt ihr euch ein Zusammenleben in dieser Einen Welt vor?

Die gleichen Fragen richten sich auch an die Erwachsenen von heute.

Die „Agenda 21" bietet die Chance zu ungewohnten und ungewöhnlichen Kooperationen. Um dazu Mut zu machen, möchte ich eine Aussage zitieren aus dem „Bericht über die menschliche Entwicklung 1998", veröffentlicht für das Entwicklungsprogramm der Vereinten Nationen (UNDP)[4]:

> „Es besteht ein enormes Potential für engere Bündnisse zwischen der Umweltbewegung, der Frauenbewegung, der Bewegung, die sich für Kinder einsetzt, Verbrauchergruppen und solchen, die gegen die Armut ankämpfen. Heute schon zeigt sich, dass sich ihre zentralen Anliegen stark ähneln. Wenn von allen Gruppen die Gemeinsamkeit des Kampfes für menschliche Entwicklung in den Mittelpunkt gestellt wird, können machtvolle Allianzen entstehen. Zusammengeschlossen und gemeinsam agierend, können diese Gruppen sehr viel mehr erreichen."

Für eine Region wie den Kreis Höxter stellen sich noch weitere Fragen: Wie können die verschiedenen Überlegungen und Ansätze zu einer zukunftsfähigen und nachhaltigen Entwicklung zu einem gemeinsamen Leitbild weiter entwickelt werden?

Wie können die vielfältigen Innovationsforen und Innovationsformen inhaltlich und organisatorisch stärker miteinander vernetzt werden?

Wie kann im Sinne einer breiteren Partizipation und Beteiligung der Kreis der Mitwirkenden und Kooperationspartner noch sinnvoll erweitert werden?

Wie können als notwendig erkannte Lernprozesse – auch mit der Unterstützung von Einrichtungen der Weiterbildung – initiiert und begleitet werden?

Anmerkungen

1 Mathis Wackernagel/William Rees: Unser ökologischer Fußabdruck. Wie der Mensch Einfluß auf die Umwelt nimmt. Basel 1997

2 Entdeckt auf der Homepage von ICLEI

3 Prof. Dr. Rainer Dollase: Lokale Agenda 21 und die Prinzipien des sozialen Zusammenlebens oder: der Abschied vom Egotrip. Vortrag gehalten bei einer Informationsveranstaltung des Kreises Gütersloh am 18.03.1998, veröffentlicht in einer Dokumentation dieser Veranstaltung.

4 UNDP: Bericht über die menschliche Entwicklung 1998. Bonn 1998, S. 15

Carsten Henschel

Lernen von nachhaltigen Unternehmen?

Hoechst: Das Product Sustainability Assessment – ein Werkzeug zur Bewertung von Produkten im Kontext einer nachhaltigen Entwicklung

1. Einleitung

Seit den 60er-Jahren investierte Hoechst – wie andere große Chemie- und Pharmaunternehmen – viele Milliarden DM in die Wasser- und Luftreinigung sowie in die Abfallbehandlung. Moderne End-of-the-pipe-Technologien haben die von der Produktion ausgehenden Umweltbelastungen erheblich reduziert. Heute sind die Emissionen von Haushalten und Verkehr weitaus größer als die der Industrie. Seit den 80er-Jahren steht die Produktverantwortung im Vordergrund. Ökobilanzen, Produktlinienanalysen, ökotoxikologische und toxikologische Prüfprogramme beschreiben die ökologischen und gesundheitlichen Auswirkungen der Stoffe und Produkte. Viele Produkte wurden in dieser Zeit vom Markt genommen, in ihrer Anwendung eingeschränkt und substituiert.

Mit der UNCED in Rio 1992, den Nachfolgekonferenzen und den wegweisenden Arbeiten der Enquete-Kommission des 13. Deutschen Bundestages und „The President's Council on Sustainable Development" wurde zunehmend deutlich, dass der Fokus auf die ökologischen und gesundheitlichen Folgen der Produktion und Produkte, wie sie beispielsweise in der internationalen Initiative Responsible Care aufgearbeitet werden, alleine nicht ausreicht, um die Herausforderungen einer zukunftsfähigen, nachhaltigen Gesellschaft anzunehmen.

Vor diesem Hintergrund suchte das damalige Chemie- und Pharmaunternehmen Hoechst Ende der 90er-Jahre nach Wegen, die Anforderungen des Leitbildes in die strategische Unternehmensplanung einzubeziehen. Hoechst erkannte dabei, dass es zwar wirtschaftliche und auch ökologische Kompetenzen hat, aber Defizite bei der Integration der gesellschaftlichen Dimension aufweist. Gerade bei dem komplexen Leitbild sind Widersprüche, neue Kategorien und ungewohnte Perspektiven notwendig. Das Projekt „Hoechst Nachhaltig" konnte nur mit einem kritischen, außenstehenden Partner wie dem Öko-Institut durchgeführt werden.

Die Zielsetzung lautete, gemeinsam mit Hoechst ein Instrumentarium zu entwickeln, das neben kurzfristigen auch Mittel- und Langfristperspektiven im Kontext nachhaltiger Entwicklung in betriebliche Aktivitäten und Entscheidungen des Unternehmens einfließen lässt. Zu diesem Zweck entwickelte das Öko-Institut ein Werkzeug zur Bewertung von Produkten im Kontext der nachhaltigen Entwicklung. Das Öko-Institut hat dieses Instrumentarium gemeinsam mit Hoechst anhand zweier Produkte, der Sorbinsäure (einem Konservierungsmittel für Lebensmittel) und Spundbond (einem Polymer, das für Dachdichtungen eingesetzt wird), sowie anhand der Märkte Deutschland und China entwickelt und exemplarisch erprobt.

2. Vom Leitbild der nachhaltigen Entwicklung zum Werkzeug Product Sustainability Assessment (PROSA)

Sustainable Development ist als politisches Paradigma der Zukunft sowie als Leitbild und Erfolgsmaßstab gesellschaftlicher Entwicklung weitgehend anerkannt. Im Brundtland-Bericht wird Sustainable Development als Leitbild globaler und regionaler Entwicklung definiert, in dem ökologische, sozial-gesellschaftliche und ökonomische Dimensionen miteinander verknüpft werden. Gemeint ist eine Entwicklung, die die Bedürfnisse der Gegenwart befriedigt, ohne zu riskieren, dass künftige Generationen ihre eigenen Bedürfnisse nicht befriedigen können (Hauff 1987).

Bei der Entwicklung von PROSA ging man davon aus, dass Produkte, die zu einer nachhaltigen Entwicklung beitragen, zwei Anforderungen zu erfüllen haben: Sie müssen dazu beitragen, elementare Bedürfnisse zu decken und sie müssen die damit verbundenen Umweltbelastungen minimieren. Dabei kann ein und dasselbe Produkt je nach Anwendung unterschiedlich bewertet werden. Überdies stand jedoch nicht nur das einzelne Produkt und die Produktion im Blickfeld. Wichtig waren auch die Wirkungen von unternehmerischen Entscheidungen im regionalen und überregionalen Kontext sowie die Klärung der Frage, was Unternehmen mit ihren produktbezogenen Aktivitäten zur Lösung oder Verschärfung der globalen Krisen beitragen.

Als gesellschaftliches Leitbild kann Nachhaltigkeit nicht einfach in Zahlen gefasst werden. Es führt zu konkreten Handlungsanweisungen – aber nicht in dem Sinn, dass immer ein exakt quantifizierbares Ziel vorgegeben wird. Vielmehr bedarf es eines Such- und Erkenntnisprozesses, der die Zusammenhänge zwischen den Produkten und dem Leitbild der Nachhaltigkeit herausarbeitet. Diesen

Prozess zu strukturieren und in Handlungsoptionen zu überführen, ist Aufgabe von PROSA.

Um die Bezüge zum Leitbild der nachhaltigen Entwicklung bewerten zu können, lenkt das Werkzeug den Blick über das einzelne Produkt und die Produktion hinweg auf die zugrunde liegenden Bedürfnisse, da die für die Bewertung der Nachhaltigkeit notwendigen sozial-gesellschaftlichen, ökonomischen und ökologischen Zusammenhänge meist „außerhalb des Werkszaunes" liegen. Die Integration unternehmensexterner Zusammenhänge in den Prozess ist damit eine zentrale Erfolgsbedingung von PROSA. Hierbei baut PROSA auf dem Konzept der Produktlinienanalyse (Eberle/Grießhammer 1986) auf. Doch es geht um mehr als eine weitere Ökobilanz für das Produkt XY. Hier geht es um Beiträge zu strategischen Leitlinien. Zusätzlich zu den klassischen ökonomischen Kriterien sollen ökologische und soziale Kriterien des Leitbildes der nachhaltigen Entwicklung in das strategische Management eines Weltkonzern eingebaut werden.

3. Die Struktur und Anwendung von PROSA

3.1 Systemanalyse

Die Systemanalyse zielt darauf ab, die Wechselwirkungen zwischen dem Produkt und seinem sozial-gesellschaftlichen, ökonomischen und ökologischen Umfeld auf vier Ebenen umfassend und adäquat abzubilden und zu verstehen. Auf den verschiedenen Untersuchungsebenen werden Daten erhoben, Zusammenhänge geklärt, zukünftige Entwicklungen (Trends, Innovationen) antizipiert und Alternativen zu dem untersuchten Produktsystem verglichen. Die Beachtung regionaler Unterschiede ist die Voraussetzung für eine konkret umsetzungsorientierte Herangehensweise.

Tabelle 1: Systemanalyse Spundbond

Produktbeschreibung	Trägermaterial für bitumenbeschichtete Dachbahnen; Beständigkeit
Vergleich mit Alternativprodukten	Bitumenbahnen; PVC-Bahnen
Deutscher Markt	Marktanteil von 40 Prozent; Gewerbegebäude mit Flachdächern, wenig neue Wohnhäuser
Chinesischer Markt	Günstige, aber schlechte Dachpappe; Flachdächer überwiegen; hoher Neubaubedarf; Finanzierungsengpass

3.2 Nachhaltigkeitsbezüge und Indikatorenauswahl

Da nachhaltige Entwicklung als gesellschaftlicher Prozess zu verstehen ist, sind regional und temporär unterschiedliche Prioritäten zu setzen. Zugrunde gelegt wird hierbei die Definition der Bezüge zu einer nachhaltigen Entwicklung, wie sie in der Agenda 21 und im Rahmen des Rio-Folgeprozesses (BMU 1993) festgehalten sind. Aufgrund der breiten zu untersuchenden Produktpalette und der daraus resultierenden unterschiedlichen Nachhaltigkeitsbezüge müssen die Indikatoren jeweils spezifisch ausgewählt werden. Ein allgemeingültiges Standard-Set ist deshalb nicht sinnvoll.

Bei der Analyse von Spundbond haben wir beispielsweise folgendes pragmatische Set an Indikatoren angewendet:

Tabelle 2: Nachhaltigkeitsbezüge und Indikatorenauswahl Spundbond

Bezug	Indikator	Deutschland	China
Gesundheitsrisiken	Hum. Toxizitätspot. d. Emiss./m²/Dach/a	siehe Ökobilanzprofil	Bitumen hat viel mehr Risiken
Wohnraum für alle	Anteil Wohnraum mit Flachdach	Bestand: < 20% Neubau: ~ 0 %	> 90%
	Gesamtkosten u. Anteil Dachabdicht.	Kosten etwa wie Hochpolymerbahn	Dachpappe < 30% Investition
	m² Wohnfläche/Kopf	> 30 m²/Kopf	<10 m²/Kopf in Städten
Flächennutzung	Verbrauch für Prod. Gebäude m²/Kopf	Geringer als für Wohnzwecke	Keine Daten
	Verbrauch für Wohngeb. m²/EW	Größter Anteil für Wohngebäude	Keine Daten

3.3 Indikatorenanwendung zur Bewertung von Produkten

Mit der Anwendung des im zweiten Schritt abgeleiteten Indikatoren-Sets erfolgt die Positionierung des Produkts im Vergleich zu Alternativen.

Dabei wird zunächst geprüft, ob notwendige Grundvoraussetzungen für die Nachhaltigkeit des Produktes gegeben sind, die direkt aus der Agenda 21 abzuleiten sind. Wenn dies der Fall ist, erfolgt eine weitergehende Prüfung anhand der spezifischen Indikatoren für das untersuchte Produkt und die Vergleichsprodukte bzw. -dienstleistungen. Schon bei einer ersten rein qualitativen Abschätzung wird deutlich, welche Relevanz die einzelnen Indikatoren auf welcher Ebene haben. Die Bewertung wird über Nachhaltigkeitsquadranten visualisiert (siehe Abbildung). Sie nehmen die beiden Achsen *Umweltschonung* und *Beitrag zur Entwicklung* auf.

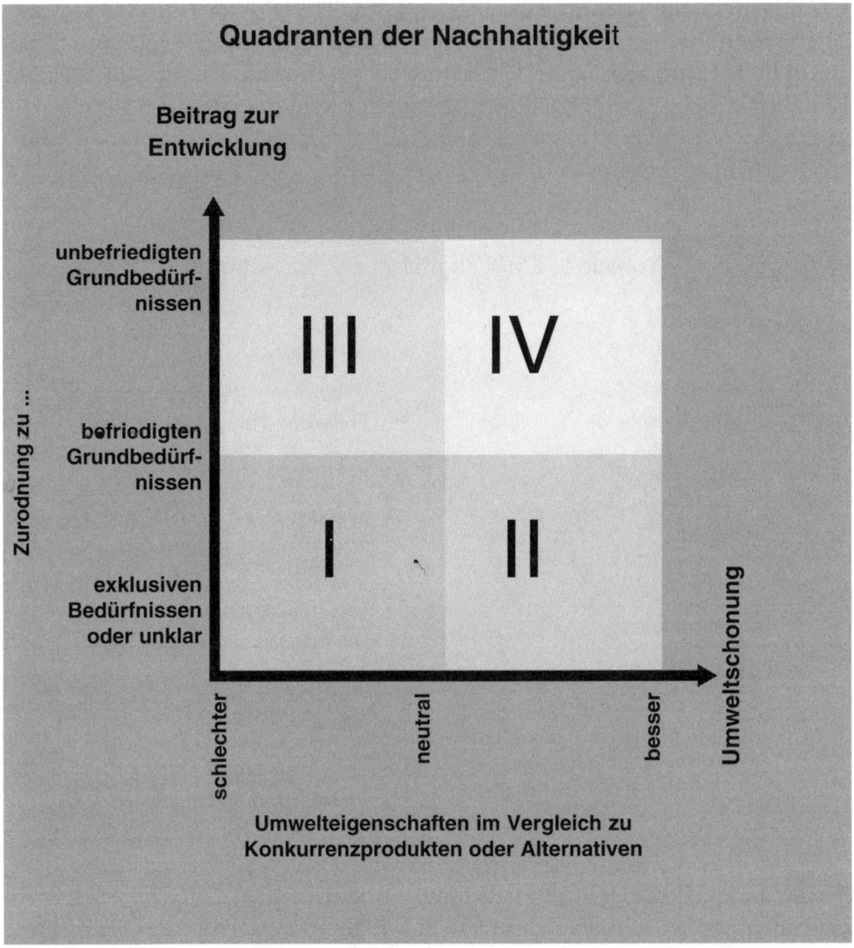

Durch die Positionierung des Produktes, die den Status quo im Vergleich zu den Alternativen widerspiegelt, lassen sich bereits Optimierungsmöglichkeiten des Produkts auf operativer Ebene ableiten, die in umsetzbare Ziele des Unternehmens münden können.

3.4 Analyse von Einflussfaktoren und Ableitung der Handlungsoptionen

Um eine Steuerung der mittel- und langfristigen Entwicklungsperspektiven im Rahmen der Produkt- und Unternehmenspolitik zu ermöglichen, sind weitere Analyseschritte erforderlich. Diese sollen Synergien und Konflikte zwischen den betriebswirtschaftlichen Interessen des Unternehmens und denen einer nachhaltigen Entwicklung erkennbar machen, als Grundlagen für die Entwicklung einer langfristigen Produktstrategie dienen und helfen, Fehlentwicklungen zu vermeiden. Hierbei sind technische, ökonomische, gesellschaftliche und ökologische Einflussfaktoren zu berücksichtigen, die meist extern determinierte sind.

Die Analyse der Einflussfaktoren für Spundbond in Deutschland und China ergab dabei folgendes Bild:

Tabelle 3: Einflussgrößen auf Spundbond

In Deutschland	In China
• Für Marktvolumen ist der Gewerbebau entscheidend	• Handwerk und Industrie muss mit Spundbond umgehen können
• Schnelligkeit und Witterungsunabhängigkeit der Verlegung	• Verluste für Rohfilzindustrie
• Materialkosten	• Grundbedürfnis nach Wohnraum
• Umweltpreisfaktoren	• Investitionskosten
• Verfügbarkeit von Bitumen	• Polit. Maßnahmen zur Reduktion des Flächenverbrauchs
	• Einfluss von Normen (Umweltschutz, Hausbau) wichtig
	• Verfügbarkeit und Logistik von Bitumen und Erdölderivaten

Wenn die analysierten Einflussfaktoren zu konsistenten Entwicklungspfaden verdichtet werden, können sich andere Prioritätensetzungen für die Optimierung der Produkte und Systeme im Vergleich zu Alternativen ergeben. Daraus können dann für die einzelnen Systemebenen Optionen für die betrieblichen Handlungsebenen abgeleitet werden. Die Handlungsoptionen müssen die kritischen Faktoren adressieren, die betrieblichen Handlungsebenen benennen und Zeitpläne, Meilensteine und Kostenschätzungen enthalten.

4. PROSA als Mosaikstein des nachhaltigen Wirtschaftens- von Unternehmen

Die Umsetzung der Ziele einer nachhaltigen Entwicklung im Sinne der Beschlüsse von Rio als umwelt- und entwicklungspolitisches Paradigma bedarf der Anstrengungen aller gesellschaftlichen Gruppen auf verschiedensten Ebenen, von den Kommunen bis hin zu supranationalen Organisationen. Um in diesem Kontext die Bedeutung und den Beitrag des Instrumentariums PROSA im Rahmen dieses Zieles abschätzen zu können, müssen eine Reihe von Randbedingungen berücksichtigt werden:

- PROSA wurde in erster Linie für die Beurteilung der Nachhaltigkeit von Produkten durch die produzierenden Unternehmen selbst entwickelt, wobei die Beurteilung systematisch, transparent und überprüfbar wird. Es ist damit ein Instrument, das das Interesse an proaktivem Handeln der Unternehmen voraussetzt und fördert.
- PROSA ist ein „weiches" Instrument. Seine Anwendung erzwingt nicht automatisch ein nachhaltigeres Verhalten des Unternehmens. Es eröffnet als „strategischer Radar" lediglich Perspektiven und Optionen und erweitert die Spielräume unternehmerischen Handelns innerhalb heutiger und zukünftiger Rahmenbedingungen. Ein aus PROSA abgeleiteter Zwang zum Handeln würde der Intention entgegenstehen, dass Unternehmen sich aus Eigeninteresse mit einer nachhaltigen Entwicklung auseinandersetzen.
- PROSA zeigt die Möglichkeit kurzfristiger Verbesserungen auf – das eigentliche Ziel sind aber langfristige und strukturelle Veränderungen im Sinne nachhaltiger Produktions- und Konsummuster. Diese können von einzelnen Unternehmen allein nicht beeinflusst werden.
- Die innerhalb von PROSA vorgenommenen Bewertungen sind bewusst relativ: Der gegenwärtige Zustand kann mit gegenwärtigen Alternativen, aber auch mit zukünftigen Optionen sowie mit gesellschaftlichen Zielen verglichen werden. Um die Aussagekraft zu erhöhen, verzichtet das Werkzeug partiell auf Exaktheit. Der Schwerpunkt liegt eher auf dem Verständnis des Produktsystems, das auch die Kunden der Kunden und die Kinder der Kunden (Zukunft) einbezieht, als auf einer aufwendigeren und letztlich dennoch ungenauen quantitativen Bewertung.
- Auf den ersten Blick scheinen kurzfristige betriebswirtschaftliche Alltagsroutinen und nachhaltigkeitsorientierte Zukunftsoptionen grundsätzlich im Widerspruch zueinander zu stehen. Eine Ausrichtung des Unternehmens an der Nachhaltigkeit kann aber einen Wettbewerbsvorteil bewirken, weil sie die ökologische und ökonomische Effizienz in den Vordergrund rückt und eine stärkere Kundenorientierung mit sich bringt.

5. Bewertung und Ausblick

Aus Sicht des Unternehmens war das Projekt ein Erfolg. Das trifft auf PROSA als praktikables Instrument zur Produktbewertung zu, auf den Lernprozess des Umgangs mit Kritikern und auf die Fortentwicklung des Leitbildes der nachhaltigen Entwicklung im Unternehmen. Deutlich wurde, dass Sustainable Development kein Endzustand ist, sondern die Richtung beschreibt. Deshalb muss der Prozess immer wieder angepasst und neu ausgerichtet werden. So hat sich die Unternehmensstruktur der Hoechst AG verändert: vom hierarchisch organisierten Pharma- und Chemieunternehmen über die Holding hin zu einem Life-Sciences-Unternehmen mit dem Fokus auf Gesundheit und Ernährung. Ende 1999 wurden die Pharma- und Pflanzenschutz-Aktivitäten von Hoechst und Rhône-Poulenc unter dem Namen Aventis zusammengeführt. Auch Aventis setzt sich intensiv mit der nachhaltigen Entwicklung und mit Bio- und Gentechnik auseinander. Das frühere Chemiegeschäft der Hoechst AG wurde abgespalten auf die Celanese AG, ein Unternehmen der Basischemie und technischen Kunststoffe, das die ökologische und ökonomische Effizienz in den Vordergrund des unternehmerischen Handelns rückt und sich öffnet gegenüber den Anforderungen von Politik und gesellschaftlichen Anspruchsgruppen. Die Anregungen von PROSA werden somit aufgenommen und weiterentwickelt.

Über die Hoechst AG und die Folgeunternehmen hinaus zeigt PROSA noch weitere Auswirkungen. Das Instrument wurde im Verband der Chemischen Industrie diskutiert und politisch-gesellschaftlichen Institutionen vorgestellt – und fand Nachahmung bzw. Fortentwicklung. Die Chemieunternehmen BAYER und BASF haben inzwischen eigene, elaborierte Bewertungsinstrumente etabliert. Ratingunternehmen wie Sustainability Assessment Management u.a. haben PROSA und andere Bewertungsinstrumente analysiert und nutzen sie als wichtiges Kriterium zur Beschreibung der Nachhaltigkeitsaktivitäten von Unternehmen.

Der regionale Aspekt entscheidet

Nachhaltigkeit hängt nicht nur von Produkteigenschaften und verwendeten Technologien ab, sondern auch von den Alternativen und von der Region, wo es hergestellt und verwendet wird. Während technische Alternativen als Referenzpunkt zur Bewertung der Nachhaltigkeit gängig sind, wird die regionale Komponente oft vergessen. Dabei ist es entscheidend, ob ein Produkt in einem Entwicklungsland mit vielen grundlegenden Bedürfnissen der Bevölkerung beispielsweise nach Wohnraum und Ernährung eingesetzt wird, oder in einem Industrieland, wo die Grundbedürfnisse längst befriedigt sind. Um ein Beispiel zu geben: Sorbate zur Konservierung von Lebensmitteln sind essenziell in Gegenden, in denen fehlende Infrastruktur die Versorgung von Ballungsgebieten zum Problem werden lässt. In den gut erschlossenen Industrieländern haben sie deshalb längst nicht die gleiche Bedeutung.

Gerade für global agierende Unternehmen ist die differenzierte Betrachtung von Zielmärkten und Regionen sehr wichtig – für den Geschäftserfolg und für nachhaltiges Wirtschaften.

PROSA könnte weltweit politischen Entscheidungsträgern ein Bewertungsraster geben, um beispielsweise die Ansiedlung von Industrieanlagen unter Nachhaltigkeitsaspekten zu prüfen. Allerdings gibt es derzeit keine konkreten Überlegungen von politischen Gremien und Verwaltungen, PROSA einzusetzen.

Einfluss von PROSA auf Celanese

Nach der Aufspaltung der Hoechst AG auf den Life-Sciences-Teil und das Chemiegeschäft musste Celanese auch mit Blick auf Umweltschutz und Nachhaltigkeit einen eigenen Weg finden. Da Celanese Weltmarktführer bei Basischemikalien ist, geraten die Produktionsverfahren und damit die ökologische und ökonomische Effizienz stärker in das Blickfeld. Damit spielt PROSA nur noch bei einigen Produkten eine Rolle.

Die Fragen aber, die PROSA stellt nach ökologischer und regionaler Verträglichkeit oder nach Vergleichen mit konkurrierenden Produkten und Verfahren, haben weiter Bestand. In einer internen, internationalen Arbeitsgruppe erarbeitet Celanese derzeit einen spezifischen Weg zur Nachhaltigkeit, der die Geschäftsinteressen des Unternehmens, die technischen Besonderheiten chemischer Verfahren und die Produktverantwortung zusammenführen. Die Perspektive von PROSA findet hier ebenso Eingang wie die Responsible Care Initiative der chemischen Industrie und natürlich die Umweltschutzpolitik und Leitlinien des Konzerns.

Die Herausforderung für international tätige Unternehmen liegt darin, die recht unterschiedlichen Interpretationen von Sustainable Development herauszuarbeiten und für eigene Unternehmen einen gangbaren Weg finden, der mit der Unternehmenskultur kompatibel ist und gleichzeitig die gesellschaftlichen und politischen Erwartungen adressiert.

Unabhängig von Themenverschiebungen in der öffentlichen Diskussion ist und bleibt Sustainable Development eine grundsätzliche Herausforderung, eine andauernde Aufgabe für Celanese und die meisten Chemieunternehmen. Mit der Abhängigkeit vom Erdöl als Rohstoff, mit den energieintensiven Umwandlungsprozessen und vielen chemischen Produkten, die negative Umweltauswirkungen haben können, muss die chemische Industrie Nachhaltigkeit in die Langfristplanung aufnehmen. Heute in zehn Jahren wird die chemische Industrie anders aussehen und sich zunehmend weg von der Petrochemie, von chemischen Synthesen und Großanlagen bewegen: Biotechnologie und weitere Erfolge in der Katalyse werden neue Verfahren hervorbringen, Rohstoffe ersetzen beispielsweise durch Biomasse und die Energieabhängigkeit reduzieren.

Gleichzeitig wird die chemische Industrie weiterhin eine Schlüsselrolle für die

Weiterentwicklung anderer Branchen spielen. Um nur einige wenige Beispiele zu nennen: neue Materialien werden das Wohnen und die Mobilität umweltfreundlicher und energiesparender machen, die Ernährung wird durch neue Pflanzenschutzmethoden nachhaltiger und umweltfreundlicher, neue Energietechnologien wie Brennstoffzelle oder Photovoltaik sind auf eine leistungsfähige Chemieindustrie angewiesen.

Ohne die dauerhafte Integration von Nachhaltigkeit in die Unternehmensstrategie würde Celanese bereits in wenigen Jahren nicht mehr bestehen können. Und ohne die „richtigen" Fragen und die Zusammenarbeit mit Anspruchsgruppen ist eine erfolgreiche Weiterentwicklung des Sustainability-Konzeptes nur schwer möglich.

Literatur

BMU – Bundesministerium für Umwelt, Naturschutz und Reaktorsicherheit (Hrsg.): Konferenz der Vereinten Nationen für Umwelt und Entwicklung im Juni 1992 in Rio de Janeiro – Eine Information des BMU. Bonn 1993

Brundtland-Report: Our Common Future, Oxford 1987; deutsch: Volker Hauff (Hrsg.): Unsere gemeinsame Zukunft. Der Brundtland-Bericht der Weltkommission für Umwelt und Entwicklung. Eggenkamp/Greven 1987

Brühl, W./Ebinger, F./Ewen, C.: Hoechst nachhaltig. In: Ökologisches Wirtschaften 2/1997, S. 17-19

Dyllick, T., zitiert in: Heike Leitschuh-Fecht, Wissenschaft im Dienste einer zukunftsfähigen Wirtschaft. „Greening of Industry" setzt sich für kooperative Forschungsstruktur ein. In: Frankfurter Allgemeine Zeitung v. 4.12.1996, S. 10

Eberle, U./Grießhammer, R.: Ökobilanzen und Produktlinienanalysen. Freiburg 1996

Ewen, C./Ebinger F./Gensch, C.-O./Grießhammer, R./Hochfeld, C./Wollny, V.: Hoechst Nachhaltig. Sustainable Development – Vom Leitbild zum Werkzeug. Freiburg 1997

Hauff, V. (Hrsg.): Unsere gemeinsame Zukunft. Der Brundtland-Bericht der Weltkommission für Umwelt und Entwicklung. Greven 1987

Jahn, T.: Sustainability of what? In: Politische Ökologie, Nr. 50 (1997), S. 71-76

Lesetips

Ewen, C./Ebinger, F./Gensch, C.-O./Grießhammer, R./Hochfeld, C./Wollny, V.: Hoechst Nachhaltig. Sustainable Development – Vom Leitbild zum Werkzeug. Freiburg 1997

Abschlussbericht der Enquete-Kommission „Schutz des Menschen und der Umwelt" des 13. Deutschen Bundestages: Konzept Nachhaltigkeit. Vom Leitbild zur Umsetzung. Bonn 1998

Beitrag zur Tagung 66 „Zukunftsfähige Gesellschaft und innovative Bildung" der evangelischen Akademie Iserlohn (28.-30.05.1999)

Ulrich Kaminsky

Projektbezogene Umweltbildungsarbeit

Die Beispiele der Arbeit der Gemeinschaft für Naturschutz Senne und Ostwestfalen e.V. (GNS) und des Umweltzentrums Heerser Mühle e.V.

Seit einigen Jahren bietet die Lokale Agenda 21 mit ihrer Forderung nach einer nachhaltigen Entwicklung ein neues Leitbild für eine zukunftsfähige Umweltbildung. Hier ist ein neues Aufgabenfeld in der Moderation der Agendaprozesse, der Bildungsberatung und -betreuung sowie im Bereich der Kommunikation und Öffentlichkeitsarbeit entstanden. Insbesondere Öffentlichkeitsarbeit und Partizipation sind wichtige Bedingungen und notwendig, um eine gesellschaftliche Einflussnahme zu erreichen. Die GNS und das Umweltzentrum Heerser Mühle sind wichtige außerschulische Bildungseinrichtungen der Region Ostwestfalen-Lippe. Die Mitarbeit am runden Tisch für Umweltbildung NRW, beim Arbeitskreis Umweltpädagogik NRW, beim Agenda-OWL Forum und im Forum Kommunalpolitik für Eine Welt/Vlotho ermöglichen einen ständigen Austausch mit anderen außerschulischen Bildungseinrichtungen, u.a. mit dem Ziel, sich als Bildungseinrichtung inhaltlich und organisatorisch weiterzuentwickeln. Insbesondere die Mitarbeit im Forum Kommunalpolitik für Eine Welt trägt dazu bei, das Themenspektrum im Bereich der Umweltbildung zu erweitern und das Leitbild der zukunftsfähigen, nachhaltigen Entwicklung dauerhaft in das Umweltbildungsangebot der Einrichtungen zu integrieren. Nach dem Motto „vom Wissen zum Handeln" vermittelt die Umweltbildung umwelt- und entwicklungsrelevante Informationen und entwickelt mit den unterschiedlichen Akteuren Konzepte und Strategien für die Umsetzung in umweltgerechtes Verhalten. Für die GNS und auch für das Umweltzentrum Heerser Mühle nimmt der Arbeitsschwerpunkt der Umweltbildung in zunehmendem Maße eine Querschnitts- und Vernetzungsfunktion wahr, um mit den unterschiedlichen gesellschaftlichen Gruppen in einen Dialog über eine zukunftsfähige, nachhaltige Entwicklung eintreten zu können.

Projektbezogene Umweltbildungsarbeit im Bereich der Lokalen Agenda 21 der beiden Einrichtungen

1. Gemeinschaft für Naturschutz Senne und Ostwestfalen e.V. (GNS):

Die GNS führte in den Jahren 1997-1999 insgesamt drei Projekte durch, die vom Ministerium für Umwelt, Raumordnung und Landwirtschaft des Landes Nordrhein Westfalen im Rahmen der Projektförderung im Bereich der außerschulischen Umweltbildung gefördert wurden.

GNS-Projekt 1997: „Lokale Agenda 21 in den Sennekommunen„. Das Projekt mit dem Titel ‚Perspektiven und Potentiale für den Agenda 21 Prozeß in den Sennekommunen Schloß Holte-Stukenbrock, Hövelhof, Bad Lippspringe, Schlangen, Augustdorf und Oerlinghausen' hat sich dabei inhaltlich mit folgenden Schwerpunkten beschäftigt: Bestandsaufnahme und Auswertung der kommunalen/regionalen Situation in der Senne; Planung, Durchführung und Auswertung eines Agenda-Workshops; Erstellung und Verbreitung der Gesamtdokumentation über das Projekt. Agenda-Workshop-Mittelpunkt des Projektes und wichtiges Element entsprechend dem Ziel der Agenda 21 nach größtmöglicher Bürger/-innen-Beteiligung war der am 29.11.1997 durchgeführte Workshop. An dem Workshop der GNS nahmen über 60 Teilnehmer aus den sechs Sennekommunen, Vertreter der drei Kreise Paderborn, Lippe und Gütersloh, ein Vertreter der Bezirksregierung und eine Vertreterin des Umweltministeriums teil. Nach der Ab-

Gemeinschaft für Naturschutz Senne und Ostwestfalen e.V.

Die Gemeinschaft für Naturschutz Senne und Ostwestfalen e.V. (GNS) wurde im Jahr 1975 gegründet. Die GNS ist als Mitgliedsverband der Landesgemeinschaft Naturschutz und Umwelt Nordrhein-Westfalen e.V. (LNU-NRW) anerkannt nach § 29 Bundesnaturschutzgesetz sowie nach § 75 KJHG anerkannter Träger der freien Jugendhilfe. Die GNS betreibt in Schloss Holte-Stukenbrock eine Geschäftsstelle, die als Anlaufstelle in Sachen Umwelt- und Naturschutz allen interessierten BürgerInnen offen steht. Die Arbeitsschwerpunkte liegen in den Bereichen Öffentlichkeits- und Bildungsarbeit sowie in der praktischen Naturschutzarbeit.

Umweltzentrum Heerser Mühle e.V.

Das Umweltzentrum Heerser Mühle wurde am 1. September 1987 gegründet und ist eine gemeinnützige Umweltbildungseinrichtung in Bad Salzuflen. Im Umweltzentrum stehen Räumlichkeiten für Veranstaltungen, Informationsmaterialien und Fachliteratur zu den verschiedensten ökologischen Themen zur Verfügung. Auf dem 37 ha großen Außengelände des Umweltzentrums besteht die Gelegenheit, Lebens- und Wachstumsabläufe in der Natur in ihren Zusammenhängen zu erleben. Die außerschulische Umweltbildung sowie die Planung, Organisation und Durchführung von Bildungsveranstaltungen bilden die Arbeitsschwerpunkte.

schlussdiskussion kamen die Teilnehmer/innen überein, eine gemeinsame Erklärung zu formulieren, die allen Räten in den beteiligten Kommunen vorgelegt wurde, um über die Notwendigkeit der Initiierung des Agenda-21-Prozesses in den Sennekommunen zu informieren.

GNS-Projekt 1998: „Planung, Durchführung und Dokumentation einer Fortbildung für Agenda-Akteure im ländlichen Raum„. Mit dem Projekt „Fortbildungsangebot für Agenda-Akteure (Multiplikatoren) für den LA-21-Prozess“ beabsichtigte die Gemeinschaft für Naturschutz Senne und Ostwestfalen e.V. (GNS) als außerschulische Bildungseinrichtung, gerade den potentiellen Akteuren die Notwendigkeit der Integration der gesellschaftlichen Kräfte für eine nachhaltige zukunftsbeständige Kommunalentwicklung nahe zu bringen. Das Fortbildungsangebot wurde als Tagesseminar in Form eines Workshops geplant. Der Workshop gliederte sich in folgende Phasen: Information und Einführung; Mitwirkung und Beteiligung; Präsentation und Auswertung. Ziele des Projektes: Entwicklung und Verbreitung der Idee der Lokalen Agenda 21 im ländlichen Raum; Schaffung von Fortbildungsangeboten für Agenda-Akteure als flankierende, unterstützende Maßnahme des Agenda-Prozesses vor Ort; Zusammenschluß der an einem partizipativen Prozess interessierten Akteure; Förderung und Vernetzung der Agenda-Aktivitäten vor Ort; Förderung des Konsulationsprozesses zwischen der Verwaltung und den Agenda-Akteuren; dauerhafte Integration von Themen wie Nachhaltigkeit und Lokale Agenda 21 in das Bildungsprogramm der GNS. Als wichtige Ergebnisse sind folgende Punkte festzuhalten: Der Vorbereitung des örtlichen Agenda-Prozesses kommt eine wichtige Bedeutung zu. Die Vernetzung zwischen Verwaltung/Agenda-Akteuren (Multiplikatoren) zur Vorbereitung der Konsultation der Bürger/innen erscheint als günstiger Ausgangspunkt für eine ehrliche und gleichberechtigte Zusammenarbeit verschiedener Interessengruppen. Formale und methodische Entscheidungen im Vorfeld haben einen wichtigen Stellenwert. Ein Veranstaltungsmanagement (z.B. Initiativkreis) für die Initiierung, Durchführung und Erfolgskontrolle örtlicher Agenden erscheint notwendig. Flankierende moderierte Forbildungsveranstaltungen fördern die Prozess-Kultur vor Ort. Sie sollten frühzeitig durchgeführt werden und die spezifischen örtlichen Probleme einbeziehen. Umweltbildungseinrichtungen können durch die Bereitstellung eines abgestimmten, durchdachten und zielgruppenorientierten Fortbildungsangebotes vor Ort bereits zu Beginn des Agenda-21-Prozesses eine wichtige Rolle übernehmen.

GNS-Projekt 1999: „Jugendverträglicher Agenda-Prozess im ländlichen Raum“ – Vermittlung sozialer- und Umweltkompetenz im Rahmen der Beteiligung von Jugendlichen am Lokale-Agenda-21-Prozess unter besonderer Berücksichtigung der kommunalen Entwicklungszusammenarbeit. In vielen Agenda-Prozessen wird zwar über die Belange der Jugendlichen diskutiert und zahlreiche Maßnahmen z.B. zur Ausbildung vorgeschlagen. Jedoch sind die Jugendlichen in der Regel nicht persönlich vertreten. Jugendliche lassen sich nur schwer für den Agenda-Prozess gewinnen. Agenda-Akteure und die Verwaltung stehen vor dem Problem, eine jugendgemäße Form zu finden, junge Menschen zu motivieren. Um dem Jugend-Aspekt als wichtige soziale Komponente im Agenda-Prozess mehr Gewicht zu verleihen, scheint eine strukturelle Stärkung dieser für den Gesamtprozess wichtigen (wichtigsten?) Zielgruppe im Hinblick auf eine umfassende Konsultation, sinnvoll und wichtig. Diese Erkenntnis veranlasst die GNS als außerschulische Bildungseinrichtung, Informationen, Methoden und Maßnahmen zu entwickeln, die die Jugendlichen motiviert und es ihnen ermöglicht sich aktiv an den Agenda-Prozessen vor Ort zu beteiligen. Das Projekt „Jugendverträglicher Agenda-Prozess im ländlichen Raum" verfolgte folgende Ziele: Jugendlichen die Mitwirkung an Entscheidungsprozessen in Sachen Umwelt- und Entwicklungsfragen zu ermöglichen; Förderung und Vernetzung von Agenda-Aktivitäten vor Ort durch zielgruppenspezifische Bildungsangebote; Förderung des Konsultationsprozesses zwischen Verwaltung und der Zielgruppe Jugend; Kooperationen der außerschulischen Bildung mit Jugendeinrichtungen (z.B. Jugendzentren). Das Projekt gliederte sich in vier Phasen: Bestandsaufnahme (Fragebogen) zielgruppenspezifischer Agenda-Aktivitäten in den Kreisen Gütersloh, Paderborn, Lippe und Teilbereichen der Stadt Bielefeld sowie die Kontaktaufnahme zu potentiellen Kooperationspartnern. In diesem Fall waren das die Verwaltung, die Evangelische Kirche und Jugendverbände. Öffentlichkeitsarbeit und Durchführung einer Fortbildungsveranstaltung (Jugendeinwohnerversammlung) zur Lokalen Agenda 21 in Vorbereitung auf die Zukunftswerkstatt.

2. Umweltzentrum Heerser Mühle e.V.

Agenda Freibad Projekt 2000: Das Projekt wurde von der Natur- und Umweltschutz-Akademie des Landes Nordrhein-Westfalen (NUA) aus Fördermitteln des NRW-Umweltministeriums gefördert.

Das Umweltzentrum Heerser Mühle als außerschulische Bildungseinrichtung, plante in Zusammenarbeit mit der Stadt Bad Salzuflen und unterschiedlichen Institutionen ein konkretes Projekt zur kommunalpolitischen Mitwirkung von Jugendlichen.

Hierbei handelt es sich um die Erarbeitung eines Gestaltungs- und Nutzungskonzeptes für das ehemalige Freibadgelände in Schötmar, einem Ortsteil der Stadt Bad Salzuflen, das mit den zukünftigen Nutzern erarbeitet wurde. Der Rat der Stadt hatte im Rahmen des örtlichen Agenda-Prozesses beschlossen, dass das Gelände als Spiel- und Freizeitfläche genutzt werden soll. Ein Spiel- und Freizeitgelände ist mehr als nur ein Konsumangebot. Es ist zugleich Jugendtreffpunkt und Kommunikationsraum zwischen den unterschiedlichen Generationen und bietet eine Chance für die Fortentwicklung und Stärkung der Jugendkultur in der Stadt. Das Projekt verfolgte hierbei die folgenden Ziele:

- Verbesserung des Freizeitangebotes für Kinder, Jugendliche und Erwachsene
- Beteiligung von engagierten Bürgerinnen und Bürgern und insbesondere von jungen Menschen an Planung und Gestaltung in Bad Salzuflen
- Förderung von sozialer Verantwortung und Kooperationsfähigkeit bei Kindern und Jugendlichen
- Förderung und Vernetzung von Agenda-Aktivitäten vor Ort.

Kooperative Planung war eine wichtige Grundlage zur Durchführung des Projektes. Damit ist das Verhältnis von professionell Handelnden, wie Verwaltung, Pädagogik und Politik einerseits und beteiligten Laien und Betroffenen andererseits, gemeint.

Bei Partizipationsprojekten müssen alle Beteiligten von Anfang an miteinander vernetzt werden, um so Synergien zu mobilisieren. Hierzu wurden in einer ersten Informationsveranstaltung Vereine, Verbände, Institutionen und Gruppierungen eingeladen.

Ablauf des Projektes

- Arbeitskreissitzungen mit dem Projekt-Planungsteam zur Vorbereitung einer Informationsveranstaltung und einer Planungswerkstatt
- Eine öffentliche Informationsveranstaltung zur Bekanntgabe des Projektes und zur Mitwirkung freier TeilnehmerInnen an der Planungswerkstatt
- Planungs- und Gestaltungswerkstatt zur Nutzung des ehemaligen Freibades als Spiel- und Freizeitgelände (anderthalb Tage)
- Arbeitskreissitzungen zur Erstellung eines konkreten Handlungsplanes, der sowohl den weiteren zeitlichen Ablauf sowie die benötigten finanziellen Mittel berücksichtigt
- Umsetzung der Planung in diversen Arbeitsschritten.

Ein wichtiger Baustein des Projektes stellte die Planungswerkstatt dar, in der das Grundgerüst für die Gestaltung des Geländes entwickelt werden sollte. Sie diente zur Produktion möglichst vieler kreativer Ideen, um das Gelände vielfältig zu gestalten.

In der Nachbereitungs- Phase erarbeitete ein Arbeitskreis auf der Grundlage der Ideen, die in der Werkstatt entwickelt wurden, einen konkreten Handlungsplan.

Die Umsetzungs- bzw. Realisierungsphase ist nicht Gegenstand des Projektes und für 2001 vorgesehen.

Insgesamt hat die positive Resonanz auf die dargestellten Projekte gezeigt, dass außerschulische Umweltbildungseinrichtungen wie die GNS und das Umweltzentrum Heerser Mühle eine wichtige Rolle bei der Informierung und Mobilisierung der Öffentlichkeit und ihrer Sensibilisierung für eine zukunftsfähige Entwicklung spielen können.

Partizipation von Kindern und Jugendlichen als Inhalt von Umweltbildungsprojekten

Das GNS-Projekt 1999 und das Agenda Freibad Projekt des Umweltzentrums Heerser Mühle im Jahr 2000 beschäftigten sich schwerpunktmäßig mit der Partizipation von Kindern und Jugendlichen im Rahmen der Lokalen Agenda 21. Dieser wichtige Aspekt wird im Folgenden näher betrachtet.

Um dem Jugend-Aspekt als wichtige soziale Komponente im Agenda-Prozess mehr Gewicht zu verleihen, scheint eine strukturelle Stärkung dieser für den Gesamtprozess wichtigen Zielgruppe im Hinblick auf eine umfassende Konsultation sinnvoll. Eine häufig auf Fachtagungen diskutierte Frage ist, welche Formen der Beteiligung es gibt und ab welchem Alter Jugendliche und Kinder beteiligt werden können, ohne dass man sie überfordert. Eine eindeutige Antwort auf diese Fragen gibt es nicht, wird es wohl auch nicht geben können. Ähnlich wie nur wenige Erwachsene sich an politischen Entscheidungen in ihrer näheren Umwelt aktiv beteiligen, genau so sind es auch nur bestimmte Kinder, die an den sie betreffenden Entscheidungen mitwirken möchten. Ziel muss es jedoch sein, den Kindern und Jugendlichen einer Gemeinde/Stadt die Möglichkeit anzubieten, sich an politischen Entscheidungen zu beteiligen und zwar mit jugendgerechten Methoden. Dabei ist es weniger eine Frage des Alters, ob sich Jugendliche engagieren, als vielmehr eine Frage der Motivierung.

Diese Erkenntnis veranlasste die GNS und das Umweltzentrum als außerschulische Bildungseinrichtungen Informationen, Methoden und Maßnahmen zu entwickeln, die Jugendliche motiviert und es ihnen ermöglicht, sich aktiv an den Agenda-Prozessen vor Ort zu beteiligen. Gute Beteiligungsformen sind dadurch gekennzeichnet, dass an gemeinsam formulierten und transparenten Zielen mit hoher Verbindlichkeit gearbeitet wird.

Die Beteiligung von jungen Menschen an Veränderungen in der Stadt, an Planung und Gestaltung, an langfristigen demokratischen Prozessen sind inzwischen Ziele für viele Initiativen, Gruppen, Verbände genau so wie für Politik und Verwaltung.

Den Erfahrungsaustausch und die Diskussion zu Möglichkeiten und Methoden der Beteiligung und Kooperation mit jungen Menschen anzuregen und zu unterstützen, stellte wichtige Ziele dieser Projekte dar. Immer öfter wird von Kindern und Jugendlichen und engagierten Erwachsenen gefordert, sie an der Politik und an Planungsprozessen, insbesondere bei der Gestaltung von Spielplätzen und des Wohnumfeldes, zu beteiligen.

Partizipation in diesem Zusammenhang heißt: Entscheidungen, die das eigene Leben betreffen, mit anderen zu teilen und gemeinsam für Probleme Lösungen zu suchen und zu finden. Diese Forderungen besitzen eine legitimierte Grundlage, zum einen durch diverse Vereinbarungen der UN (z.B. Lokale Agenda 21), zum anderen durch das Kinder- und Jugendhilfegesetz von 1990.

Auszug aus dem Kapitel 25 der Agenda 21: „Es ist zwingend erforderlich, dass Jugendliche aus allen Teilen der Welt auf allen für sie relevanten Ebenen aktiv an den Entscheidungsprozessen beteiligt werden, weil dies ihr heutiges Leben beeinflusst und Auswirkungen auf ihre Zukunft hat. Zusätzlich zu ihrem intellektuellen Beitrag und ihrer Fähigkeit unterstützende Kräfte zu mobilisieren, bringen sie einzigartige Ansichten ein, die in Betracht gezogen werden müssen."

Die Lokale Agenda 21 öffnet interessierten Kindern und Jugendlichen die Möglichkeit, in vielen kleinen Schritten die Zukunft der Kommunen mitzubestimmen.

Das kann aber nur gelingen, wenn Jugendliche bei der Gestaltung der Lokalen Agenda 21 beteiligt werden. Es zeigt sich zurzeit jedoch, dass eine Beteiligung in den bestehenden Agenda-Gruppen bis heute so gut wie nicht stattfindet.

Daher gilt es im Schulterschluss mit Politik und Verwaltung ihr Interesse zu wecken.

Allerdings können Jugendliche nicht in die politische Verantwortung gezwungen werden, sie müssen hineinwachsen. Kinder- und Jugendbeteiligung bedeutet oft, nicht alleine, sondern mit Erwachsenen zusammen ein Problem zu bearbeiten oder ein Projekt zu gestalten. Eine ernsthafte Partizipation muss sich ihrer Bedeutung als Beziehungsarbeit und der Persönlichkeitsbildung – nicht nur für Jugendliche und Kinder – bewusst sein. Die Durchsetzung und Realisierung von gemeinsam getroffenen Entscheidungen muss oft von Erwachsenen koordiniert werden, da hier Kinder und Jugendliche in der so genannten Erwachsenenwelt überfordert wären.

Dass Jugendliche sich sehr wohl für die Mitgestaltung ihres Lebensumfeldes interessieren, zeigt sich in den unterschiedlichsten Projekten in diversen Städten immer wieder deutlich. Den Anstoß zum zukunftsweisenden Dialog zwischen Jung und Alt müssen oft jedoch die Erwachsenen geben. Es bedarf in erster Linie attraktiver Beteiligungsangebote mit hohem Aufforderungscharakter, die als festes Element in der Kommunalpolitik verankert werden sollten. Durch die eigene Beteiligung entwickeln Kinder und Jugendliche die Fähigkeit zu kritischer Reflexion und zum Perspektivenvergleich mit dem Ziel mehr soziale Verantwortung und Kooperationsfähigkeit zu entwickeln.

Doris Freer

„Laut(er) starke Mädchen“ – Keine Agenda-Schule ohne Frauen- und Mädchenpolitik!

Umsetzungsmöglichkeiten in Theorie und Praxis

Frauen- und Mädchenpolitik sind Querschnittsthema der Agenda 21!

In der Agenda 21, der von immerhin 179 Staaten in Rio de Janeiro 1992 unterzeichneten vertraglichen Vereinbarung, hat die Frauen- und Mädchenpolitik einen zentralen Stellenwert. Die Philosophie der Agenda 21 geht davon aus, dass eine weltweite nachhaltige Entwicklung nur zu erzielen ist, wenn die Politikbereiche „Umwelt, Ökonomie, Soziales und Nord-Süd-Beziehungen„[1] in ihrem Interdependenzgefüge verstanden und in gesellschaftspolitisches Handeln umgesetzt werden. In der Agenda 21 geht es nicht nur, wie vielfach angenommen, um einen nachhaltigen Umgang mit der Natur, sondern auch um Gerechtigkeit und Chancengleichheit: Gerechtigkeit zwischen den Geschlechtern, den Generationen, dem Norden und dem Süden der Erde.

Frauen- und Mädchenpolitik ist als Querschnittsaufgabe unter zwei Perspektiven im Kontext der unterschiedlichen Kapitel relevant:

1. unter der Perspektive der Partizipation von Frauen und Mädchen in den unterschiedlichsten Bereichen, einerseits im Kontext Lokaler Agenden,[2] andererseits in den unterschiedlichsten Zusammenhängen als gleichberechtigte Beteiligung und Mitgestaltung von Frauen an Entscheidungsprozessen auf allen Ebenen;[3]
2. im Kontext der unterschiedlichsten Politikfelder, wie z.B. Frauen- und Mädchenbelange im Kontext von Armutsbekämpfung, Siedlungsentwicklung (Stadt- bzw. Dorfplanung, Mobilität, Arbeitsmarkt), Schutz und Förderung der Gesundheit und Umweltschutz.[4]

Über den Zusammenhang von Bildungs- und Frauen-/Mädchenpolitik in der Agenda 21

Die Bedeutung und die Einbeziehung von Schulen in den Agenda-Prozess auf allen Ebenen aus der Perspektive von Frauen- und Mädchenpolitik basiert in multiperspektivischer Hinsicht auf der Agenda 21. So ist die Verknüpfung von Frauen- und Mädchenpolitik mit der Bildungspolitik in mehreren Kapiteln der Agenda 21 ausdrücklich verankert:

Im „Globalen Aktionsplan für Frauen zur Erzielung einer nachhaltigen und gerechten Entwicklung" heißt es:

„Den Regierungen der einzelnen Länder werden folgende Ziele vorgeschlagen: die Auswertung, Prüfung und Überarbeitung und, gegebenenfalls, Einführung von Lehrplänen und sonstigen Unterrichtsmaterialien mit dem Ziel, in Zusammenarbeit mit den nicht-staatlichen Organisationen die Vermittlung geschlechtsrelevanter Kenntnisse und der Bedeutung der Rolle der Frau an Männer und Frauen im Rahmen der formalen Bildung und in entsprechenden Ausbildungseinrichtungen zu fördern;" (Agenda 21, Kap. 24.2 e) und

„Die Regierungen sollen folgende konkrete Schritte unternehmen: Maßnahmen … zur Verbesserung der Bildungs- und Ausbildungschancen von Frauen und Mädchen in Naturwissenschaft und Technik, vor allem nach Abschluss einer weiterführenden Schule;" (24.3 c)

Das Kapitel „Kinder und Jugendliche und nachhaltige Entwicklung" führt aus:

„Entsprechend den von ihnen verwendeten Strategien sollen die Regierungen Maßnahmen ergreifen, um bis 1993 Verfahrensmechanismen zu schaffen, welche die Konsultierung und eventuelle Mitwirkung von Jugendlichen beiderlei Geschlechts an Entscheidungsprozessen in Sachen Umwelt ermöglichen, indem Jugendliche auf lokaler, nationaler und regionaler Ebene einbezogen werden;" (25.9 a)

Im Kapitel „Förderung der Schulbildung des öffentlichen Bewusstseins und der beruflichen Aus- und Fortbildung" wird hervorgehoben

„Die Regierungen und die Bildungsbehörden sollen die Ausbildungschancen von Frauen in nicht traditionellen Bereichen fördern und eine stereotype Ausrichtung der Lehrpläne nach der Geschlechtszugehörigkeit abschaffen. Dies könnte durch eine Verbesserung der Anmeldemöglichkeiten, einschließlich der Einbeziehung von Frauen in Fortbildungsprogramme als Studierende und als Lehrende, eine Reform der Aufnahmepraxis und der Stellenplanung bei Lehrkräften sowie gegebenenfalls durch die Schaffung von Anreizen zur Einrichtung von Kindergärten und Tagesstätten geschehen. Der Bildung/Erziehung junger Mädchen und der Durchführung von Programmen zur Förderung der Alphabetisierung von Frauen ist dabei Vorrang einzuräumen;" (36.5 m)

Dies bedeutet, dass die Agenda 21 mit der Frauen-/Mädchenpolitik als Querschnittsthema in der schulischen Praxis auf breiter Basis umgesetzt werden kann

- in allen Schulformen und Jahrgangsstufen im schulischen und außerschulischen Unterricht;
- in nahezu allen Fächern: Gegenstandsbereiche können sein: politische Partizipation von Frauen, auch im Hinblick auf die geschichtliche Entwicklung; Frauen und Mädchen im Eine-Welt-Kontext;[5] Mädchen und Fraueninteressen im Kontext von Stadt-/Dorfplanung, Mobilität, Erwerbstätigkeit oder Umweltschutz.
- wenn Geschlechtergerechtigkeit als methodisch-didaktisches Prinzip mitreflektiert wird (z.B. Stichwort „reflexive Koedukation").

Duisburger „Agenda-Schulen" im Kontext des gesamtstädtischen Agenda-Prozesses

Politische Beschlüsse als Voraussetzung

In Duisburg gibt es seit September 1996 einen Ratsbeschluss zur Aufstellung einer „Lokalen Agenda 21 für Duisburg" (s. Drucksache (DS) 2296/1). Im April 1997 verabschiedete der Ausschuss für Umweltfragen einen auf der DS 2296/1 aufbauenden Beschluss zum „weiteren Vorgehen in der Öffentlichkeit„. Hier wurde zusätzlich die Frauen-, Kinder-, Jugend- und Kulturpolitik als integrativer Bestandteil einer für Duisburg aufzustellenden Lokalen Agenda 21 definiert (s. DS 229613, S. 3 ff.), u.a. mit dem Ziel der „Implementierung von Frauenpolitik in alle für die Agenda relevanten Politik- und Strukturbereiche" (ebenda, S. 7). Gleichzeitig hat der Ausschuss dem Konzept des Frauenbüros der Stadt Duisburg zur Einleitung eines breit angelegten frauenspezifischen Konsultationsprozesses und der Entwicklung von „Duisburger Agenda-Projekten unter frauenrelevanten Gesichtspunkten" (DS 2296/3, S. 6) zugestimmt.

Schulen und das Duisburger Frauennetzwerk Lokale Agenda 21

Vor diesem Hintergrund maß das Frauenbüro der Beteiligung von Schulen eine hohe Bedeutung zu und bemühte sich, von Anfang an Schulen in den frauenspezifischen Konsultationsprozess, die Projektentwicklung und später in den Arbeitskreis, „„Duisburger Frauennetzwerk Lokale Agenda 21" einzubeziehen. Dafür war der Aufbau völlig neuer, agendarelevanter Kooperationsbeziehungen (z.B. Schule-Stadt-Nichtregierungsorganisationen) und Kommunikationsstrukturen eine wichtige Bedingung.[6]

Daher wurde vom Frauenbüro bereits im Vorfeld der Aufnahme des gesamtstädtischen, aber frauenspezifischen Konsultationsprozesses eine reine Mädchenschule, das St. Hildegardis-Gymnasium, und eine koedukative Schule, die Globus-Gesamtschule am Dellplatz, mit der Bitte um Mitwirkung angesprochen, wozu beide Schulen bereit waren. So gelang die Integration von zwei exemplarischen Schulen bereits im Kontext der Auftaktveranstaltung „Zukunftsperspektiven für Duisburg aus Frauensicht – Frauenforderungen an eine Lokale Agenda 21 für Duisburg" im Juni 1997. Diese Veranstaltung, die von der Frauenbeauftragten des Ministeriums für Umwelt, Raumordnung und Landwirtschaft des Landes Nordrhein-Westfalen unterstützt und mitgetragen wurde, diente der Aufnahme des frauenrelevanten Konsultationsprozesses, der seitdem fortgesetzt und weiterentwickelt wird.[7]

1997-2000: Die Entwicklung des Arbeitskreises „Agenda-Schulen"

Das Frauenbüro kam ab Dezember 1997 gern dem Wunsch von schulischer Seite nach, ein erstes Treffen Duisburger Agenda-Schulen zu organisieren. Inzwischen hatte die Öffentlichkeitsarbeit bewirkt, dass noch weitere Duisburger Schulen und außerschulische KooperationspartnerInnen an der Mitwirkung interessiert waren. Dazu gehört auch die Gesamtschule Meiderich, die bereits seit 1992 ein agendarelevantes, außerschulisches Großprojekt am Ingenhamshof, begleitet durch die Gerhard-Mercator-Universität GH Duisburg, [8] begonnen hatte und nun zusätzlich zur Integration des frauen- bzw. mädchenpolitischen Aspekts bereit war. Darüber hinaus waren folgende schulexterne KooperationspartnerInnen für eine Mitarbeit im Arbeitskreis gewonnen worden:

- Die Informationsstelle „Dritte Welt" des ev. Kirchenkreises Duisburg-Süd hat sich als Anlaufstelle für die Schulen zur Verfügung gestellt, d.h. hier können neben der Ausleihe agendarelevanter Literatur auch Unterrichtsmaterialien aller Art deponiert und – im Sinne der Vernetzung der Duisburger Schulen und Bildungseinrichtungen – eingesehen werden.
- Die Regionalstelle „Frau und Beruf", die in Duisburg beim Frauenbüro angesiedelt ist, hat die Organisation agendarelevanter Berufswahlorientierungswochen für Schülerinnen und Schüler angeboten und einige bereits begleitet.
- Die Kriminalpolizei Duisburg, Bereich Umweltdelikte, und unterschiedliche städtische Ämter – z.B. Amt für Wohnungswesen, Stadtplanungsamt, Grünflächenamt, Schulverwaltungsamt, Jugendamt, Stadtbibliothek und Volkshochschule sowie die Entsorgungsbetriebe – unterstützen die o.g. Schulen bereits in der unterschiedlichsten Weise.

Alle Beteiligten waren interessiert

- am Aufbau eines Arbeitskreises bzw. Netzwerkes „Duisburger Agenda-Schulen", um Erfahrungen austauschen zu können;

- am Aufbau eines Informationssystems im Hinblick auf Quellen, Unterrichtsmaterialien aller Art, Literatur und Unterrichtsreihen/-einheiten;
- an Informationen über Möglichkeiten der Mitwirkung in kommunalen Gremien, Arbeitskreisen und generelle Mitwirkungsmöglichkeiten auf kommunaler Ebene; in diesem Kontext verabredete der Arbeitskreis eine gemeinsame Kommentierung des von der Stadt in Kürze erwarteten Entwurfs der „Leitlinien für einen Prozess der Lokalen Agenda 21" in Duisburg (s. Anlage 1 zur DS 2296/6).

Der Arbeitskreis Agenda-Schulen[9] existiert bis heute und etliche Projekte wurden unter Federführung des Frauenbüros dokumentiert und veröffentlicht.[10] Darüber hinaus wurde ein Konzept erarbeitet, das die Erweiterung des Arbeitskreises um weitere Schulen/Schulformen und Personengruppen ermöglichen soll. Allerdings wurde auf Wunsch der Schulen – mit dem Ziel der Erweiterung des Themenspektrums – der Arbeitskreis „Duisburger Agenda-Schulen, Frauenpolitik und Mädchenförderung" umbenannt in „Duisburger Schulen und Agenda 21".

Politische Partizipation des Arbeitskreises „Agenda-Schulen"

Im Kontext der Beteiligung am gesamtstädtischen Agendaprozess hat der Arbeitskreis einen politischen Erfolg aufzuweisen: Im Februar 1998 wurde vom Rat der Stadt ein Leitlinienentwurf für den Prozess der „LOKALEN AGENDA 21 für Duisburg" als Grundlage für ihre öffentliche Diskussion beschlossen und anschließend in unterschiedlichen Gremien bzw. Arbeitskreisen diskutiert, verbunden mit dem Ziel, Stellungnahmen aller interessierten gesellschaftlichen Gruppen zu erhalten. Im Arbeitskreis „Agenda-Schulen" wurde der Leitlinienentwurf ausführlichst diskutiert und es gelang, dass sich der gesamte Arbeitskreis auf eine gemeinsame Stellungnahme einigte. Hier seien nur zwei Aspekte der Stellungnahme genannt:

1. Die Berücksichtigung der Interessenslagen und die Beteiligung von Kindern und Jugendlichen im Kontext der Stadtentwicklung wurde eingefordert.
2. Der Arbeitskreis „Agenda-Schulen" unterstützte und übernahm die Stellungnahme der „Duisburger Frauenkonferenz", den Leitlinien eine Präambel voranzustellen, in der die gemeinsame und gleichberechtigte Gestaltung der Zukunft dieser Stadt durch Frauen und Männer aller Generationen postuliert wurde.

Die gemeinsame Stellungnahme des Arbeitskreises wurde im Rahmen eines großen öffentlichen Hearings im Juni 1998 vorgetragen, mit dem Ergebnis, dass die Stellungnahme zu großen Teilen übernommen und per Ratsbeschluss im September 1998 in die „Leitlinien einer Lokalen Agenda 21 für Duisburg" aufgenommen wurden.[11]

Auswege aus dem Komplexitätsdilemma der Agenda 21 – Das Beispiel St. Hildegardis-Gymnasium

Das St. Hildegardis-Gymnasium ist im Arbeitskreis mit einer Mathematik- und Geographielehrerin und mit einem Deutsch- und Religionslehrer vertreten. Von beiden wird die Agenda 21 in einzelnen Unterrichtsstunden oder -einheiten umgesetzt, darüber hinaus in Form des Projektunterrichts (1997/1998).[12]

Projektwoche: „Umweltschutz – Umweltschmutz unter besonderer Berücksichtigung von Frauen in Umweltschutzberufen"

Stichworte: Umweltschutz, Änderung des Konsumverhaltens, soziale Dimension, außerschulische KooperationspartnerInnen, Partizipation der Mädchen, Vernetzungsstrukturen, Öffentlichkeitsarbeit für eine nachhaltige Entwicklung

In der Projektwoche[13] stand auf der Gegenstandsebene die Müllproblematik im Vordergrund. Diese Thematik wurde u. a. erarbeitet durch Besuche der Schülerinnen

- bei der Kriminalpolizei Duisburg, Bereich Umweltdelikte, der von einer ranghohen Beamtin (Thema: Frauen in Führungspositionen) geleitet wird, und
- bei den städtischen Entsorgungsbetrieben, wo die Schülerinnen den Beruf der Ver- und Entsorgerin kennen lernten; dieser Beruf wurde für Frauen erst durch den Frauenförderplan der Stadtverwaltung Duisburg geöffnet.

Der Aspekt der Partizipation wurde, als Abschluss der Projektwoche, durch zwei Eingaben der Schülerinnen an die Schulleiterin einerseits und an die Frauenbeauftragte der Stadt andererseits realisiert, in der die Schülerinnnen Verbesserungsvorschläge

- „für eine umweltfreundlichere Schule" bzw.
- „für eine mädchenfreundliche Stadt" machten.

Die an die Frauenbeautragte gerichteten Verbesserungsvorschläge thematisierten u. a. den Aspekt der Sicherheit im Bereich der U-Bahn und korrespondierten damit mit einem Ergebnis des frauenspezifischen Konsultationsprozesses.[14] Die Ergebnisse wurden von der Frauenbeauftragen an die zuständigen städtischen Dienststellen und an die Duisburger Verkehrsbetriebe weitergeleitet, im „Arbeitskreis Kriminalitätsvorbeugung" des Polizeipräsidenten und des Rechtsdezernenten der Stadt Duisburg vorgetragen und in einer Unterarbeitsgruppe des Aks Kriminalitätsvorbeugung wurden, in Kooperation mit den Verkehrsbetrieben, zusätzliche Vorschläge für Sicherheitsmaßnahmen entwickelt, die inzwischen auch umgesetzt wurden (zusätzliche Videoüberwachung, Erhöhung der Anzahl des Sicherheitspersonals u.a.).

Der Katholische Deutscher Frauenbund (KDFB), auf die Agenda-Projekte des

St. Hildegardis-Gymnasiums aufmerksam geworden, setzte sich mit der Schule und mit dem Frauenbüro in Verbindung, um für einen Bericht in der Verbandzeitschrift „Christliche Frau“ auf der Seite „Generationendialog“ zu recherchieren. Dabei ging es der Redakteurin in erster Linie um die „Langzeitwirkung“ der Projektwoche unter den Aspekten der Mülltrennung und der Änderung des Konsumverhaltens der Schülerinnen einerseits, andererseits um die soziale Dimension der Auswirkung des Konsumverhaltens der Schülerinnen auf die Reinigungskräfte der Schule:

„Gemeinsam mit der Schulleiterin Ursula Bücking, (der) Projektleiterin Martina Biddermann, der Gleichstellungsbeauftragten und Agendafachfrau der Stadt Duisburg, Doris Freer, und dem Redaktionsmitglied der „Christlichen Frau“, Eva M. Welskop-Deffaa, entstand die Idee, für die Seite „Generationendialog“ ein Interview mit einer der Frauen zu führen, die seit Jahren für die Reinigung der Schule verantwortlich sind.“[15]

Im Kontext dieses Zeitungsprojekts sollte, in Absprache mit einer Vertreterin der Schülerinnen, auf den in der Projektwoche thematisierten Bereich „Frauen in Umweltschutzberufen“ verzichtet werden zugunsten des Kapitels 4 der Agenda 21 „Veränderung der Konsumgewohnheiten“ der Agenda 21. Das „Controlling“ sollte durch einen Perspektivenwechsel realisiert werden: Schülerinnen würden eine Reinigungskraft zum Abfallaufkommen und zur Abfallbeseitigung während und nach der Projektwoche an der Schule befragen:

Schülerinnen der Klasse 8 c interviewten die Reinigungsexpertin Frau Wojeiechowski zu dem Agenda-Projekt und seinen Folgen, das unter dem bezeichnenden Titel *„Ich bin nicht verpflichtet, diesen Mist wegzuräumen …“* veröffentlicht wurde und sie antwortet auf die Frage „Ist ihnen eine Veränderung bei Müll und Mülltrennung aufgefallen?“:

„Nach den Sommerferien wurde der Müll gut getrennt; aber in den letzten Monaten hat es gewaltig, vielleicht sogar ganz nachgelassen. Wenn wir eine Woche streiken würden, würde die Schule an eurem Müll ersticken. Wir dürfen keine Überstunden machen. Wir haben ein Zeitlimit … Das ist nicht immer leicht, da wir so viel Müll zu entsorgen haben.“[16]

Und nachdem sich die Schülerinnen über die Agenda 21 und Umsetzungs- und Beteiligungsmöglichkeiten an der Schule informiert haben, erklärt sie abschließend: *„Das, finde ich, ist eine sehr gute Idee, und ich finde es auch gut, dass ihr in unserer Schule daran mitarbeiten wollt.“*[17]

Die Resonanz auf dieses Projekt war beachtlich. So teilt die Redaktion der Schulleiterin am 25.3.1999 mit: „… seit Erscheinen der Christlichen Frau Heft 2/99 haben wir einen ganz ungewöhnlich großen Rücklauf an positiven Leserinnenstimmen: Anrufe, Bemerkungen bei Veranstaltungen, Bestellungen und Leserbriefe loben … vor allem die Seite Generationendialog, gestaltet vom Hildegardis-Gymnasium.“

Dr. Dr. h.c. Hanna-Renate Laurin schreibt in einem Leserinnenbrief: *„Die Überschrift fesselte mich sofort … Und Generationendialog ist mehr als das Gespräch mit der eigenen Großmutter; es hat im Beispiel dieser Schülerinnen auch einen sozialen Inhalt. Die Putzfrau ist nicht die „Dienerin" der flotten Jugend … Was hier von Frau Biddermann und ihren Schülerinnen praktiziert wird, ist ein Signal gegen Gleichgültigkeit. Bravo."*[18]

05.-18. Mai 2000

Ausstellung des Arbeitskreises „Duisburger Schulen und Agenda 21" im Schüleratelier im Averdunk-Zentrum (Einkaufszentrum)

Stichworte: Partizipation, Stadtplanung, Mobilität und Nord-Süd-Bezug

Die Klasse 6 a des St. Hildegardis-Gymnasiums besucht die Ausstellung, die sie mit vorbereitet hatte. Die Schülerinnen nutzten diesen Besuch zu einem ausführlichen Gespräch mit der Duisburger Frauenbeauftragten. Themen waren: Funktion und Aufgaben des Frauenbüros und insbesondere die Lokale Agenda 21 aus Frauen- und Mädchensicht.

Folgende Auszüge aus Aufsätzen von Schülerinnen mögen dieses Projekt illustrieren:

Die Agenda 21 (von Bettina K.)

„Am 15. Mai, am Montag, waren wir mit der Klasse im Averdunk-Zentrum bei einer Ausstellung im Schüleratelier. Sie hatte den Obertitel „Agenda 21". Dort präsentierten viele verschiedene Schulen Plakate von ihren Dingen, die ihnen Sorgen machten und dann ihre Lösungen, wie sie es in den Griff bekommen haben:

Die Gesamtschule Meiderich hatte ein Problem mit dem Stromverschwenden. Deswegen bastelten sie einen Solarkocher und wendeten ihn beim Getränkeautomaten an. …. In Afrika versuchte man es auch mit dem Solarkocher, doch da gab es ein Problem: Die Afrikaner kochen nur abends, weil es dort so heiß ist. Also müssen die Afrikafrauen (Afrikanerinnen) das Holz noch vom Wald nehmen und das schwere Holz nach Hause tragen.

Die Gesamtschule Globus hatte das Problem Schülerstreit. Deswegen nahmen sie aus den Achtern zwei Schülerinnen. Sie waren die Streitschlichter. Und was ist, wenn sich mal einer schwer verletzt? Keine Sorge, daran hat die Globus-Schule auch gedacht. Sie wollten alle Schulsanitäter, die gleich kommen, wenn sich jemand verletzt hat, werden. So hat die Klasse ihr Problem gelöst.

Unsere Klasse, die 6 a, hat sich für einen „sicheren" Schulweg eingesetzt . Darin ging es hauptsächlich um:

1. Einen „sauberen" Schulweg
2. Bus- und Bahnverbindungen

3. Ampelschaltungen
4. Verkehrsschilder und Zebrastreifen und
5. korrektes Verhalten der Schülerinnen

Wir schicken dem Amt der Frauen (Frauenbüro) noch einen Brief und sammeln Unterschriften.

Das Mercator-Gymnasium setzte sich für die Stärke der Frauen ein. Ich habe es nicht geschafft, dieses Plakat genau zu lesen, weil wir danach noch Frau Freer … interessante Fragen stellen durften."

Averdunk-Zentrum (Daria P.)
„Am Montag waren wir im Schüleratelier im Averdunk-Zentrum. Dort haben verschiedene Schulen ihre bearbeiteten Projekte vorgestellt. Da war zum Beispiel die Meidericher Gesamtschule mit einem „Energiespar"-Projekt. Im Rahmen dieses Projektes haben sie einen Solarkocher und Tipps zum Energiesparen erstellt. Auch die Globus-Schule war vertreten mit einem Projekt, das sie „Hand in Hand für unsere Schule" nannten. Dort haben sie gezeigt, welche Schulwege ihre Schüler benutzen und den Wunsch geäußert, dass die Schulen mehr zusammenarbeiten. Das Mercatorgymnasium hatte ein Projekt, das auch sehr gut zu unserer Schule passen würde. Es hieß „Laut(er) starke Mädchen". In diesem Zusammenhang haben sie einen Internetkurs für Mädchen angeboten und einen Text geschrieben zu Frauen und Mädchen im Kontext (Zusammenhang) der Agenda. … Aber dann kam das beste Projekt: unseres! „Aktion: Sicherer Schulweg" blickte uns von einer bunt mit selbst gemachten Plakaten, auf der unsere Recherchen standen, beklebten Wand entgegen. Als wir uns alles angeguckt hatten, stand uns Frau Freer, die Frauenbeauftragte der Stadt Duisburg, zur Verfügung. Frau Freer hat uns erzählt, dass sie eine der ersten Frauenbeauftragten überhaupt ist… Frau Freer hat viele Aufgaben, z.B. ...

Auch kaum vorzustellen ist, dass, obwohl wir im 21. Jahrhundert leben, die Frauen immer noch stark um ihre Rechte kämpfen müssen und dass es gar nicht selbstverständlich ist, dass die Frauen überall mit einbezogen werden."

Kein zukunftsfähiges Lernen ohne Geschlechtergerechtigkeit oder

Keine Agenda-Schule ohne Frauenpolitik und Mädchenförderung!

Gemäß der oben aufgezeigten Philosophie des Rio-Textes wurde in Duisburg in der Konzeptentwicklung versucht, das „Komplexitätsdilemma"[19] der Agenda 21 durch die Entwicklung konkreter Projekte handhabbar zu machen, wobei die Interdependenz unterschiedlicher Politikfelder und Diskursebenen durch unterschiedliche KooperationspartnerInnnen repräsentiert ist. Damit aber stellt die Agenda/Lokale Agenda 21 Konzepte zur Öffnung der Schule nach außen vor eine neue Herausforderung.

Zukunftsfähiges Lernen ist im Sinne der Agenda 21 nur dann realisierbar, wenn es gelingt, *sämtliche* Politikbereiche, die im Rio-Text verankert sind, in der Schule in inhaltlicher und methodisch-didaktischer Hinsicht zu implementieren. Insofern bietet gerade die Komplexität der Agenda 21 – auch unter Berücksichtigung des interdependenten Verhältnisses von Frauen-, Mädchen-, und Bildungspolitik – eine wichtige historische Chance und eine Plattform für gesellschaftliches Handeln, einen umfassenden Paradigmawechsel – auch im schulischen Bereich – im Sinne einer nachhaltigen gesellschaftlichen Entwicklung einzuleiten und umzusetzen.

**Keine Agenda-Schule
ohne Frauenpolitik und Mädchenförderung!**

Agenda Schulen sind Schulen, die

1. Mädchenförderung auf didaktisch-methodischer Ebene realisieren! (Stichwort: Reflexive Koedukation)
2. die Vermittlung frauen- und mädchenrelevanter Kenntnisse auf alle vier Dimensionen einer nachhaltigen Entwicklung beziehen! Dies sind Ökologie, Ökonomie, Soziales und der Eine-/Dritte-Welt-Bezug.
3. Ausbildungs- und Berufschancen von Mädchen und Frauen an den Zielen einer nachhaltigen Entwicklung im Sinne der Agenda 21 orientieren!

Anmerkungen

1 Dazu s. Röhr,Ulrike: Frauen Lokale Agenda 21. Ein Wegweiser zum Einmischen, Mitmischen, Aufmischen, Hrsg.: FrauenUmweltNetz. Frankfurt/M. 1998, S. 4 f.

2 S. Agenda 21, Kap. 28.2 d: „Alle Kommunen in jedem einzelnen Land sollen dazu angehalten werden, Programme durchzuführen und zu überwachen, deren Ziel die Beteiligung von Frauen und Jugendlichen an Entscheidungs-, Planungs- und Umsetzungsprozessen ist."

3 S. z.B. Kap. 5 „Bevölkerungsdynamik und nachhaltige Entwicklung" (5.12; 5.45); Kap. 6 „Schutz und Förderung der menschlichen Gesundheit" (6.27 c); Kap. 7 „Förderung einer nachhaltigen Siedlungsentwicklung" (7.77 d); Kap. 10 „Integrierter Ansatz für die Planung und Bewirtschaftung der Bodenressourcen (10.10) usw.

4 Zum Auffinden der entsprechenden Quellen ist das Stichwortverzeichnis der Neuauflage der Agenda 21 von 1997, Hrsg. Bundesministerium für Umwelt, Naturschutz und Reaktorsicherheit. Bonn 1997, S. 293 ff. sehr gut geeignet.

5 Wichtige Quellen dazu bieten unterschiedliche Publikationen z.B.: Die Frauen der Welt 1995. Trends und Statistiken, Hrsg. Bundesministerium für Familie, Senioren, Frauen und Jugend. Bonn 1996. Frauen in der Bundesrepublik Deutschland. Kurzfassung, Hrsg.: Bundesministerium für Familie, Senioren, Frauen und Jugend. Bonn 1998

6 Dazu s. Agenda 21, Kap. 36.5 a: „... die Förderung der Gleichberechtigung, die Erweiterung

des Bildungsangebots und der Bildungsinhalte, die Entwicklung eines Politikrahmens, ... um vorhandene wirtschaftliche, soziale und geschlechtsspezifische Ungleichheiten zu beseitigen, die diesen Zielen entgegenstehen. Nichtstaatliche Organisationen können einen bedeutenden Beitrag zur Planung und Durchführung von Bildungsprogrammen leisten und sollen entsprechend anerkannt werden;“ (Agenda 21, 36.5a)

7 Die Veranstaltung ist dokumentiert in: Lokale Agenda 21 für Duisburg aus Frauensicht, Heft 1: Juni - November 1997. Der Konsultationsprozess hat begonnen. Tagungsdokumentation und erste Bestandsaufnahme, Hrsg.: Stadt Duisburg, Frauenbüro, Duisburg 1997. Zur aktuellen Entwicklung s. Heft 4

8 Hierzu s. Wegner, Gabi: Bericht über das GÖS-Projekt „Der Ingenhamshof als Lernbauernhof“, Art. In: Agenda-Schulen – Duisburger Wege, Reihe: Lokale Agenda 21 für Duisburg aus Frauensicht. Heft 3, Hrsg.: Stadt Duisburg, Frauenbüro, Duisburg 1998, S. 66 ff. Jebbink, Klaus/Mühlhaus, Birgit u. a., Art.: Die Gerhard-Mercator-Universität GH Duisburg und die Gestaltung und Umsetzung einer Lokalen Agenda im Bildungsbereich am Ingenhamshof im Duisburger Norden, Art. In: Agenda-Schulen – Duisburger Wege, a.a.O., S. 69 ff.

9 Hierzu s. Art. „Lokale Agenda 21 – Frauenpolitik und Mädchenförderung an der Schule.“ Arbeitskreis „Duisburger Agenda-Schulen“. In: Agenda 21 Bausteine einer Lokalen Agenda für Duisburg. Zukunftsfähige Projekte der Stadt Duisburg. Hrsg.: Stadt Duisburg, Amt für kommunalen Umweltschutz, Duisburg 1998, S. 54 f. – Ausführliche Darstellung zum Selbstverständnis und zur Weiterentwicklung des Arbeitskreises s. in Heft 4 der vom Frauenbüro hrsg. Reihe „Lokale Agenda 21 für Duisburg aus Frauensicht“. April 1997 - April 2000. 3 Jahre Lokale Agenda 21 für Duisburg aus Frauensicht. Eine Zwischenbilanz, Duisburg Juni 2000, S. 42 ff. und S. 95 ff.

10 Lokale Agenda 21 für Duisburg aus Frauensicht, Heft 3: Agenda-Schulen – Duisburger Wege. Hrsg.: Stadt Duisburg, Frauenbüro, Duisburg 1998. Einzelexemplare können im Frauenbüro der Stadt Duisburg bestellt werden: Rathaus, Burgplatz 19, 47049 Duisburg, Tel.: 0203/283-2047; Fax: 0203/283-3964.

11 Hierzu s. Beschlussvorlage Drucksache Nr. 2296/8 vom 31.08.1998.

12 Hierzu s. Heft 3 der Reihe „Lokale Agenda 21 für Duisburg aus Frauensicht“, a.a.O., S. 25-39

13 Ausführliche Dokumentation der Projektwoche s. ebenda, S. 25 ff.

14 Dazu s. Heft 1 der Reihe „Lokale Agenda 21 für Duisburg aus Frauensicht“, S. 36

15 Art. „Generationendialog und Agenda-Schule. Eine Idee zieht Kreise“. In: Christliche Frau 2199, S. 14

16 Ebenda, S. 14 f., das Interview führten Tanja Lamely, Daniela Fuhrmann und Wiebke Joormann, Klasse 8 c

17 Ebenda, S. 15

18 Aus: Bisher unveröffentlichter Leserinnenbrief von Hanna-Renate Laurin an die Redaktion der Zs. „Die Christliche Frau“ vom 23.03.1999

19 Dazu s. Reichel, Norbert: Von der Umweltbildung zur Bildung für nachhaltige Entwicklung. Die Agenda 21 im deutschen Bildungssystem. In: LöBF-Mitteilungen 1/97, S. 45 ff.

Kapitel IV

Eine neue Kommunikationskultur für die Nachhaltigkeit?

Bildung, Marketing und Öffentlichkeitsarbeit

Jobst Kraus

Einführung: Eine neue Kommunikationskultur für die Nachhaltigkeit?

Bildung, Marketing und Öffentlichkeitsarbeit

Die Lokale Agenda 21, die 1992 in Rio de Janeiro bei der Weltkonferenz für Umwelt und Entwicklung als Aktionsplan für das 21. Jahrhundert verabschiedet wurde, stellt für Kommunen und ihre Bürgerinnen und Bürger eine große Herausforderung dar, indem sie fordert, auf die zunehmend offensichtlicher werdenden ökologischen, sozialen und ökonomischen Probleme mit lokalbezogenen Handlungskatalogen und praktischen Schritten der Umsetzung vor Ort zu antworten. Intendiert ist ein Prozess breitester Bürgerbeteiligung, ein bürgerschaftlicher Dialog der unterschiedlichsten Gruppen vor Ort, um ein Leitbild zu entwickeln und in Projekten praktisch zu buchstabieren, was Zukunftsfähigkeit heißt. Zugleich sind Zukunftsfähigkeit, Nachhaltigkeit, Umweltverträglichkeit, Tragfähigkeit von Ökosystemen, Ressourcenproduktivität, auch Lokale Agenda 21 selbst sehr sperrige Begriffe, die häufig so verstanden werden, dass in erster Linie Experten gefragt sind und Bürgerinnen und Bürger, die ja Hauptakteure dieses Prozesses sein sollten, erst in diese Geheimsprache eingeweiht werden müssen.

Nun gibt es viele Versuche, Anspruch und Zielsetzung von Agenda-21-Prozessen bürgernah und anschaulich zu formulieren, trotzdem gelingt es kaum – wie in der Agenda 21 beabsichtigt –, Bürgerinnen und Bürger aller Altersgruppen, unterschiedlicher Berufszugehörigkeit und aus den verschiedenen Lebensstilgruppen für das Anliegen der Agenda 21 zu gewinnen. Wie lässt sich die Lokale Agenda 21 zum Dorf- und Stadtgespräch machen und wie lassen sich Bürgerinnen und Bürger motivieren, ihre Ansichten und Visionen öffentlich zu äußern und ihre Handlungsbereitschaft in konkrete Projekte zu überführen? Immer noch überwiegen eine fast ausschließliche Text- und Schriftorientierung und Appelle wie „Machen Sie mit“ oder „Engagieren Sie sich“ in der Öffentlichkeitsarbeit. Viele „Agenten“ dieses Prozesses aus Wissenschaft, dieser Politik, Verwaltung und von

Initiativen meinen, dass es genügt, inhaltlich von der Sache überzeugt zu sein, die doch für sich spreche und mit ausführlichen Studien, „Enquete-Berichten", Büchern oder aktuellen Handlungsaufforderungen, an die Öffentlichkeit zu treten. Überzeugt von der „guten Sache" wird dem Thema der Öffentlichkeitsarbeit, dem Social-Marketing viel zu wenig Aufmerksamkeit geschenkt. Man meint, dass Zahlen und Fakten für sich sprechen und die Bedrohung durch die globalen Risiken schon genügend Motivationsschub entfaltet. Entsprechend sind die Akteure dann enttäuscht von der geringen Resonanz (lokaler) Öffentlichkeit und dass es kaum gelingt neue Zielgruppen zu gewinnen.

Angesichts der Tatsache, dass viele Agendagruppen über mangelnde Beteiligung klagen, wäre es dringend nötig, die Agenda 21 zum Stadt- und Dorfgespräch zu machen und auch bisher nicht oder nur am Rande beteiligte Bürger für ein Einbringen ihrer Interessen und Visionen im Blick auf ein gutes Leben vor Ort – und weltweit – zu gewinnen. Aber wie?

So machte es sich die Tagung „Nachhaltigkeit als Dorf- und Stadtgespräch. Perspektiven einer zukunftsfähigen Kommunikationskultur in Kommune und Region" mit Hilfe praxiserfahrener Experten – auch aus dem Werbebereich – zur Aufgabe, sensibel zu machen für den eigenen „Missionarsstil", für die Erfolglosigkeit von Einwegkommunikation und andere „Mausefallen" im Bereich von politischer Öffentlichkeits- und Medienarbeit.

Die nachstehenden Beiträge versuchen auf die kommunikative Seite des Nachhaltigkeitsprozesses aufmerksam zu machen, Neugierde für ein bislang zu kurz gekommenes Thema im Bereich von zukunftsfähiger Entwicklung zu wecken und Lust zu machen im jeweils eigenen Bereich selbst experimentell tätig zu werden, Vertretern unterschiedlichster Zielgruppen zuhören zu lernen, deren Interessen und Bedürfnisse zu erspüren und somit Anknüpfungspunkte für den politischen Prozess vor Ort oder in der Region zu gewinnen.

Weitgehend bekannt ist der ökologische und soziale Status der Erde und die globalen wie lokalen Auswirkungen von Produktionsweise wie Lebensstil. Bekannt ist auch die Notwendigkeit eines Qualitätssprungs in Sachen Ressourcenschonung und einem Mehr an Lebensqualität für alle Menschen weltweit. Auch Lösungsansätze – von der Zivilgesellschaft bis zur Solarwirtschaft, vom Mobilitätsdienstleistungskonzept bis zur Lokalwährung sind in aller Munde. Was fehlt, ist ein breiter gesellschaftlicher Diskurs und die Bereitschaft aus der Zuschauerrolle, die oft verbunden ist mit der Haltung eines „Bitte nach Ihnen", herauszutreten. Heute ist eine der zentralen Fragen – nach einer Formulierung von Manfred Linz vom Wuppertal-Institut für Klima, Energie und Umwelt: Warum ändert sich so wenig und wie lässt sich das ändern? Der Vermittlungsfrage kommt hier dann eine entscheidende Rolle zu.

Mit *Mario Nantscheff* wurde ein Fachmann aus der Werbebranche gewonnen, der sich inzwischen auch im Umweltbereich eine gewisse Kompetenz erworben hat. Seine Fragestellungen sind für die Aktiven aus dem Nachhaltigkeits- und Agenda-Bereich eine heilsame Provokation und mit vielen Aha-Effekten verbunden.

Philipp Granzow aus der Brundtlandstadt Viernheim hat mit seinen zum Teil unkonventionellen Ideen viel Resonanz – auch über die eigenen Stadtgrenzen hinaus – erreicht.

Barbara Asbrand hat für diesen Band deutlich gemacht, welche Herausforderung für die entwicklungspolitische Bildung und die Arbeit der Weltläden in einer neuen zielgruppenspezifischen Sichtweise und einem Stück Empathie für die Fragen und Bedürfnisse der potentiellen Adressaten liegt.

Der Beitrag von Dorothee Kraus-Prause und Jobst Kraus beleuchtet Beispiele aus regionalen und lokalen Agenda-Prozessen, die in ihrer ungewöhnlichen Machart neue Zugänge zur Nachhaltigkeit eröffnen.

Bei alldem ist es Absicht, zu Widerspruch, eigenem Experiment, vor allem zu einer kreativen politischen Arbeit vor Ort anzuregen, um so Politik wieder attraktiv zu machen und das Anliegen, aus dem eigenen Ort oder der Region eine lebenswerte Stadt oder ein aufblühendes Dorf zu machen. Die nachstehenden Beiträge sind hier nur eine erste Annäherung. Wünschenswert wäre eine Zusammenarbeit unterschiedlichster Professionen, von Theaterregisseuren, Filmemachern, Umwelt- und Agendabeauftragten, Kunsthallenleitern, Erwachsenenbildnern, Fotografen, Medienfachleuten, Wissenschaftlern und NGO-Vertretern. Dies heißt nicht nur neue Kooperationsformen erschließen, sondern auch quer zu denken. Vielleicht führt dieser neue „multikulturelle" Ansatz zu einem breiten Dorf- und Stadtgespräch und zu einer praktischen Nachhaltigkeit.

Mario Nantscheff

Zuhören statt überreden, Neugierde wecken statt appellieren

Mit zielgruppenorientiertem Themenmarketing zu Bürgerdialog und Bürgerengagement

Der folgende Beitrag gibt praktische Hilfestellung, wie Kommunikation mit Mitbürgerinnen und Mitbürgern so erfolgen kann, dass Mitmachangebote, Meinungen oder Themen die Menschen auch tatsächlich erreichen, sie aktivieren und bei ihnen auch nachhaltig präsent bleiben. Ob Ihnen als Gemeinderätin daran liegt, Ihrem Dorf zum Status einer Klimabündnis-Gemeinde zu verhelfen, oder ob Sie als Bürger Unterstützung anderer Bürgerinnen und Bürger für ein Anliegen rund um die Themenfelder Gesellschaft, Umwelt oder Wohlfahrt suchen: Als Engagierte und Initiatoren erfahren Sie in diesem Beitrag,

- wie der Perspektivenwechsel zur Sichtweise des „Anzusprechenden“ dabei hilft, die Empfangsvoraussetzungen dort realistisch einzuschätzen und damit aufwändige Fehler und viel kräftezehrende Frustration bei ehrenamtlichen Mitstreitern zu vermeiden,
- welche eigenen Voraussetzungen, Einstellungen und Haltungen dem Aktiven oder Initiator dabei helfen, den Transport von Inhalten rund um Themenkreise wie Nachhaltigkeit, Ökologie, Zukunft o.Ä. zu begünstigen,
- welche grundsätzlichen Verfahrensweisen zur Platzierung von Themen oder zur Anregung von Willensbildungsprozessen in den letzten Jahren erprobt und welche Erfahrungen dabei gemacht wurden,
- wie eine der Verfahrensweisen, das „Zielgruppenorientierte Themenmarketing“ angewendet wird und was dabei vonseiten meist in Marketing nicht ausgebildeter Ehrenamtlicher zu berücksichtigen ist,
- auf welche immer wieder eintretenden Entwicklungen und Trends innerhalb der eigenen Aktivengruppe zu achten ist, weil sie kontraproduktiv auf gute, wirksame Kommunikationsarbeit Einfluss nehmen und die deshalb präventiv behandelt, bei Auftreten rasch bearbeitet werden sollten.

1. Betroffenheit macht betriebsblind: Wer Menschen erreichen will, muss Distanz zur eigenen Betroffenheit einnehmen und zuhören lernen

„Der Revolutionär bewegt sich im Volk wie der Fisch im Wasser", erkannte der Revolutionsführer Mao Tse-Tung vor mehr als einem halben Jahrhundert von jenen, die politisch-kulturelle Gärhefe in der chinesischen Bevölkerung sein wollten. Ob und für wen Maos Kulturrevolution ein Erfolg gewesen ist, sei dahingestellt und sollte von Europäern möglichst zurückhaltend beurteilt werden. Sicher jedoch ist, dass Bewegung, Wandel, neues Denken und die Impulse, die dazu führen können, nicht ohne die Menschen stattfinden können und sollen, mit denen allein Wandel nachhaltig gelingen kann: Mit denjenigen, die diesen Wandel mit vollziehen, neues Denken lebendig machen und neues Handeln in die Stadtteile, Häuser, Familien und Beziehungen tragen können. Nur mit ihnen, mit unseren Mitbürgern nebenan, wird eine neue Sicht der Dinge „(für) wahr genommen" und nur so können aus neuen Perspektiven auch nachhaltig positive Folgen entstehen.

1.1 Unsere Betroffenheit ist ehrenwert, unsere Faktensammlungen sind echt und unsere Rio-Konferenzzitate korrekt: Warum das dennoch fast niemanden interessiert

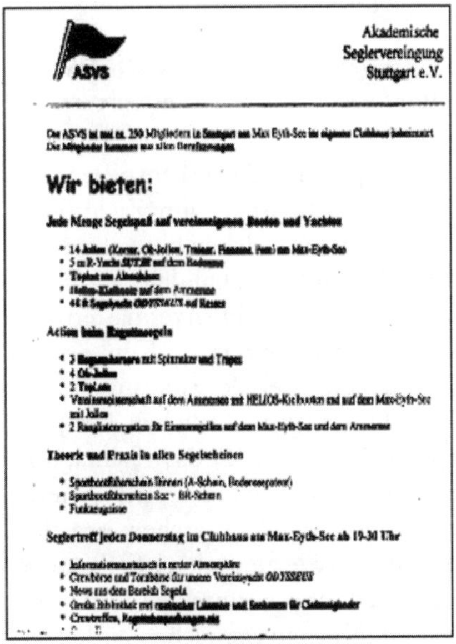

Die Zahl der Mitbürger, die sich in einer Stadt wie z.B. Stuttgart in einer Agenda-Initiativgruppe stark dafür machen, dass sich die Stadt anders, nachhaltiger, zukunftssicherer und menschengerechter entwickeln soll, als sie dies derzeit tut, ist nicht annähernd so hoch wie z.B. die Mitgliederzahl der Akademischen Seglervereinigung Stuttgart e.V. Dabei gibt es in Stuttgart noch nicht mal eine Küste – man kreuzt auf einem kleinen Binnensee durch die Rauchschwaden der allsonntäglich grillenden Bürgerschaft am begrünten Seeufer. Und die Mitgliedschaft bei den Jollen-Junkern kostet gar einen ansehnlichen Jahresbeitrag. Was schaffen die schwäbischen Landratten-Segler ohne Mühe, aufrechte Umweltaktivisten und Kämpfer für nachhaltige Stadtentwicklung dagegen nicht? Schauen wir's uns an.

Was man unter den Seglern geklärt hat, bevor man an die Öffentlichkeit (hier: ins worldwide web) ging, sind vier Dinge. Zum Ersten die Zielgruppe: Man ist eine Vereinigung in akademischer Tradition, die sich aber allen Berufsgruppen geöffnet hat und folglich alle diejenigen Stuttgarter ansprechen will, die sich fürs Segeln interessieren. Zweitens ist das Thema klar: Man hat allen Segel-Interessierten ein Angebot zu machen, ein Mitmachangebot nämlich. Drittens wird dieses Angebot exakt benannt: Segelspaß auch für Nicht-Bootseigner, Regatta-Action, Theorie und Praxisunterricht zur Erlangung aller Segelscheine, Geselligkeit, Meinungs-, Material- und Erfahrungsaustausch einmal wöchentlich und freier Zugang zur Themenbibliothek rund um den Wassersport.

Viertens – das Angebot ist von erkennbarem Nutzen für die betreffende Zielgruppe: Geboten werden Spaß, gepflegte Boote zur Benutzung, soziale Kontakte, Qualifikationen, Sporterlebnis und eine Gebrauchtbörse für den Seglerbedarf. Soweit, so verständlich. Und nur eine von hundert ähnlicher Aktivistengruppen, die sich unter einem gemeinsamen Thema zusammenfinden und Dinge miteinander bewegen. Boote, Meinungen und Waren, zum Beispiel.

Selbe Stadt, anderer Sachverhalt: Was eine gewisse örtliche „Steuergruppe Agenda 21" Stuttgarter Bürgern zu bieten hat, steht im Artikel der Stuttgarter Zeitung schon im Vorspanntext: „Heiße Luft". Ob das stimmt oder nicht, ist nach Erscheinen dieses Artikels vom Mai 2000 völlig gleichgültig. Tatsächlich erfährt

Bisher nur eine papierene Utopie gegen den Öko-Kollaps

In Stuttgart stockt der Prozeß der lokalen Agenda 21 – Gegenseitige Schuldzuweisungen – Macher fordern politische Unterstützung

man im weiteren Text noch von einem „Visionspapier mit Gedankenspielen über ein paradiesisches Stuttgart 2030". Wer sind diese Leute, wer ist ihre Zielgruppe? Wie heißt das Angebot dieser Leute an die Stuttgarter und welchen Nutzen werden diejenigen haben, die dieses Angebot annehmen? Laut Presse handelte es sich bei den Initiatoren um Menschen, die sich in „ihrer Freizeit … das Hirn zermartern, wie vor Ort eine nachhaltige Entwicklung vonstatten gehen könnte; …. Konkretes ist bislang nicht dabei herausgekommen." Man will laut einer Vorgabe aus Rio den „Dialog der Kommunalverwaltung mit den Bürgern und örtlichen Gruppen unterschiedlichster Couleur in Gang bringen" – doch wie heißt das Thema, über das dieser Dialog geführt werden soll? Hoffentlich nicht „sustainable City", wie der Artikel befürchten lässt. Oder gar „Verknüpfung von ökologischen, sozialen, kulturellen und politischen Kräften und Ansätzen", wie an anderer Stelle angedroht wird. Der Journalist gab sich offensichtlich Mühe, konnte den Initiatoren jedoch weder Thema noch Angebot oder gar ein Nutzenversprechen entlocken.

Ebenso diffus bleiben die konkreten Aktivitäten der Agendagruppe: „Forderungen", „Agenda-Prozess", „Selbstfindung in Zukunftswerkstätten", „Utopische Texte", „Konsumverzicht" und viele weitere Begriffszombies taumeln da durch die Zeilen des generell wohlmeinenden, angesichts der Stuttgarter Agendophilen-Verlautbarung jedoch skeptischen Redakteurs. Unklar bleibt denn auch die angezielte Absicht der Gruppenbemühungen in der Schwabenmetropole. „Spezielle Agendabüros" als Ergebnis lassen selbst für den geneigten Leser keinen Nutzen durchschimmern. „Sensibilisiert werden für eine umweltverträglichere Entwicklung" klingt mindestens anstrengend, und „die zukunftsfähige Stadt" ist eigentlich nicht meine, sondern die Aufgabe des Bürgermeisters und seiner Referatsfachleute, stimmt's?

1.2 Achtung gewinnen vor den Anzusprechenden: Erste Übung und erster Tauglichkeitstest für Aktivisten (Bilder auf S. 178)

Wäre Markus nicht eine sichtlich überzeugte Landratte, wäre er sehr wahrscheinlich für eine ehrenamtliche Mitarbeit in der Bibliothek der Akademischen Segler zu gewinnen. Denn dort bekommt man kommuniziert, was man braucht, um sich überhaupt erst fürs Mitmachen oder Nicht-Mitmachen entscheiden zu können: Einen klar definierten Nutzen. Spätestens seit Beginn des 19. Jahrhunderts leben wir laut Friedrich Schiller unter dem „Diktat des Nutzens", der eigentlichen Werte- und Denkkultur der Moderne. Auch wenn Kultur- und Umweltgruppen bisweilen die Moderne überwunden glauben, so wollen noch immer die meisten Menschen in Europa, mit denen wir zu kommunizieren haben, den Nutzen kennen lernen, der damit verbunden ist, sich mit einer Idee oder einem Konzept näher zu befassen. Wird dieser Nutzen nicht geboten, ist die Botschaft nicht relevant. Erst recht empfindet so ein netter Bürger wie Markus N.: Er muss weder wissen, was eine Agenda ist (und wenn er's wüsste, dann würde er Agenda 2000 und Agenda 21 gerne auch mal verwechseln), und er will es auch nicht wortreich erklärt bekommen, nur weil wir nicht in der Lage sind, diese ganzen Sachverhalte auf die Botschaften zusammenzufokussieren, die 1) das gemeinsame Thema klären, ihm sagen, warum 2) Sie sich gerade an ihn damit wenden, 3) Ihr Angebot an ihn in einem Satz nennen und 4) den Hauptnutzen an der Sache für ihn und seine Familienmitglieder und Freunde deutlich machen. Das ist keine Arroganz von ihm, sondern seine einzige Möglichkeit, sich in einer Zeit zurechtzufinden, die eine Menge Komplexität für uns alle bereithält, die durchdrungen oder zumindest sortierbar gemacht werden will. Deshalb findet Markus N., dass Sie ihm diese Klarheit schuldig sind, wenn Sie von ihm irgendwas erwarten oder ihm etwas nahe bringen wollen. Und ich finde, er hat Recht.

Bild 1: Markus N. (47) liebt in seiner Freizeit den Aufenthalt in der freien Natur. Seinen Garten pflegt er selbst mit viel Liebe. Er ist stolz, wenn alles kräftig grünt. Für den Rasen hat er einen Mähtraktor mit 12 PS und 94 cm Schnittbreite. So macht das Mähen Laune.

Bild 2: Für die unzugänglichen Stellen und stärkeres Gestrüpp nimmt Markus seine Motorsense. Er leiht sie auch gern seinen Nachbarn aus. Die finden das nett und laden ihn mitsamt seiner Familie zum Grillen ein.

Bild 3: In der Freizeit fährt Markus mit der Familie im Allrader, zum Beispiel in die Berge. Der bleibt auch in unwegsamem Gelände nie stecken. Und er hat eine Ladepritsche hinter der Kabine, für die Fahrräder und andere Geräte, die sonst den Innenraum schmutzig machen würden. Das ist praktisch.

Bild 4: Vieles wächst gesünder, wenn man es von Zeit zu Zeit zurechtstutzt. Markus' Motorsäge hat 6 PS und ein 34er-Schwert. Die Kette schärft er abends auf seiner Gartenbank sitzend, die er im letzten Frühjahr gezimmert hat. Markus ist zufrieden.

1.3 „Wir bringen die Problem-Botschaft und die Lösung dazu": Wie wir Bürger Seelenfänger und Dogmatiker entlarven

Dreißig Jahre nach 1968 zu behaupten, von der Aufbruchstimmung jener Zeit seien heute lediglich Blue Jeans und Riesen-Popkonzerte übrig geblieben, greift wahrscheinlich ebenso zu kurz wie die Deutung, es habe sich dabei um den Versuch eines antibürgerlichen Klassenkampfes gehandelt. Es scheint vielmehr, als sei die 68er-Revolte die historisch gesehen letzte große Lockerungs- und Entdisziplinierungs-Revolution gewesen, die dazu verhalf, jenen kreativ-hedonistischen Kapitalismus zu schaffen, der heute z.B. markenkritische Protest-Kultbücher wie „No Logo!" aus einem der weltgrößten Medienverlage hervorbringt.

Ganz folgerichtig wird dessen Autorin, die kanadische Journalistin Naomi Klein zur Ikone der Globalisierungsgegner stilisiert und zum Star auf T-Shirts gemacht (der Film zum Buch ist in Vorbereitung). Wie bitte: War die „68er-Bewegung" nicht eigentlich völlig anders gedacht? Wurde sie nicht leider vom rechten Wege abgebracht, schließlich durch Anbiederung des Kapitals und seiner Vermarktungsinteressen korrumpiert und auf stillem, mythen-bildendem Wege beerdigt? Wie – sie sei Wegbereiter, Geburtshelfer, Impresario unseres globalen Turbokapitalismus seit den 90ern gewesen? Ein kurzes Schlaglicht auf 68 und die Folgen klärt so manches Missverständnis von heute und ist deshalb lohnend.

„Die Erweitung der Lebensmöglichkeiten, das Entdecken nicht repressiver Organisations- und sogar Produktionsformen waren gebunden an einen … internationalen und beschleunigten Tausch und Austausch. Die Bilder und Utopien konnten nur so flutwellenartig die repressive alte Bürgerlichkeit wegschwemmen, weil sie an global zirkulierende Waren gebunden waren", resümierte der Feuilletonist und Zeitbeobachter Diedrich Diederichsen im Februar 2001 in der Süddeutschen Zeitung. Die Revolte brachte „… ein Mehr an Glück und Lebensmöglichkeiten, das sein durfte, weil es ein Mehr an Markt und eine begeistertere Produktivität mit sich brachte". Handel und Industrie rieben sich die Hände, die professionellen Mythenmacher dankten überschwänglich und legten mit der globalen Markenbildung los, die nun möglich geworden war.

Das entstandene Mehr an Glücksmöglichkeiten und an vielfältigeren Auswahlrechten zur Gestaltung des eigenen Lebens haben wir uns also erstritten, erlitten, erduldet oder erarbeitet – und deshalb haben wir einen Anspruch darauf. Und wir fühlen uns nicht schuldig oder untätig, wenn wir nicht in Initiativgruppen gesellschaftliche Zukunft diskutierend gestalten, sondern konsequent, wenn wir dies handelnd und inmitten unseres ganz persönlichen Lebensentwurfs tun. Wir anerkennen keine Berechtigung für irgendjemanden, unser Verhalten als kurzsichtig, überbequem oder zerstörerisch angesichts unserer scheinbaren Ignoranz abzukanzeln gegenüber schlimmen gesellschaftlichen Zuständen, Reich-Arm-

Polarisierungen oder wachsender Umweltzerstörung. Dies erstens, weil die überwältigende Mehrheit von uns nur völlig konsequent einlöst, wofür ab 68 gerungen wurde: raus aus der 50er-Jahre-Familien- und Arbeits-Werteuniformität und aufbrechen in die freiere, vielfältigere Gestaltung einer kreativen Verwirklichungskultur, nicht so schlammig wie in Woodstock, nicht so wild wie in der Kommune 1 oder im besetzten Haus, aber ebenso selbst gestaltet. Zweitens wittert die überwältigende Mehrzahl unserer Mitbürgerinnen und Mitbürger angesichts einer Kritik an ihrer Lebensform und ihren (historisch gesehen noch recht neuen) verhaltensleitenden Werten nicht zu Unrecht den Missionar mit dem erhobenen Zeigefinger, und lässt höflich, aber bestimmt die wohl gereinigten Rolläden herunter. Wir haben gelernt: „Lebe, wie du willst, und stehe dazu – du hast einen Anspruch drauf“ (und die ganz individuelle Ausstattung auch für deinen Lebensentwurf ist käuflich erhältlich).

Auch wenn wir im Kreise unserer Theken-Revolutionärskollegen – die alten Zeiten(?) beschwörend – von früheren Protestaktionen schwärmen, und uns für unsere heutige Bequemlichkeit und die Freude an einer guten Mahlzeit aus Gründen der „political correctness“ pflichtschuldig rechtfertigen, ruhen wir innerlich völlig selbstbewusst in der (historisch gesehen altbewährten) Sicherheit und der Erkenntnis:

- Wir Menschen wollen Nutzen.
- Wir Menschen haben unsere Lebensspanne im Blick: Nutzen jetzt. Nicht übermorgen.
- Wir Menschen wollen Freude.
- Wir Menschen wollen das Gefühl der Sicherheit.
- Wir Menschen wollen ernst genommen und respektvoll behandelt werden.
- Wir Menschen wollen keine Missionare – zu keinem Thema – in unserer Straße oder gar in unserer Wohnung.

Und: Als gesunde Menschen wollen wir bitteschön *nicht* in Unfälle, Arbeitsgruppen, Agendaprozesse oder Steuerungskreise verwickelt werden.

Wer für Menschen etwas tun will, orientiere sich bei seinem Tun an den Menschen und dem, was sie bewegt. Wer Menschen aber, egal ob diese sich hieran interessiert zeigen oder nicht, in eine Willensrichtung bewegen will, weil er sie als „wichtig und richtig für uns alle“ erkannt zu haben glaubt, ist ein Demagoge und/oder Missionar und schäme sich, denn das entspricht speziell hierzulande keinesfalls irgendeiner political correctness. Naomi Klein, die No-Logo-Propagandistin, wird von uns allen offiziell hoch geschätzt ob ihres Wirkens gegen die globale Macht der Marken, als Galionsfigur all derer, die sich schon immer gegen Fremdbestimmung stark gemacht haben, all der Leute also, die so sind wie wir – wir bejubeln sie als öffentliche Reflektion unseres Selbstbildes. Und sie ist uns gleichzeitig Beleg dafür, dass Appelle als veränderungsintendierte Impulse heute wie gestern keine nachhaltige Chance haben, wenn es um politische, kulturelle oder wirtschaftliche Bewusstseinsbildung geht. Und wir sind heilfroh, dass wir (clever, nicht zynisch!) das schon immer wussten.

Die Kommunikationsbranche weiß längst, wie man tatsächlich Verhaltenssänderungen erzielt: Es gilt, Menschen ein Angebot zu machen, anstatt irgendein bestimmtes Verhalten von ihnen zu fordern, oder gar an irgendetwas Diffuses zu appellieren, das wir in Ihnen vermuten und das einmal „bürgerliche Verantwortung" und ein anderes Mal „gesunder Menschenverstand" genannt wird. Dieses Angebot aber muss klar sein, und es muss ein Angebot sein, das man annehmen oder ablehnen kann. (Damit fällt ein „Angebot" wie „Hier bei uns können Sie etwas für gequälte und ausgesetzte Tiere tun" weg: Man kann das nicht ablehnen, ohne sich schuldig zu fühlen. Es ist kein Angebot, sondern eine Drohung. Ergebnis: Fluchtreflex, hörbar fallender Rollladen.)

Doch gerade dieses Anbieten macht für alle aufrichtig Bewegten bis hin zu jenen, die im Namen irgendeines Sachverhalts (z.B. „Nachhaltigkeit") zu irgend etwas bewegt werden sollen, das Kommunizieren so schwierig. Denn selten sind diejenigen, die sich initiierend für irgendeine noch so gute Sache stark machen, bereit oder fähig, die Haltung des Anbieters eines Lebensentwurfs, eines Themas, einer Denkrichtung oder eines irgendwie bereichernden oder beglückenden Verhaltens einzunehmen, weil sie von ihrem Zukunfts-Sachverhalt oder Welt-Problem völlig ergriffen sind. Man glaubt sich je nach Spielart im Besitz der Wahrheit, der Globalproblemerkenntnis oder des Schlüssels zur Lösung der Schwierigkeiten in der Ersten, Zweiten, Dritten oder der Einen Welt. Dabei wären meine Mitbürger und ich wirklich gutwillig, zur Beseitigung irgendwelcher Missstände mit beizutragen, machte man sich nur die Mühe, uns auf unsere Art Zeit sparend zu erklären, warum dies im betreffenden Fall sinnvoll und für uns und andere nützlich sei. Manchmal sind Aktivisten sogar empört, wenn ich sie frage, welchen Nutzen ihr Angebot hat. Sie behelligen, ja überfallen mich in einem solchen Fall gerne mit scharfzüngigen Argumenten und befleißigen sich einer betüttelnd-mitleidigen oder auch vorwurfsvoll ins Angeekelte spielenden Körpersprache. Sie zeigen unwiderstehlich plausibel auf, warum mein Problembewusstsein erbärmlich und mein bisheriges Verhalten unverantwortlich sei; ihr Problembewusstsein und der dazugehörige Problemlöse-Entwurf dagegen lebensrettend, zukunftssichernd und gerecht. Im Weiteren üben sie an mir sodann noch den Einsatz vieler weiterer der bekannten Kommunikationskiller. Ich entferne mich in der Folge meist still, ärgere mich über die erlebte, demütigende Unverschämtheit und versuche das Ganze so schnell wie möglich zu vergessen oder zu verdrängen. Werde ich später erneut mit Symbolen oder Repräsentanten dieser Negativ-Erfahrung konfrontiert, hat sich meine Einstellung bereits fest gebildet. Eine neue Chance erhält dieses Thema bei mir nicht; da kann ich ganz meinen gesunden Fähigkeiten trauen zur Einschätzung solcher Dinge und solcher Leute.

2. Einstellungssache: Menschliche Voraussetzungen bei Initiatoren nachhaltiger Willensbildungsprozesse

Als Bürger, der sich gerne bewegen lässt, wenn der Impuls und das entsprechende Angebot von den richtigen Leuten kommt, erwarte ich von Initiatoren und Aktivisten, die mich ansprechen, im Idealfall eine Erwachsenenhaltung mir und dem fraglichen Inhalt gegenüber. Das bedeutet konkret:

- Wer mich anspricht, will Dialoge schaffen, ein eigenes Zuhören für sich möglich machen
- Erhebt keinen Anspruch auf Gehör
- Bietet, anstatt zu fordern
- Zeigt Nutzen, anstatt zu appellieren
- Will Mithelfer gewinnen, anstatt Unterstützung einzuklagen
- Kann seine Vision deutlich machen, anstatt mich in die Pflicht nehmen zu wollen
- Gibt sich Mühe, von mir verstanden werden, anstatt mit mir argumentieren zu wollen
- Weiß, dass weniger mehr ist
- Hat gelernt, dass erst Kompromisse Innovation ermöglichen
- Legt ein Minimum an Kinderstube an den Tag, kann angenehm kommunizieren
- Zeigt Gelassenheit, Spaß am Leben und verfügt über eine gesunde Selbstdistanz
- Ist kein Helfer oder Missionar, sondern hat die Rolle des Akquisitoren und Beziehungsmanagers für bestimmte Zielgruppen übernommen (zu denen ich gehöre) und legt mir dies offen.

3. Nachhaltig bewegen – durch Public Awareness oder durch Zielgruppenmarketing?

3.1 Vom Schieben der Lieben: Public Awareness

In den vergangenen 20 Jahren sind unterschiedlichste Methoden des Bewegens von Mitbürgern hin zu oder weg von bestimmten Denk- und Verhaltensweisen erprobt worden. Erst Ende der 90er Jahre aber wurden die beiden gängigsten Verfahren, Public Awareness und Individualisiertes Marketing, mit der die inphorm-Studie (initiiert und gefördert durch die Europäische Gemeinschaft und durchgeführt u.a. in Deutschland durch SocialData) anhand der Beeinflussung des Nutzungsverhaltens gegenüber individuellen und öffentlichen Nahverkehrsmitteln in verschiedenen europäischen Ländern systematisch erfasst und dokumentiert.

Sie müssen deshalb hier nicht umfassend bewertet werden. Lediglich eine kurze Darstellung soll helfen, beide Methoden von einem dritten Vorschlag abzugrenzen, den ich „Zielgruppenorientiertes Themenmarketing“ nennen will und im Anschluss etwas detaillierter ausführen werde, weil er mir für Ehrenamtlichen-Initiativen und -Aktionsgruppen praktikabler erscheint.

Die lange Jahre favorisierte Methode zur Verhaltensänderung in Richtung Ressourcenschonung und Nachhaltigkeitsbewusstsein im Alltagsverhalten – Public Awareness – geht von der These aus , Erzielung von Verhaltensänderungen in der Bevölkerung werde durch gemeinsam agierende Meinungsführer möglich. In drei Schritten planen die Public-Awareness-Fachleute Verhaltenswandel beim Zielpublikum („möglichst viele“). Erstens: Meinungsführer und Öffentlichkeit durch Konfrontation betroffen machen. Zweitens: Publikation des erwünschten neuen Verhaltens. Drittens: Sicherung sozialer Akzeptanz und öffentlich sichtbare Belohnung, wo immer das erwünschte neue Verhalten auftritt. Sehr vereinfacht ausgedrückt: Mache die Probleme der Rushhour in der Innenstadt breit bewusst. Gewinne den Fussball-Lokalmatador, die Bürgermeisterin und den Gewerbevereinschef zur Nutzung des Rades oder des Omnibusses und senke die Zustiegsschwelle für alle. Wer aus der Bevölkerung künftig ebenso anstatt mit dem Wagen mit dem Bus zur Arbeit fährt, wird öffentlich gelobt.

Schwäche der Methode: Stabilisierung des neuen Verhaltens kaum möglich, wenn nicht echter individueller Nutzen beim Bürger dadurch erkannt worden ist (günstiger, schneller, angenehmer). Die Verhaltensänderung hält also meist nicht an, wenn Engagement der V.I.P.s und Verhaltensverstärker ausbleiben.

3.2 Von der Direktive zum Dialog: Individualisiertes Marketing

Bei Versuchen von Verkehrsunternehmen (z.B. Wien) in den Neunzigern wurden bereits Marketingmethoden angewendet. Der Paradigmenwechsel hieß: Anstatt an alternatives Verhalten zu appellieren, verkauft man fachgerecht und in der persönlichen Ansprache Abonnements an Nichtnutzer. Durch die wirtschaftlichen Interessen, die hinter dieser Methode standen, stieg der Wirkungserfolg im Vergleich zu Public-Awareness-Ansätzen messbar. Die Verkehrsbetriebe sprachen Nichtabonnenten per Direktmarketing, Telefonmarketing und persönlichen Besuchen auf die Möglichkeit der ÖPNV-Nutzung an, fragten ab, welche Veränderungen zu einer Nutzung führen würden und veranlassten diese Änderungen, soweit möglich (Taktung, Haltestellenverlegung, Überdachung etc.). Dazu boten sie vergünstigte Einstiegs- und Schnuppertickets an. Sowohl die Mitmacherquote als auch deren Verweildauer stiegen im Vergleich zu anderen Verfahren messbar. Fiel die Quote ab, erfolgten telefonische Nachbearbeitungskontakte, die den Rückgang tatsächlich bremsen konnten.

Problem der Methode: hoher Investitionsbedarf durch strategisches Dialogmarketing, viel Marketing-Know-how nötig, Methoden-Einsatz in ehrenamtlichen und Initiativen-Strukturen auch mit hoch engagierten Kooperationspartnern aus Wirtschaft oder Politik deshalb nur selten möglich.

3.3 Zielgruppenorientiertes Themenmarketing

Zu finden ist ein Verfahren, das rückfallresistenter als Public Awareness und kostengünstiger als das Individualisierte Marketing ist, und das sich auch für den ehrenamtlich getragenen Einsatz eignet. Eine solche Methode in wissenschaftlich begleiteter Entwicklung und empirischer Erforschung und Dokumentation steht meines Wissens derzeit noch aus. Ein Erfolg versprechender Ansatz zumindest für die ersten Phasen der Mitmacher-Akquisition könnte nun durch den Rückgriff auf das bewährte Zielgruppenmarketing möglich werden (günstiger als individuelles Marketing), der aber gleichzeitig nicht über Produkte, sondern über Themen kommuniziert wie Public Awareness. Eine solche Vorgehensweise habe ich mit meinem Reutlinger Marketingteam für Auftraggeber (und für zahlreiche nichtzahlende Initiativen im Rahmen von Leistungsspenden) aus den Feldern Soziales, Wohlfahrt und Bildung in den vergangenen zwölf Jahren als Agenturinhaber vielfach realisiert und nach der Impulsphase den Vereinen, Verbänden und Initiativen mitsamt dem Kommunikations-Instrumentarium wieder in deren Eigenregie übergeben. Die Ergebnisse sind nicht quantitativ erfasst, aber ermutigend: Ich nenne diesen verbindenden Ansatz „Zielgruppenorientiertes Themenmarketing“ und stelle ihn hier einmal mehr der Praxis zur Diskussion und Erprobung vor.

Ungefähr 73 war's, da fuhren alle meine Freunde nach Christiania. Ich hielt Dänemark wegen seiner zahlreichen Gewässer für eine Brutstätte an Schmeiß- und Stechfliegen, hatte von den hohen Bierpreisen gehört und fuhr nicht mit. Das Leuchten in den Augen meiner zurückgekehrten Cliquenmitglieder damals macht mir bis heute deutlich, wie diese repressionsfreie Dänengemeinde Dinge richtig gemacht hat, die man braucht, um Menschen für ein Konzept zu gewinnen.

Anstatt Menschen zu belehren, zu überreden, zu überzeugen oder an sie zu appellieren, anstatt ihnen Angst vor der Zukunft zu machen oder sich gar arrogant über sie zu erheben, hat man aus einem schnöden Sachverhalt, einer bloßen Idee ein Thema gemacht und ihm einen Namen vorangestellt. Dann hat man der Zielgruppe „potentielle Propagandisten im Alter zwischen 16 und 39 mit Faible für eine nicht strikt reglementierte Art des Zusammenlebens“ den Nutzen gezeigt, Begehrlichkeit angeregt und dann den zielgruppen-entsprechenden Weg der kommunikativen Verbreitung gewählt (Mundpropaganda, Medien-PR, T-Shirt- und Button-Merchandising). Kam Response aus der Zielgruppe (Christiania-Tourismus), hat man die Leute achtsam behandelt, alle Fragen einleuchtend beantwortet und die Neuen dann den Nutzen live und mythenbildend erleben lassen, auf dass zur sachlichen Überzeugung nun auch die emotionale Begeisterung hinzutrete, die seit Urzeiten für Nachhaltigkeit des Erlebens, Speicherns und Weiterverbreitens sorgt. Christiania war eine Story – und die Storys über die Erlebnisse, die es dort zu erfahren gebe, waren Legion.

Achtung. Thema. Motiv. Zuhören. Und dann ein Angebot machen

Was die (leider nur anfänglich) fröhliche Dänenhorde hier möglicherweise unbewusst an effizienter Bewusstseinsbildung vorexerzierte, habe ich in meiner langjährigen Marketingpraxis als Dienstleister auch in Non-Profit-Kampagnen immer wieder neu implementiert und geprüft. Heute konstatiere ich für mich selbst: Kommunikation für Ideen und Konzepte, die bewegen will, braucht ein glasklar abgegrenztes, verständlich formuliertes Thema. Sie nimmt die Zielpersonen ernst, zeigt Achtung vor ihrem Denken und Leben und schafft Möglichkeiten für die Initiatoren, ihren Zielpersonen zuzuhören. Und dann macht sie ein klar umrissenes Angebot, das sich für die Köpfe der Zielpersonen gut erfassen und bedenken lässt, und sich in deren Bäuchen gut erleben und empfinden. Über dieses Angebot führt man dann mit der Zielgruppe einen echten, anregenden Dialog mit dem Ziel, aus potentiellen Interessenten Interessierte, aus Interessierten Aktive und aus Aktiven Propagandisten zu machen. Was gelang, hatte sich in der Nachbetrachtung fast immer an den Gesetzmäßigkeiten der Marketingkommunikation ausgerichtet, allerdings sehr konsequent – mit kundenorientierter Themenfindung, knappen Botschaften, Nutzenargumentation, Medienmix. Wir brauchen das Rad also vielleicht gar nicht neu zu erfinden, sondern haben uns stattdessen endlich einmal konsequent bei den bekannten Instrumentarien, Prozessen und Kompetenzen der Marketing-Profis zu bedienen: So ließen sich Anziehungskräfte bilden für Ideen nachhaltiger Lebens-, Wirtschafts- und Gesellschaftsgestaltung. Ob die empfohlene Vorgehensweise der Agenda-Strategen aus Rio dagegen – mit ihren Netzwerkbildungen, Zellengründungen, Zukunftswerkstätten und Einbindungen von Gruppen aller Couleurs – das gewusst, mitbedacht oder auch nur ansatzweise respektiert hat, ist zu bezweifeln.

Nur was ein Thema ist, eignet sich zum Gegenstand der Zielgruppenkommunikation.

„Kein Thema", sagt der Rezeptionist am Hotelempfang, als ich ihn um ein zusätzliches Kissen bitte. „Brauchen wir nicht weiter drüber zu reden", meint er damit. Es scheint, als müsse man über Sachverhalte nur reden, wenn sie ein Thema sind. Sachverhalte, die nicht den Rang eines Themas haben, sind nicht der Rede wert. Die Aufgabe eines Initiators, der Kommunikation ernst nimmt, besteht also darin, erst einmal Sachverhalte in Themen zu verwandeln, bevor er über sie kommuniziert.

Kein Thema ist z.B. der problematisierende Sachverhalt, den ich der Internetseite der ostdeutschen Kleinstadt B. entnommen habe:

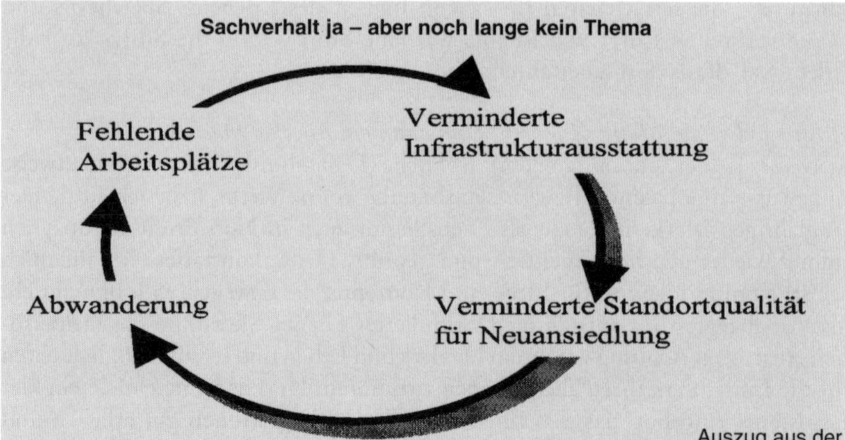

Auszug aus der engagierten website der Stadt B.

Zum Thema jedoch wird dieser Sachverhalt mittels einer simplen Methode, die Heimann, Otto und Schulz in den Siebzigern als „Berliner Didaktisches Modell" für die Pädagogik formuliert haben. Hier werden aus Zielen, Inhalten, Methoden und Medien mit Blick aus Sicht der Adressaten Themen generiert, die nunmehr wirklich relevant für unsere Ansprechpartner und deren Lebenswelt sind und die sich ebenso pointiert benennen wie leicht behalten lassen. Dabei bleiben diese generierten Themen als ein Aspekt des Sachverhalts ganz nah und untrennbar verknüpft mit unserer Idee, unserer Erkenntnis, unserem Generalangebot oder

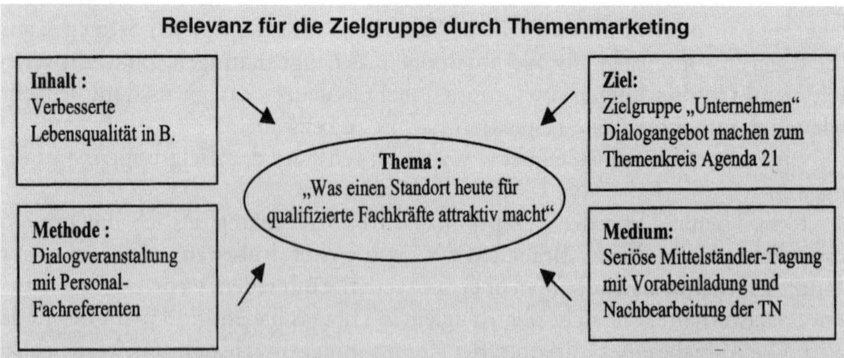

Wie man aus Sachverhalten Themen macht – frei nach dem didaktischen Modell von Heimann, Otto, Schulz

was immer wir selbst für relevant genug halten, kommuniziert zu werden. Ein Beispiel:

Konzentration auf Zielgruppen: Nettobotschaft und Positionierung
Vorraussetzung für Verbreitung und wachsende Unterstützung dabei: Man konzentriert sich auf Kernzielgruppen, die zuvor als relevant zur Generierung von weiteren Propagandisten ausgemacht wurden. Faustregel ist „Don't count the persons you got, but get the persons who count".

Gleichzeitig lohnt es sich, unsere Inhalte für uns selbst intern und als Basis für die Weiterarbeit in eine Nettobotschaft zu fassen, entrümpelt von all den Neben-Sachbotschaften, die wir selbst wissen und deshalb irrtümlich für wichtig halten, die für unsere Zielpersonen aber von geringem Nutzen sind. Die Angst vor dieser Fokussierung als scheinbarer „Verkürzung und Verzerrung unserer Kernidee", vor „Aufgabe unserer kämpferischen Position", vor „Profanisierung" und vor „Beliebigkeit" hat schon zahlreiche wertvolle Konzepte von vornherein zum Scheitern verurteilt, weil man nicht bereit war, zwei kommunikative Gesetzmäßigkeiten zu berücksichtigen, bevor man die Botschaft an die Zielgruppen formulierte.

Erstes Gesetz: „Der Köder muss dem Fisch schmecken und nicht dem Angler." Das Angebot an unsere Adressaten muss so beschaffen sein, dass diese es reizvoll finden, auch wenn wir selbst uns vielleicht andere, komplexere, tiefgründigere Themenarbeit gewünscht hätten.

Zweites Gesetz: „Je spitzer der Schuh, desto offener die Tür." Mit einem einzigen, eng begrenzten Angebot öffnen wir die Dialogbereitschaft unserer Ansprechpartner weiter als mit einer breiten, aber sperrigen Front an Argumenten, Angeboten, Inhalten und Themen. Hervorragendes Positiv-Beispiel für einen Kommunikationserfolg durch Berücksichtigung dieser Gesetze ist die Plakatkampagne der Weltläden u.a. an die Stuttgarter Autofahrer, wie sie im März/April 2001 unter Headlines wie „Heute mal schoko laden" oder „Ohne Rippen zu brechen" in Stuttgart zu bewundern war: Schokolade als Thema setzt appetitlich beim Adressaten an (‚Globalisierung' dagegen wäre mal wieder typisch Eigensicht gewesen), eine klare Verhaltensaufforderung „Im Weltladen. Natürlich." führt uns dorthin, wo man über Schokolade (Gefühlsnutzen, Bauch, Lust, Sinne) und über deren Produktionshintergründe (Kopf, Interesse wecken, „Mehr als … "-Versprechen") sehr gut Bescheid weiß (siehe auch in diesem Band: Asbrand, B.: „Denken ist kein kalter Kaffee. Alte und neue Wege der Kommunikation und des Lernens in Weltläden".)

Von einer solchen fokussierten Nettobotschaft lassen sich dann Aktivitäten, Aussagen oder Dialogaktionen recht simpel ableiten. Voraussetzung: Man hält sich an die Nettobotschaft, und versucht nicht ständig, sie zu ergänzen, zu verbreitern, zu vertiefen, zu intellektualisieren oder zu verschlimmbessern.

Das gleiche gilt für lokale Agenda-Aktivitäten mit Ziel „Bürgerdialog". Erfolg beginnt hier beim Initiator mit einer internen Klärung seiner Nettobotschaft, die sich an den Interessen der Bürger zu orientieren hat (und nicht an den Interessen der Initiatoren). Ein Beispiel:

„Das Morgen ausdenken, dran mitforschen und Visionen wahr machen im Zukunftsrat Neuhausen macht bisher bereits mehr als 100 Ihrer Nachbarn Freude – und unsere gemeinsam geschaffenen Entwürfe werden die Lebensqualität für uns alle in Neuhausen schon bald spürbar verbessern."

Damit man sich's besser merken kann, streicht man in der Kommunikation an die Zielgruppen nun noch alles raus, was für den Neu-Adressaten im ersten Schritt noch nicht notwendig zu wissen ist – weniger ist mehr:

„Willkommen im Zukunftsrat: Das Morgen schaffen macht Spaß." Das dazugehörige Bild zeigt, dass Gewerbetreibende, Händler, Pfarrer, Bürger ... eingeladen sind und/oder dass hier alles behandelbar ist, was mit der Zukunft der Neuhausener Teilzielgruppen zu tun hat.

Weniger ist mehr: Fokussieren, entrümpeln und immer bei den Interessen der Zielgruppe bleiben.

Noch schärfer heruntergebrochen und damit noch wirksamer sind im nächsten Professionalisierungsschritt Postwurfsendungen, Plakatserien oder Infoprospekte (im Handel ausliegend, nicht nur im Rathaus) mit Bildern von Bürgern, die mit ihrem jeweiligen Lieblingsthema im Zukunftsrat mitmachen (z.B. Foto einer freundlichen Seniorin: „Erna sperrt die Schillerstrasse", drunter jeweils „Willkommen im Zukunftsrat: Das Morgen schaffen macht Spaß" und eine Info, wohin man sich wann wenden kann, wenn man auch Spaß beim Zukunft-Machen haben will). Erst solchermaßen emotional und thematisch geöffnet, können Ihre Seher entscheiden, ob die Sachbotschaften und der Gefühlsnutzen des Neuhausener Zukunftsrats für sie ein Thema sind oder nicht. (Welch bittere Alternative ist dagegen eine mit öffentlichen Mitteln gestützte 1999er Zeigefinger!-Plakatserie unter der Schlagzeile „Filderstadt fährt Rad!")

Damit man nun noch Ihre Initiative von anderen Gruppierungen mit ähnlichen Arbeits- oder Planungsinhalten eindeutig und wirksam unterscheiden kann, lohnt sich die Entwicklung und Festlegung einer Positionierung, die Ihr alleinstehendes Profil begründen kann, das ab nun ständig in der gleichen Richtung zu pflegen ist, wenn Sie in Akzeptanz und Zuspruch wachsen wollen. Die Positionierung ist ein intern zu entwickelnder Kernnutzen mit Blick auf die Interessen Ihrer Kernzielgruppen. (Sie können ihn danach (!) nach außen in abgespeckter, schlagkräftiger Textform noch zu einem kurzen Slogan weiterfokussieren, den Sie ab dann in immer gleichem Wortlaut und gleicher Schriftgestaltung ‚penetrieren'.) Eine Positionierung kann beispielweise sein:

„Unter allen Kräften, die sich hier für eine gesunde, lebenswerte Zukunft stark machen, ist der Zukunftsrat Neuhausen diejenige Kraft, die nicht *für* Bürger denkt und plant, sondern in der die *Bürger selbst* Zukunft entwerfen, und Verwaltung und Politik hören ihnen zu. Also: Keine Partei, kein Verein, sondern ein Kreis von Mitmenschen jeden Alters, die mit Freude und Engagement Ihr Morgen in Neuhausen in die Hand nehmen. Klar, dass jeder hier willkommen ist, weil jeder ein Recht auf seine persönliche Zukunft in unserer Stadt hat."

Ist eine Agenda nützlich für unsere Kommunikations-Kunden?

Falls Sie sich wundern, dass „Agenda 21" in unserem Beispiel überhaupt nicht auftaucht, haben Sie das ganz richtig bemerkt. Konferenzprotokolle mit Rätselnamen aus Rio oder Kyoto sind denkbar ungeeignet, Zielgruppen jenseits von Politik oder Wissenschaft anzusprechen. Deshalb lässt man Sie in der Akquisitionsphase besser weg – Verwirrung schadet der Klarheit Ihrer Kommunikation. Bei Ihren Zielgruppen, Ihren „Kommunikations-Kunden" also, stützt solche Aktivitäten-Legitimation nicht den Eindruck von Nutzen. So wie fast kein Mensch in den Baumarkt geht, weil er sich eine Bohrmaschine wünscht (die meisten von uns wünschen sich ein Loch in der Wand), so wenig wollen Menschen erst einmal eine mysteriöse Agenda 21 intensiv kennen lernen, bevor sie sich zu Entwürfen für eine lebenswerte Zukunft auf diesem Planeten zusammenfinden. Diese Fach-Hieroglyphe kann kaum zum Aufbau von Anziehungskräften genutzt werden und lässt sich deshalb allenfalls in der Auseinandersetzung mit Politikern einsetzen – falls Sie sich hiervon überhaupt einen Nutzen versprechen, und nicht lieber den Druck auf die Politik durch reihenweise akquirierte, engagierte Zukunftsplaner aus der Bürgerschaft aufbauen.

Als Medienmix für solch lokale Akquisitionsaktivitäten empfiehlt sich das Zusammenspiel von Postwurf- oder Gemeindezeitungsbeilegern (per Sachspendenunterstützung realisiert), intensive gut gemachte Pressearbeit, Eventmarketing und günstigen Formen der Außenwerbung (Großflächenplakate). Alle Dialogaktivitäten dürfen und sollten kulturelle Elemente (Kunst und künstlerische Betätigung z.B. auf der Großwerbefläche und im Event, Kulturereignisse, Musik, Lesung oder Sportliche Begegnung) mit nutzen. Kooperationen mit Wirtschaftsunternehmen, Plakatanschlagfirmen oder Dreierkooperationen nach dem Remscheider Modell aus Initiator, Unternehmen und Presse wie z.B. der Lokalzeitung sind angenehme Nebenerscheinung mit Zusatzchance, keinesfalls lästige Pflicht.

Zum Erfolg versprechenden persönlichen, textlichen und gestalterischen Umgang mit Mitteln der Marketingkommunikation sowie mit Kooperationspartnern bieten Bildungsträger und Wohlfahrtskonzerne ausreichend preisgünstige Schulungen an, deren Absolvierung zur Pflichtaufgabe eines Initiators gehört. Die Akquisition von Werbeagenturen und Druckereien (denen selbstverständlich ebenso ein verstehbarer Nutzen geboten werden muss wie anderen Zielgruppen) ergänzt im weiteren Verlauf des Akquisitionsaufbaus die Kompetenzen und Startmittel der Initiatoren.

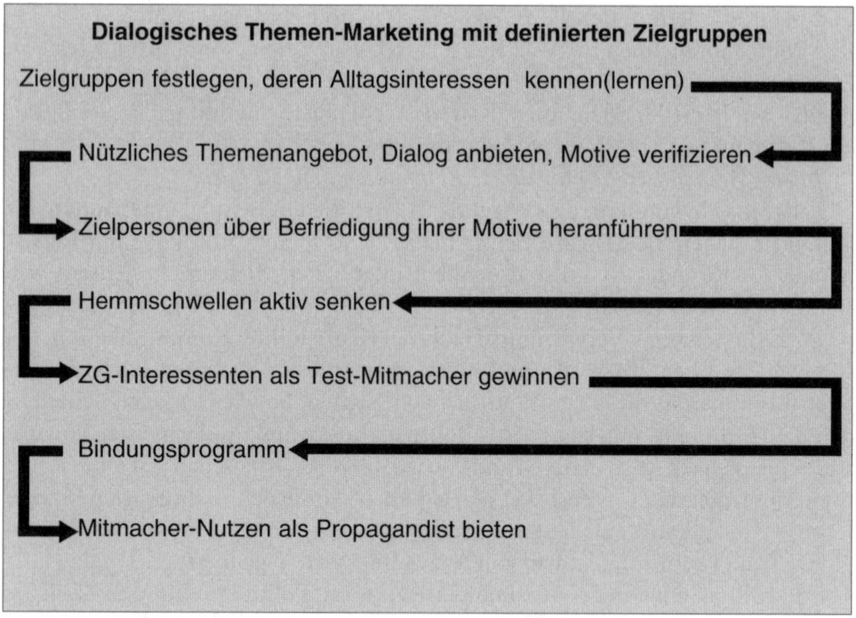

So geplant und durchgeführt ist das Zielgruppenorientierte Themenmarketing nicht nur eine Erfolg versprechende Verfahrensweise für Initiatoren und Aktive, sondern vielleicht sogar diejenige Methode, die auf den Menschen gegenüber wirklich respektvoll zugeht: Sie macht als Allererstes das eigene Zuhören zur Methode, berücksichtigt Lebenswelt und Weltsicht des Gesprächspartners und beachtet seine Wahrnehmungs- und Bewertungsweisen nicht nur in der Form der Kommunikation, sondern auch im inhaltlichen Angebot als ein für ihn relevantes Thema. Sie bietet statt zu fordern, und nimmt damit den Menschen ernst in seiner Selbstsicht als autonome Persönlichkeit.

Handlungsansätze werden am besten nicht lange diskutiert, sondern einfach einmal gemacht.

Nachdem Sie nun gelesen haben, was Sie zukünftig am besten anders machen sollten als bisher, haben Sie den Autor natürlich sofort als Missionar entlarvt und müssen nun selbst entscheiden, ob Sie dieses vorliegende Erfahrungs- und Know-how-Angebot annehmen wollen oder nicht. Ich schlage vor: Da Sie's nun schon mal gelesen haben, testen Sie es einfach unverbindlich aus. Dieser Versuch ist mit keinerlei Mehr-Kosten oder Risiken für Sie verbunden, bietet aber eine Riesenchance auf echten Dialog mit Ihren Zielgruppen, die Ihrer „Sache" wirklich zum Durchbruch verhelfen können. Lust bekommen? Also: Los. Machen. Und nicht allzu lange intern drüber diskutieren, ja?

Barbara Asbrand

Denken ist kein kalter Kaffee

Alte und neue Wege der Kommunikation und des Lernens in Weltläden

„Denken ist kein kalter Kaffee", so lautet einer der Slogans, mit denen die Stuttgarter Weltläden im Herbst 1999 große Aufmerksamkeit auf sich ziehen konnten. Die renommierte Stuttgarter Werbeagentur Leonhardt & Kern hatte im Rahmen einer ungewöhnlichen Kooperation zwischen Wirtschaft, Politik und bürgerschaftlichem Engagement im Agendaprozess professionelle Plakate mit diesem und anderen pfiffigen Slogans entworfen, mit denen im Anschluss an die Kommunalwahl in der ganzen Stadt für Fairen Handel geworben wurde. Noch am Wahlabend, die Wahllokale hatten gerade erst geschlossen, schwärmten ehrenamtliche Weltladen-MitarbeiterInnen und Agenda-AktivistInnen mit Kleistereimern aus, um die Wahlplakate der Parteien mit den professionellen Kaffeeplakaten zu überkleben. Der Faire Handel der Weltläden war anschließend in ganz Stuttgart nicht mehr zu übersehen. Überall am Straßenrand: „Kaffee auf die faire Art" oder „Kaffee ohne abzusahnen". Das Ziel, den Bekanntheitsgrad des Fairen Handels zu erhöhen, wurde sicherlich erreicht.

Die „ökofaire Marktkampagne" ist ein Beispiel für neue Kommunikationsformen in der Arbeit von Weltläden, das hier vorgestellt werden soll. Schwerpunkt dieses Aufsatzes ist die *Praxis* der Kommunikation und der Bildung für Nachhaltigkeit in Weltläden. Dabei steht im Fairen Handel der Weltläden die Nachhaltigkeitsdimension *globale Gerechtigkeit* im Mittelpunkt. Zunächst soll beschrieben werden, weshalb auch die alltägliche Weltladenarbeit Lernprozesse im Sinne einer Bildung für nachhaltige Entwicklung ermöglicht, bevor die „ökofaire Marktkampagne" dargestellt wird und verraten wird, weshalb die „Faire Kaffeetafel" der Stuttgarter Weltläden inzwischen regelmäßig im Stuttgarter Rathaus stattfindet und der Oberbürgermeister ein gern gesehener Gast ist.

Selbstorganisation im Lernort Weltladen

In den drei Stuttgarter Weltläden engagieren sich ungefähr fünfzig Ehrenamtliche für den Fairen Handel – überwiegend Frauen. In ihrer Freizeit betreiben sie Einzelhandelsgeschäfte und das mit zunehmender Professionalität und steigenden

Umsätzen. Sie beschäftigen sich mit Sortimentsgestaltung und Buchhaltung, mit Schaufensterdekoration und Marketing, mit Organisationsaufgaben und manchesmal erproben sie sich im Krisenmanagement. Die notwendige (betriebswirtschaftliche) Fachkenntnis eignen sich die meisten Weltladen-AktivistInnen dabei erst im Laufe ihrer Tätigkeit im Weltladen an.

Die Motivation für das ehrenamtliche Engagement ist individuell unterschiedlich und vielfältig; ein wesentliches Moment ist das Anliegen, sich für mehr Gerechtigkeit im weltweiten Handel einzusetzen und etwas Sinnvolles zu tun. „Global denken, lokal handeln" ist seit fast 30 Jahren das Programm der Weltläden: „Politik mit dem Einkaufskorb" ist eine Handlungsoption, die die Idee der globalen Gerechtigkeit mit dem Konsumverhalten im Norden in Verbindung bringt. Fairer Handel der Weltläden ermöglicht benachteiligten Kleinbauern und Kleinproduzenten in Entwicklungsländern eigenständige Entwicklung. Mit entwicklungspolitischer Bildungs- und Kampagnenarbeit wollen Weltläden darüber hinaus über die Zusammenhänge des Welthandels informieren.

Neben der Fähigkeit, den Ladenbetrieb am Laufen zu halten, erarbeiten sich die Engagierten in Weltläden deshalb nebenher beachtliche Kenntnisse über die Strukturen der globalisierten Weltwirtschaft. Denn die globalen Verflechtungen sind allgegenwärtig in der Praxis des Fairen Handels. Schließlich ist es ein Prinzip des Fairen Handels, über die Herkunft der Produkte, die Lebens- und Arbeitsbedingungen der ProduzentInnen in den Ländern des Südens und die Handelswege informieren zu können. Das ist ein hoher Anspruch an die eigene Arbeit, der ein großes Maß an Informiertheit der MitarbeiterInnen voraussetzt. Auch der weitergehende politische Anspruch des Fairen Handels der Weltläden, mit entwicklungspolitischen Kampagnen auf die politischen Rahmenbedingungen des Welthandels Einfluss zu nehmen, beinhaltet ständige Fortbildung der MitarbeiterInnen. Denn wer anderen zum Beispiel die Verschuldungsproblematik oder die Agrarverhandlungen der Welthandelsorganisation WTO erklären will, muss sich zunächst selbst in die komplexen Themen eingearbeitet und die Zusammenhänge verstanden haben. Anschließend müssen Strategien entwickelt werden, eine möglichst große Öffentlichkeit mit dem Anliegen zu erreichen, phantasievolle Aktionen müssen erdacht und organisiert werden. Auch dies ist ein kreativer Prozess, der handlungsorientiertes Lernen ermöglicht. Deshalb sind Weltläden nicht nur Akteure der entwicklungspolitischen Bildungsarbeit und Agenturen für Entwicklungspolitik vor Ort bzw. im Stadtteil, die nach außen wirken, sondern in erster Linie Orte selbstorganisierten Lernens für die Mitglieder der Ladengruppe (Scheunpflug/Seitz 1995, 118).

Entwicklungsbezogene Bildung findet also nicht nur dann statt, wenn Ladengruppen klassische Bildungsveranstaltungen wie z.B. Vorträge über die Bananenproduktion in Mittelamerika oder die Kampagne Erlassjahr 2000 für die interessierte Öffentlichkeit anbieten oder mit Bildungsprojekten spezielle Zielgruppen ansprechen wie beispielsweise die Mitarbeiterinnen des Weltladens „Die Waage" im Stuttgarter Westen, die mit Schülerinnen im Rahmen von Modenschauen das Thema weltweite Textilproduktion bearbeitet haben. Bildung ereignet sich auch bzw. gerade in der Ladengruppe, in der eigenen Auseinandersetzung mit den entwicklungspolitischen Themen und im Erwerb von Kompetenzen, die de Haan Gestaltungskompetenz nennt – Kompetenzen zur Gestaltung einer nachhaltigen Zukunft, insbesondere die Fähigkeit, an gesellschaftlichen Entscheidungsprozessen teilzunehmen (de Haan/Erben 1998a, 10). Ein Beispiel hierfür ist die aktive Rolle der Stuttgarter Weltläden im Agendaprozess. Sie basiert auf dem vorausgegangenen kontinuierlichen ehrenamtlichen Engagement der Aktiven in den Stuttgarter Weltläden und den Fähigkeiten, die sie sich dabei erworben haben.

Bildung, Marketing und Moral

Das Anliegen der Weltladen-Bewegung, mit entwicklungspolitischer Bildungsarbeit das Bewusstsein und die politischen Verhältnisse zu verändern, reicht in die Anfangszeit der Bewegung in den 70er Jahren zurück. Auf die Historie soll hier aber nicht näher eingegangen werden, sondern es interessiert der Wendepunkt Anfang der 90er Jahre, als sowohl die Praxis des Fairen Handels als auch die entwicklungspolitische Bildungarbeit in eine jedenfalls so wahrgenommene Krise kamen und ein Prozess der Neuorientierung begann.

Scheunpflug und Seitz beschreiben als Ursache der Krise der entwicklungspolitischen Bildungsarbeit und ihrer weitgehenden Wirkungslosigkeit außerhalb der alternativen „Szene" mehrere Faktoren. Ein Aspekt ist, dass die entwicklungsbezogene Bildung ebenso wie die Entwicklungspolitik mit zunehmender Komplexität der Weltgesellschaft mit den bisherigen Inhalten, mit einfachen Antworten und eindimensionalen Lösungswegen nicht mehr weiterkommt, sondern Unsicherheit und Vielfalt bezüglich ihres Gegenstandes aushalten muss (1993, 63 f.). Daneben tritt als Problem der „hohe Moralingehalt" der entwicklungsbezogenen Bildung. Entwicklungspolitische Bildung sei eine „Postulativpädagogik", die mehr von politischen als von pädagogischen Interessen der Akteure geleitet sei, und der es nicht gelingt, gesellschaftliche Resonanz zu erzeugen. Denn den relevanten gesellschaftlichen Systemen wie beispielsweise der Wirtschaft und den Medien ist das moralische Sprachspiel der entwicklungspolitisch Engagierten fremd (Scheunpflug/Seitz 1993, 69 ff., 74).

Dass der „moralische Zeigefinger" in der Kommunikation hinderlich ist, war auch eine wesentliche Erkenntnis der Weltladen-Bewegung in der Phase der Neuorientierung Anfang der 90er Jahre. Im Rahmen einer Profilierungskampagne wurde eine PR-Agentur von der damaligen Arbeitsgemeinschaft 3. Weltläden

(AG3WL) beauftragt, aus der Perspektive der Außenstehenden die Weltladen-Arbeit zu analysieren. Die PR-Profis diagnostizierten eine „Kommunikationsblockade“ zwischen den politisch überzeugten AktivistInnen in den Läden und den AdressatInnen. Sie gaben die Empfehlung, die eigene Weltladen-Arbeit mit den Augen der nicht-überzeugten KundInnen zu betrachten (Lütke-Fahle/Seifert 1993). Ergebnis ist die Professionalisierung der Weltladen-Arbeit – vor allem des Marketings –, die mit einem veränderten Selbstverständnis, neuen Kommunikationsformen, KundInnenorientierung und dem Abschied von der Moral einhergeht. Dass auch die entwicklungspolitische Bildungsarbeit der Weltläden in den Prozess der Professionalisierung einbezogen werden muss, ist unstrittig und wird auch praktiziert, z.B. im Rahmen der entwicklungspolitischen Kampagnen, die das europäische Netzwerk der Weltläden NEWS! seit 1994 organisiert. Allerdings muss konstatiert werden, dass die Weiterentwicklung der Bildungsarbeit der Weltläden eine Herausforderung bleibt und dass die notwendige Entwicklung von neuen, *pädagogisch* fundierten Konzepten im Weltladenbereich noch aussteht (vgl. Asbrand 1999).

Solange soll hier die These formuliert werden, dass es vor dem Hintergrund der Erfahrungen mit der Profilierungskampagne der Weltläden auch für die entwicklungsbezogene Bildungsarbeit lohnend sein könnte, von Public Relations zu lernen. Dies könnte bedeuten:
- Bildungsprozesse konsequent als Kommunikation zu verstehen, in der die AdressatInnen als Gegenüber mit Interessen und Bedürfnissen ernst genommen, als Subjekte des Lernprozesses und nicht als Empfänger von Informationen angesehen werden müssen,
- Fragen der Lebensstile und der Ästhetik auch in Bildungszusammenhängen zu beachten (vgl. de Haan/Erben 1998b).
- Kommunikationsbarrieren zu überwinden, die der Moralingehalt der entwicklungspolitischen Bildung errichtet hat, und
- die eigene Überzeugung nicht als sichere Wahrheit zu verabsolutieren, sondern die inhaltliche Botschaft mit Bescheidenheit und als Informations*angebot* zu kommunizieren.

Neue Wege der Kommunikation – ein Beispiel aus Stuttgart

Ein gelungenes Praxisbeispiel für die Kooperation der entwicklungspolitischen „Szene“ mit PR-Fachleuten ist die Stuttgarter „ökofaire Marktkampagne„. Wie schwierig diese Annäherung sein kann, macht schon die sperrige Bezeichnung der Kampagne deutlich: Eigentlich sollte es eine „ökofaire *Werbe*kampagne“ werden, doch man einigte sich auf die Kompromissformel „*Markt*kampagne“, denn sich offen für Werbung zu engagieren, war in der alternativen Szene der Agenda-

AktivistInnen aus ideologischen Gründen nicht mehrheitsfähig – und dies trotz der Tatsache, dass das erklärte Ziel der Kampagne die Steigerung des ökofairen Konsums war und zur Erreichung der Ziele mit einer Werbeagentur zusammengearbeitet werden sollte. Zwar waren die Berührungsängste bei den Weltladen-MitarbeiterInnen geringer, aber auch für sie war der Verlauf der Kampagne ein spannender Lernprozess (vgl. Asbrand/Staudacher 2000).

Der erste Schritt war dabei die Teilnahme an einer Werkstatttagung der Ev. Akademie Bad Boll. Die provokante Botschaft des Referenten, PR-Profi Mario Nantscheff, dass die Agenda 21 in ihrer Komplexität nicht kommunizierbar sei, regte zunächst zum Widerspruch an, schließlich hat die „ökofaire Marktkampagne" aber entscheidend von den Anregungen der Tagung profitiert (vgl. Nantscheff in diesem Band S. 174 ff.): Die ursprünglich thematisch breit angelegte Kampagne wurde auf ein einziges, eingängiges Weltladen-Thema und wenige klare Kernaussagen reduziert. Die Einsicht, dass Öffentlichkeitsarbeit und das Werben für den Agendaprozess ein Dialog mit Zielgruppen ist, die ernst genommen werden wollen und denen im Dialog ein Nutzenangebot gemacht werden muss, bestimmte die weiteren Aktivitäten. Mit dieser Haltung ist es gelungen, die Werbeagentur sowie Druckerei und Reproanstalt, den Oberbürgermeister und die Parteien des Gemeinderats für das Agendaprojekt zu gewinnen und so die viel beschworene Kooperation von Wirtschaft, Politik und bürgerschaftlichem Engagement zu realisieren.

Die nächste große Etappe im Lernprozess war der Dialog zwischen Weltladen-Mitarbeiterinnen und den Mitarbeitern der Werbeagentur. Hier stießen Welten aufeinander. Die Herren in Designer-Anzügen rieben sich verwundert die Augen über die ehrenamtliche Arbeit der Weltladen-Frauen und die Einstellung, als Motiv des Verzichts nicht nur schlechtes Gewissen zu sehen. Die Weltladen-Mitarbeiterinnen waren skeptisch, ob die Werbeprofis die Inhalte so kommunizieren würden, wie sich die Weltläden das vorstellten. Aber das Experiment ist gelungen. Der Dialog und die Zusammenarbeit in dem konkreten Projekt erlaubte das gegenseitige Kennenlernen, die Arbeit machte allen Beteiligten Spaß und in der Pressekonferenz, bei der die Plakate kurz vor der Kommunalwahl präsentiert wurden, bekundeten sowohl der Geschäftsführer der Werbeagentur als auch die Sprecherin der Stuttgarter Weltläden, dass sie viel voneinander gelernt und profitiert hätten.

Die Kaffee-Slogans der Plakate sind witzig, ansprechend, teilweise provokativ. Zehn Kaffeetassen in unterschiedlichen Perspektiven und knalligen Farben, jede mit einem Slogan. Der Druck der Plakate wurden durch das Entgegenkommen von Druckerei und Reprofima billiger, finanziert wurde er von der Stadt, nachdem der Oberbürgermeister für die Idee gewonnen wurde und das Agendaprojekt zur Chefsache erklärt hatte. Das Plakatieren am Wahlabend übernahmen die Ehrenamtlichen aus den Weltläden, Aktionsgruppen und der Lokalen Agenda.

Auch das zweite Element der Kampagne neben der Plakataktion nach der Kommunalwahl ist eine Initiative der Weltladen-MitarbeiterInnen im Agendaprozess: Anlässlich der konstituierenden Sitzung des Gemeinderates im Dezember 1999 wurden die neu gewählten Gemeinderäte im Rathaus zur „Fairen Kaffeetafel" mit Kaffee aus dem Weltladen und selbst gebackenem Kuchen eingeladen. Einer so freundlichen Einladung konnte niemand widerstehen. Alle kamen, die Stimmung war gut, Ansprachen wurden gehalten, Kuchen gegessen und Kaffee getrunken, die Gemeinderatsmitglieder interessierten sich für die Arbeit der Weltläden und den Agendaprozess, Gespräche wurden geführt. Pressefotografen fotografierten den strahlenden Oberbürgermeister mit einer Kaffeetasse in der Hand vor den Weltladen-Plakaten, der damit seine Unterstützung des Fairen Handels demonstrierte.

Allerdings: Gemäß der Einsicht, dass der Verkauf fair gehandelten Kaffees allein keine einfache Lösung für komplexe globale Probleme ist, war es den Stuttgarter Weltläden wichtig, die Zusammenhänge des Welthandels aufzuzeigen. Im Rahmen der Kaffeetafel wurde über die Kampagne „Land Macht Satt" der europäischen Weltläden informiert, die sich für die Interessen der Kleinbauern und das Recht auf Nahrung in den Verhandlungen der Welthandelsorganisation WTO einsetzt – zumal die „Faire Kaffetafel" beinahe zeitgleich mit der WTO-Ministerkonferenz in Seattle stattfand. Da auch die Kaffeebauern von der Agrarpolitik der Welthandelsorganisation betoffen sind, war der Zusammenhang zur Kaffeetafel in Stuttgart nahe liegend. Die Weltläden brachten damit die globale Dimension in die lokale politische Diskussion.

Angesichts der Tatsache, dass es im Stuttgarter Agendaprozess aus unterschiedlichen Gründen zu einem beinahe völligen Abbruch der Kommunikation zwischen Stadt und Agenda-Aktiven gekommen war, war die „Faire Kaffeetafel" ein großer Erfolg. Inzwischen scheint sich die „Faire Kaffeetafel" als eine regelmäßige Dialogveranstaltung zwischen KommunalpolitikerInnen und engagierten BürgerInnen zu institutionalisieren. Im Anschluss an die Landtagswahl im März 2001 werden die Wahlplakate wieder überklebt, die Entwürfe der Schokoladeplakate von Leonhardt & Kern wurden im November 2000 der Öffentlichkeit präsentiert: bei der zweiten „Fairen Kaffeetafel" im Stuttgarter Rathaus.

Denken ist kein kalter Kaffee

Weshalb habe ich diesen Slogan, meinen persönlichen Favoriten der Stuttgarter Kaffeeplakate, als Überschrift gewählt? Vielleicht weil er keine einfache Botschaft kommuniziert, die als eindeutige Wahrheit missverstanden werden könnte, und weil er vor zu großer Euphorie schützt. Statt dessen lädt der Slogan zum Nachdenken ein.

Scheunpflug warnt davor, im Zusammenhang mit dem Ziel der Nachhaltigkeit in Bildungsprozessen dabei zu blciben, eindeutige Wahrheiten bzw. einfache Lösungsmöglichkeiten für globale Probleme (fairen Kaffee kaufen) zu verkünden und neue Bildungsinhalte (Nachhaltigkeit) absolut zu setzen. Statt dessen müssen Bildungsprozesse auf Gestaltungskompetenz, auf das Verstehen komplexer globaler Verflechtungen und auf das Ertragen von Offenheit angesichts einer unbestimmten Zukunft abzielen. Gefragt ist hohe kognitive Eigenkomplexität. Das Reflexionsvermögen ermöglicht es den Menschen, Leitbilder zu hinterfragen, die Zukunft zu gestalten, Neues zu wagen (Scheunpflug 1997, 194 ff.).

Denken ist also kein kalter Kaffee.

Literatur

Asbrand, B.: Vision Fortbildung. Bildungs- und Kampagnenarbeit der Weltläden im Jahr 2002: Was kommt nach „Land Macht Satt"? In: Weltläden Aktuell 1999, H. 73, S. 12 ff.

Asbrand, B./Staudacher, B.: Kaffee auf die faire Art: Zweitausend Kaffeeplakate in Stuttgart. Chronologie einer Kampagne. In: Weltläden Aktuell 2000, H. 76, S. 11 ff.

Haan, G. de/Erben, F.: Bildung für Nachhaltigkeit. Perspektiven einer zukunftsweisenden Umweltbildung. In: ZEP 21(1998)2, 9 ff. (a)

Haan, G. de/Erben, F.: Ästhetik und Nachhaltigkeit. In: Erwachsenenbildung 44 (1998) 4, S. 161 ff. (b)

Lütke-Fahle, E./Seifert, Th.: Weltläden – ein Stück Welt von morgen. Münster 1993 (unveröff. Manuskript)

Nantscheff, M.: Zuhören statt überreden, Neugierde wecken statt appellieren. Mit zielgruppenorientiertem Themenmarketing zu Bürgerdialog und Bürgerengagement. In diesem Band S. 174 ff.

Scheunpflug, A./Seitz, K.: Entwicklungspädagogik in der Krise? Versuch einer Zwischenbilanz. In: dies. (Hrsg.): Selbstorganisation und Chaos. Entwicklungspolitik und Entwicklungspädagogik in neuer Sicht. Tübingen 1993, S. 57 ff.

Scheunpflug, A./Seitz, K.: Die Geschichte der entwicklungspolitischen Bildung. Bd. 3: Erwachsenenbildung und Jugendarbeit. Frankfurt/M. 1995

Scheunpflug, A.: Zukunftsfähiges Deutschland – eine verpasste Lernchance? Anmerkungen aus evolutionstheoretischer Sicht. In: Noormann, H./Lang-Wojtasik, G. (Hrsg.): Die Eine Welt der vielen Wirklichkeiten. Pädagogische Orientierungen. Frankfurt/M. 1997, S. 187 ff.

Dorothee Kraus-Prause/Jobst Kraus

Nachhaltigkeit als Dorf- und Stadtgespräch

Ideen zur Belebung lokaler und regionaler Agenda-21-Prozesse[1]

Dorfgespräche

Die Erfahrungen aus dem Projekt „Aufblühende Dörfer", aber auch einschlägige Beispiele und Modelle aus anderen Gemeinden werden im unregelmäßig erscheinenden Infodienst von „Boll und Böll", dem „Dorfgespräch", veröffentlicht. Dieser Titel ist gleichzeitig Programm: Nur wenn Lokale Agenda wirklich zum Dorfgespräch wird, kann es nachhaltige Veränderungsprozesse geben.

Das Beispiel Pleidelsheim

Pleidelsheim ist ein im Ortskern sehr modern wirkender Ort mit 5520 Einwohnern, geprägt durch ein schnelles Wachstum nach dem Krieg und seine Lage an der Verkehrsachse nach Stuttgart. Im Ort befinden sich eine große Zahl mittelständischer Betriebe, die 2000 Arbeitsplätze anbieten. Die bäuerliche Landwirtschaft ist stark zurückgegangen. Aufgrund der günstigen klimatischen Lage wird Spargel und wurde bis vor kurzem Tabak angebaut. Seit 1987 gibt es eine Partnerschaft mit der ungarischen Gemeinde Fertiöszentmiklos. Eher ungewöhnlich für einen Ort dieser Größe ist die Stelle eines Umweltbeauftragten innerhalb der Verwaltung. Die grundlegenden Weichen für den Prozess der Lokalen Agenda 21 und die Bewerbung für das Projekt wurden schon durch einen Gemeinderatsbeschluss

1 Vorbemerkung: Die nachfolgenden Beispiele stammen überwiegend aus dem Kooperationsprojekt mit der Heinrich-Böll-Stiftung in Baden-Württemberg „Aufblühende Dörfer. Lokale Agenda 21 in kleineren Kommunen", der sich daran anschließenden Beratungs- und Bildungsarbeit in und mit Kommunen sowie der Mitwirkung am Prozess nachhaltiger Regionalentwicklung in der Region Stuttgart (im Rahmen eines Projektes des Bundesministeriums für Verkehr, Bau- und Wohnungswesen) und im Zukunftsbeirat des Landkreises Göppingen zur Entwicklung eines Zukunftsleitbildes.

Ende 1997 gestellt. Nach dem eigenen Selbstverständnis ist Pleidelsheim eine sehr umweltbewusste, sozial engagierte Gemeinde.

In *ersten Gesprächen* mit Gemeinderatsvertretern und Verwaltung wurde deshalb im März 1998 eine Auftaktveranstaltung geplant. Die Gemeinderäte hatten die Idee an diesem Abend einen so genannten Markt der Möglichkeiten anzubieten, auf dem bestehende Gruppen und Initiativen ihre Aktivitäten vorstellen konnten. Schon vor der Auftaktveranstaltung wurde auf Initiative der Umweltbeauftragten und der Jugendhausmitarbeiter eine so genannte „Bauwagenwoche" zur Lokalen Agenda speziell für Jugendliche durchgeführt. Ein entsprechend umgerüsteter Bauwagen fuhr jeden Tag eine andere Station an, um mit Spielen und Informationsangeboten Kinder und Jugendliche für die Thematik von Umwelt und Entwicklung zu sensibilisieren. Die „Pleidelsheimer Nachrichten" als Amtsblatt dienten der Verwaltung zur Werbung für die Lokale Agenda. Immer wieder wurden im Vorfeld Informationen zum Thema veröffentlicht. Zwei Tage vor der *Auftaktveranstaltung* machte sich noch ein Gemeinderat mit einer Glocke als Büttel auf den Weg um die Bürgerinnen und Bürger einzuladen .

Trotz einer gewissen Sättigung an kommunalen Veranstaltungen direkt nach der Bürgermeisterwahl 1998 waren Anfang Juni dann 150 Interessierte in die Gemeindehalle gekommen und wurden von der Feuerwehrkapelle musikalisch begrüßt. Neben den Informationen durch die Projektmitarbeiter, sollten auch hier bereits vorhandene Ansätze einer nachhaltigen Umweltpolitik im Mittelpunkt stehen. Eine Frauengruppe hatte einen treffenden schwäbischen Sketch zur Agenda vorbereitet und eine größere Gruppe „mittelalterlicher" Bürgerinnen und Bürger präsentierte eine Umweltkantate mit Texten und Bildern. Ein Gemeinderat berichtete von Zukunftsvisionen im öffentlichen Nahverkehr am Beispiel Karlsruhes und ein ortsansässiger Großbetrieb stellte sein „Öko-Audit" vor. Die Kartenabfrage wurde sehr rege angenommen, wobei Verwaltung und Bürger/innen auch davor in einem intensiveren Austauschprozess zu sein schienen. Als Hauptmisere in Pleidelsheim wurde die Verkehrssituation genannt: „große Belastung für die Anwohner", „zu viel Schwerverkehr in der Ortsmitte", „unsichere Fußgänger- und Radfahrersituationen", aber durchaus ambivalente Einschätzungen gegenüber einer möglichen Umgehungsstraße. Häufig wurden Treffpunkte zum Verweilen und kulturelle Angebote angemahnt, Biergärten und Kleinkunst, aber auch konkrete Vorschläge im Blick auf den Natur- und Landschaftsschutz wurden gemacht. Ein Höhepunkt, der dann ein Pleidelsheimer „Export-Schlager" wurde, war der erwähnte Sketch zur Lokalen Agenda, den die beiden Pleidelsheimerinnen Inge Link und Helene Seybold auch einige Male in anderen Kommunen vorführten. Die Vorlage – der Text stammt von Anni Entenmann, ebenfalls einer Pleidelsheimerin – wurde dann von anderen Agenda-Akteuren bei Auftaktveranstaltungen auf ihre Dorfsituation zugeschnitten:

Mariele und Rickele, zwei Pleidelsheimerinnen, treffen sich auf der Straße, die eine geht schick angezogen, die andere kehrt die Straße vor ihrem Haus.

Mariele: „Ja, Grüß Gott, Rickele, sag amol wo gosch denn du na, em hella Werttich so nobel a zoga?"

Rickele: „I, I gang in Festhalle zur Lokalen Agenda-21-Veranstaltung, sag amol weisch du denn des net? du hasch doch au a Gemeindeblättle!"

Mariele: „Ond no hasch so en verronzelta Rock a, ha den hätsch au bügla kenna, der sieht ja fürchterlich aus."

Rickele: „Ja des hann i bewusst net gmacht, ungebügelt gang i do na, Akzente setzen, Strom sparen. Des sieht doch koi Mensch, dass der Rock net bügelt isch – außer dir!...."

Mariele: „... Also was hasch gsait, Agenda 21, was isch denn des?"

Rickele: „Ja wia soll i dir des erklära? Also pass uff, Agenda isch lateinisch ond heißt mit einfachen Worten übersetzt: „Was zu tun ist".

Mariele: „Ach soooo! Was zu tun ist, des isch also genauso, wenn mai Ma morgens Kaffee tronka hat, no stoht der vor mi na ond secht: Was ist zu tun?, ja no hend mir jo scho johrelang eine Agenda dorheim!!! ..."

Rickele: „ Schwätz doch net raus, „was zu tun ist", das ist die Frage, die viele Menschen weltweit bewegt, wies weiter goht en der Zukunft, ökologisch, sozial und ökonomisch. No send se bei einer Weltkonferenz en Rio, des isch en Südamerika, zammaghockt ond diskutiert ond berata ond send zu dem Ergebnis komma, dass des nemme so weiterganga ka mit onserer Welt, dass mor onsere Kender, Enkel ond Urenkel a lebenswerte Zukunft hinterlassa müsset ond net onser schöna Welt voll zerstöret! Ond deshalb: Was zu tun ist – Agenda kommsch mit?..."

In Folge dieser Auftaktveranstaltung, die sich positiv abhob von den gängigen Bürgerversammlungen und deren Vielfalt – selbst typisch für den Agenda-Prozess – mittlerweile in vielen Kommunen Nachahmung fand, wurde in Pleidelsheim zu einer *Zukunftswerkstatt* eingeladen. An einem Sommerabend kamen 25 Pleidelsheimerinnen und Pleidelsheimer eher mittleren Alters in das Kulturhaus. Sie waren durchaus für kreative und gestalterische Methoden zu gewinnen, wobei auch ihnen ein von Sachzwängen befreiter Blick in die Zukunft schwer fiel. In einer ersten Runde, warum sie einem Freund raten würden nach Pleidelsheim zu ziehen, wurden viele liebenswerte Aspekte des Ortes zusammengetragen, an die sich später gut anknüpfen ließ. Nach einer Utopiephase, wie sie sich Pleidelsheim im Jahr 2020 wünschen würden, beschäftigten sich zwei Gruppen intensiv mit der Dorfkultur, mit möglichen Zentren und Treffpunkten, mit der Umgestaltung von Plätzen und Kleinkunst-Angeboten. Eine Gruppe erarbeitete bereits sehr konkrete Vorschläge für ein innerörtliches Radwegekonzept, mit der Aussicht auf eine baldige Umsetzung. Die Gruppe Umweltschutz plante für den im November stattfindenden Gewerbemarkt eine breite Information zur Lokalen Agenda mit konkreten Beispielen. In der Auswertungsrunde zeigten sich die Teilnehmer positiv überrascht, wie „kurzweilig" so ein langer Arbeitsabend sein kann und waren sehr motiviert zur Weiterarbeit.

Nach den Sommerferien starteten die *Gruppen ihre Aktivitäten.* Gearbeitet wurde an Energiesparkonzepten, an der Ausarbeitung der Vorschläge zur Verkehrsreduzierung, an den Ideen zu einer neuen „Dorfkultur". Die Teilnehmer, die aus der Verwaltung an der Zukunftswerkstatt teilgenommen hatten und interessanterweise von vielen gar nicht als solche erkannt wurden, fanden diesen Prozess so anregend, dass sie eine Zukunftswerkstatt für alle Verwaltungsmitarbeiter/innen anregten, um den Identifikationsgrad mit dem Projekt zu erhöhen. In den ersten Monaten war es sicher von Vorteil, dass in Pleidelsheim die Umweltbeauftragte sozusagen qua Amt Ansprechpartnerin für alle Agenda-Fragen war. Wichtig war hierbei jedoch, dass sie nicht weiter der „Motor" bleiben musste, sondern die Initiative auch von den Gruppen selbst wahrgenommen wurde. Mittlerweile sind einige der Projektideen umgesetzt, wie z.B. die Fahrradstraße oder die Initiative vor Ort für jugendliche Arbeitslose eine Beschäftigung zu finden. Neue Projekte, wie ein Nord-Süd-Projekt zur Finanzierung einer solarbetriebenen Wasserreinigung und -versorgung in einem brasilianischen Regenwald-Dorf, sind dazugekommen. Eines der Ergebnisse: Das Wiederaufleben alter Traditionen wie etwa die des Glocke schwingenden Dorfbüttels, dem eine Schar von Kindern hinterläuft oder kommunikative Bürgerversammlungen mit Musik, Theater und regionaler Küche und öffentlichkeitswirksame Projekte ermöglichen neue Erfahrungen dessen, was Nachhaltigkeit sein kann.

Das Beispiel Boll im Landkreis Göppingen

Noch vor einem offiziellen Beschluss des Gemeinderates gab es zur Fastenzeit im Frühjahr 1993 ein erstes Agenda-Projekt: Die Evangelische Kirchengemeinde in Boll und DORFmobil Bad Boll e.V., eine örtliche Car-sharing-Initiative, haben sich zusammengetan, um einmal anders als üblich zu fasten und unter dem Motto „Mobil ohne Auto" sieben Wochen ohne PKW auszukommen. Gemeindemitglieder aber auch Boller Bürgerinnen und Bürger überhaupt waren aufgerufen gemeinsam eine neue Mobiltätskultur zu entdecken, zu Fuß zu gehen, Fahrrad, Bus oder Bahn zu nutzen. Wöchentliche Treffen und auch die Berichte beim Abschlussgottesdienst haben gezeigt, dass diese Art zu fasten nicht einfach ist, aber auch sehr viele neue positive Erfahrungen vermittelt:

„Wenn ich mein Auto doch mal benutzt habe, habe ich versucht, mit einer Fahrt möglichst viel zu erledigen."

„Zu Hause wurde mehr als sonst abgewogen, ob Wünsche nach Ausflügen oder Essengehen nicht auch vor Ort realisiert werden könnten. Und siehe, es hat sogar mehr Spaß gemacht als Familie durchs verschneite Boll zu gehen und sich nicht auf eine mögliche Rutschpartie mit dem Auto einzulassen."

„Erstaunt war ich, wie viel man mit dem Fahrrad einkaufen kann, auf dem Gepäckträger in Seitentaschen oder zur Not noch mit einem Rucksack. Wenn ich die Fastenaktion halbwegs durchhalte, belohne ich mich zu Ostern mit einem Fahrradanhänger."

Eine interessante Erfahrung machte der ebenfalls beteiligte Pfarrer. Er führte selten so spontan gute Gespräche, unterwegs zu Fuß oder mit dem Rad, auch mit Konfirmanden, die er nun im Bus traf und die zuerst dachten, ihr Pfarrer hätte seinen Führerschein verloren. In gewisser Hinsicht aber war der Pfarrer auch froh nach Abschluss der Aktion Autofasten auch mal wieder hinter dem Steuer seines Autos zu sitzen, weil er zu Fuß oder mit dem Fahrrad viel mehr an Kommunikations-Zeit brauchte, um durch den Ort zu kommen. Hinter der „Weltschutzscheibe" des PKWs ist ein kurzes Winken ausreichend und niemand erwartet ein Anhalten. (Aber vielleicht wäre gerade diese verlorene Zeit wertvoll und ein wichtiger Teil der Arbeit.)

Aber auch Bürger, die in ihrer ländlichen Situation gezwungen sind, ein Auto zu benutzen, können – speziell bei hohen Spritpreisen – für ein Agenda-Projekt und damit zu einem kleinen Stück mehr Nachhaltigkeit gewonnen werden. Wer aufgrund einer schlechten Verkehrsanbindung oder seiner Berufs- oder Familiensituation auf einen PKW angewiesen ist und sich deshalb schwer tut „umzusteigen", kann durch die Praxis eines energiesparenden Fahrverhaltens trotzdem einen wichtigen Beitrag zur Ressourcenschonung leisten: Mit schnellem Hochschalten, einer niedertourigen Fahrweise und einem höheren Reifendruck kann Mann oder Frau bis zu 40 Prozent Sprit einsparen (mehr Infos unter: *http://www.ev-akademie-boll.de/infos/sprit.htm),* und damit einen nicht unerheblichen Beitrag zum Klimaschutz und zur Entlastung des eigenen Geldbeutels leisten.

Gemeinden, bürgerliche wie kirchliche, haben bereits eine Fülle von Themen aufgegriffen, etwa einen Runden Tisch im Blick auf Jugendarbeitslosigkeit, den Kirchplatz für einen lokalen Bauernmarkt zur Verfügung stellen, für den fairen Handel mit Kaffee, Tee, Bananen, Schnittblumen oder Fußbällen vor Ort werben, die Sonne aufs Kirchendach holen. Besonders öffentlichkeitswirksame Agenda-Projekte in Boll waren:

– die so genannte *Agenda-Säule* beim Rathaus, nachempfunden der alten Litfass-Säule, aber mit Solarstrom-Modul samt Leistungs-Anzeige, Bürgerfragekasten, Infobrett und einem nachts beleuchteten Guckkasten mit wechselnden „Agenda-Objekten"
– der *Bollerwagen,* ein lokaler Lieferdienst mit einem Lastenfahrrad. Für Läden wie für private Kundinnen und Kunden gibt es das Angebot, Waren, vom Gemüsekorb über Bücher, Sprudelkästen bis hin zu Briefen und Paketen gegen

Gebühr ins Haus zu bringen. Besonders für ältere Mitbürger und kranke Menschen ist dieser Service sehr attraktiv und erspart „nachhaltig“ manche bisher mit dem PKW unternommene Fahrt:
„Wir liefern alles außer Elefanten“, mit dem Slogan wird in Boll für diesen noch ungewöhnlichen Service geworben, der im Dorf Muskel- gegen Motorkraft und Abgase setzt.

Nachhaltige Entwicklung vor Ort geschieht ganz und anders: ganzheitlich, indem sie Umwelt und Arbeit, Kultur und Aufklärung miteinander verbindet und Bürger unterschiedlichster Gruppen zusammenbringt, und anders, indem sie offen ist für kreative Ideen, künstlerische Aktionen und die sinnliche Erfahrung, dass es anders und besser geht. Der angepeilte und aus Nachhaltigkeitsaspekten notwendige Qualitätssprung wird sinnlich erfahrbar.

Mit Visionen eine (regionale) Vorstellung von Nachhaltigkeit schaffen

Zukunftsfähigkeit, Nachhaltigkeit, Umwelterträglichkeit, Tragfähigkeit von Ökosystemen, Ressourcenproduktivität, Effizienz und Suffizienz, nur die wenigsten können sich darunter etwas vorstellen. Es war das Verdienst der Studie „Zukunftsfähiges Deutschland“, in Auftrag gegeben vom Bund Umwelt und Naturschutz Deutschland, BUND und von Misereor, dem katholischen Hilfswerk, den quantitativen Aspekten von Umweltverbrauch und sozialer Verelendung qualitative Leitbilder an die Seite zu stellen, zu erzählen und nicht nur mit Fakten zu argumentieren. Nachhaltigkeit als ein ganzheitlicher kultureller Prozess braucht diese Bildhaftigkeit und Anschaulichkeit in gleichem Maße wie die sinnliche Erfahrung qualitativ, quantitativer Veränderung. „Statt weiter so“, geht es um ein „besser so“. Aber auch hier fehlt es an dem Vorstellungsvermögen, die eingefahrenen Pfade zu verlassen, eine Vision zu entwickeln oder das gute Leben zu träumen, das auch der Natur und kommenden Generationen ihr Recht belässt.

Aus der Erfahrung heraus, dass sich die Beteiligten bei der Leitbildentwicklung wie bei der Projektfindung in lokalen und regionalen Agenda-Prozessen eine echte Alternative kaum vorstellen können und bei der Entwicklung eines Fußwegekonzeptes in einer mittleren Großstadt nur auf gut beleuchtete und saubere Wege achten, ist die Idee entstanden, eine regionale Vision zu schreiben. Nachstehend Auszüge aus zwei Zukunftsentwürfen, in denen modellhaft Vorhandenes in neuer Weise verknüpft wird und so den regionalen Nachhaltigkeits-Initiativen eine Zielvorstellung gibt. In einer Diskussion des Entwurfs bemerkte ein Bürgermeister, dass er in diesem Landkreis gerne seinen Ruhestand verbringen würde.

Beispiel ZukunftsRegion Stuttgart

Hereinspaziert ins 21. Jahrhundert: Fahren Sie mit, erleben Sie beispielhaft durch den Blick aus dem Abteilfenster der S-Bahn oder durch ein Verweilen an den Zwischenstationen, wie die Region Stuttgart sich in der Auseinandersetzung mit globalen wie regionalen Herausforderungen aufmacht, die Zukunft in den Bereichen Wirtschaft, Umwelt und Soziales innovativ und nachhaltig zu gestalten.

Wenn Sie in Herrenberg den Bahnsteig betreten, wartet die S 1 in dem gewohnten roten, vormals orange-weißen Look schon abfahrbereit. Auffällig ist, dass es sich nicht nur um nagelneue Wagen handelt, sondern Ihnen von jedem Wagen ein bunter Regenbogen mit der Schrift „ZukunftsRegion Stuttgart" entgegenleuchtet. Und noch etwas sehen Sie auf den ersten Blick: Jeder Wagen trägt eine eigene Handschrift, gestaltet von Künstlern in einem Wettbewerb – und auch einen Namen: „Ess-Klasse", „Getting the Blues", „Kinderwagen", „LesArt", „Radlager", „Spielhölle", „Stuttgarter Trichter", „Ruhebank". Es gibt aber auch einen Wagen ohne spezielle Kennzeichnung, der in den Anfangsmonaten der neuen Linie kaum genutzt wurde, mittlerweile aber auch gut frequentiert ist.

Wenn sich der Zug in Bewegung setzt, machen Sie sich neugierig auf den Weg und gehen von Waggon zu Waggon. Im rückwärtigen Zugteil kommt zuerst das Abteil *„LesArt"*, heute mit „Emil und die Detektive" von Erich Kästner, vorgelesen von Studenten der Akademie für Bildende Kunst, die speziell für die Linie 1 ein Projekt mit Lesungen, Pantomime und Stegreiftheater entwickelt haben. Der Wagen ist leicht abgedunkelt, angestrahlt von einer Lampe sieht man, leicht erhöht sitzend, den Vorleser. Das Publikum reicht von 4 bis 90 Jahre. Morgen gibt es Jandl-Gedichte und die Vorschau fürs Wochenende verrät, dass Fred Breinersdörfer aus seinem neuesten Krimi liest und bei Verkauf auch signiert.

Es schließt sich der *„Stuttgarter Trichter"* an. Am Eingang steht: „Heute türkische Alltagsredewendungen". Die Volkshochschulen bieten einen rollenden Sprachkurs an, an jedem Wochentag die Sprache einer anderen in der Region vertretenen Nationalität. Auch wenn jemand nur drei Haltestellen mitfährt, kann er einige Brocken alltäglicher Redewendungen aufschnappen und bekommt zugleich einen kleinen Einblick in die jeweilige Kultur.

Im nächsten Wagen, der *„Ruhebank"* duftet es im Halbdunkel beruhigend nach Kräuteressenzen. Auf Komfortsitzen mit Fußteil dösen oder schlafen die Mitfahrer. Dieser Wagen ist besonders schallgedämpft und hat auch keinen direkten Ein- oder Ausstieg. Wie werden die Menschen nur rechtzeitig wach? Ein Stammgast erklärt es: Nach Einprogrammierung der Haltestelle in die Tasten an der Armlehne geht der Sitz in Ruhestellung und schwingt kurz vor Erreichen der gewünschten Haltestelle wieder in seine Ausgangsposition zurück. Übrigens müssen Handys, die in den letzten Jahren fast zur Plage wurden, „stillgelegt" werden, auch in den anderen Abteilen.

Im nächsten Wagen kommen die Jugendlichen zum Zug. Die *„Spielhölle"* beherbergt neben neuesten Computerspielen auch zwei Exemplare eines altmodischen Flippers. Beim Tischfußball wird gerade die kommende Bundesligabegegnung vorweggenommen und einmal in der Woche stellt sich ein regional bekannter Fußballer den Fragen und Kritiken seiner Fans. Inzwischen haben sich schon feste Pendlerteams gebildet, die um eine inoffizielle S-Bahn-Meisterschaft spielen. Da das Faible fürs Kickerspiel keine Altersgrenze kennt, trifft sich hier auch Jung und Alt am Spieltisch.

Nicht nur wegen der neu gestalteten S-Bahn selbst, sondern wegen der *Projekte am Rande* der Strecke und an den Bahnhöfen lohnt sich eine S-Bahnfahrt mit der Linie 1. Eigentlich bräuchte man fast mehr als einen Tag, um sich vor Ort die Fülle der Innovationen genauer anzusehen.

Speziell für die Region Stuttgart hat ein Energieversorgungsunternehmen die *Entwicklung eines neuartigen Stromzählers* in Auftrag gegeben. Das Gerät ist aber mehr als ein Zähler. Auf Knopfdruck gibt es Auskunft über Tagesverbrauch, Leistungsspitzen, Gesamtverbrauch im Vergleich zum Vorjahr, CO_2-Bilanz u.a. Ein grünes Licht zeigt an, dass der Verbrauch im Vergleich zu dem bisherigen Durchschnittstageswert besser ist, ein rotes Lämpchen signalisiert „Heute nicht dein/euer Tag". Außerdem ist der Zähler in zehn poppigen Varianten zu haben, jeweils entworfen von einem Künstler. Inspirieren ließ man sich durch das Uhrendesign von Swatch und nannte den Zähler auch gleich *„Switch$_{off}$"*. Ausgelöst durch diese „Kulturrevolution" im Zählerbereich ließen sich Gäste immer häufiger dieses Messgerät (von manchen auch „Mistgerät" genannt) zeigen, bei Wohnungsbesichtigungen war der längere Halt vor diesem Gerät obligatorisch, verbunden mit einem Erfahrungsaustausch über Energiespartipps. Und noch etwas Pfiffiges hatte sich die Energiebranche zur Kundenwerbung einfallen lassen. Sie kooperierte mit Sportstudios und nutzte die Kraftmaschinen und Trimmräder nicht nur zur Demonstration, wie kraftaufwändig es ist, Strom zu erzeugen, sondern ließ über eingebaute Generatoren die Man- und Womanpower direkt ins Netz einspeisen. Es entwickelte sich ein Wettbewerb zwischen den Fitness-Studios, welches am meisten Energie erstrampelt. Entsprechend legten sich die Besucher/innen unter dem Motto *„Watt läufst/bringst Du?"* schwer ins Zeug. Der individualistisch-narzistische Körperkult hatte eine soziale Komponente entwickelt.

Planer einer Gemeinde, bei der der Bahnhof nicht am Rande, sondern eher in der Mitte liegt, haben zusammen mit der örtlichen Kunsthalle ein Projekt zur Förderung des Fußgängerverkehrs *„O Sohle mio"* entwickelt. Kunstaktionen, verbunden mit der Gestaltung des öffentlichen Raumes, die gärtnerische Anlage von Fußpfaden sowie eine breite Beteiligung von Bürgern haben dazu geführt, dass man inzwischen gerne zu Fuß zum Bahnhof geht, auf unterschiedlichen Belägen, vom Rindenmulch bis zum Tartanbelag. Der gemächliche oder eilige Fußgänger folgt den Bildern und bunten Streifen, die den Weg zum Bahnhof weisen. Bewegliche Kunstobjekte, entstanden bei einem Wettbewerb, laden an vielen Plätzen zum Betrachten, Bewegen und Verweilen ein. Sogar ein Schuhgeschäft hat sich an die Aktion angehängt und verspricht S-Bahn-Benutzern und eifrigen Fußgängern einen Rabatt bei Reparatur und Neukauf.

Eine Automobilfirma entwickelte einen Autolack, der sich – elektronisch gekoppelt – je nach Benzinverbrauch innerhalb seines Farbspektrums verändert. *Wer benzinsparend dahinrollt,* manchmal auch ohne Motorleistung, *sitzt in einem knalligen Auto,* wer wie üblich gedankenlos hochtourig fährt, wirkt auf die anderen Verkehrsteilnehmer eher „blass". Effizient zu fahren (minus 30 Prozent Verbrauch) lohnt sich jetzt auch imagemäßig. Dieselbe Firma hat zusammen mit dem VVS von einer S-Bahnhaltestelle aus eine *Seilbahn* ins nahe gelegene Fabrikgelände gebaut, die sich großer Beliebtheit erfreut und ein jüngst fertig gestelltes Parkhaus so gut wie leer stehen lässt.

Bedingt durch das wachsende Klimabewusstsein hatte man sich bald von der Fixierung auf die individuelle Motorisierung gelöst und ist in Teilbereichen zu ungewöhlichen Transportmitteln übergegangen. Der VVS hat zusammen mit einer großen Automobilfirma – ausgelöst durch das Projekt „Mobilist" – einen neuen Shuttle-Service von Fabrik zu Fabrik angeboten: So sieht man immer öfter *Zeppeline am regionalen Himmel,* die bis zu 100 Fahrgäste aufnehmen können und, angetrieben durch eine Brennstoffzelle, in relativ kurzer Zeit den „Stauraum" überfliegen. Diese fliegenden Zigarren verkörpern mittlerweile eine neue Reisekultur, die nicht mehr in erster Linie auf Zeitreduzierung bedacht ist, sondern auch die Landschaft in den Blick nimmt – und Zeit hat. Von Fahrgasträten wurde erstmals gefordert, statt einer weiteren Reisezeitverkürzung den Umkehrtrend zu praktizieren, auch um für die „Zugangebote" mehr Zeit zu haben. Die Leer-Zeiten der Beförderung oder eigener Chauffeursarbeit konnten nun kreativ, zur Muße, zum Gespräch oder einfach zum Ausruhen genutzt werden.

Die AG „Neckarpark", eine von acht Arbeitsgruppen im Rahmen des Projektes „ZukunftsRegion Stuttgart", hatte sehr früh schon Kommunen zur Mitarbeit gewonnen, das Neckarufer wieder zugänglich zu machen, *Neckarauen für Naturschutz und Erholung* zu gewinnen und einen Radweg entlang des Flusses anzulegen, der besonders an Wochenenden und in den Schulferien stark frequentiert wird. Der Bau einer Fußgängerbrücke über den Neckar, die Einwohnern eines Dorfes den Zugang zum jenseits des Flusses gelegenen Bahnhof ermöglichen sollte, wurde aus Kostengründen erst einmal zurückgestellt. Die *Not- und Übergangslösung einer Solarfähre* wurde so gut angenommen, dass inzwischen der

Fährdienst fest eingerichtet wurde – auch zur Freude eines inzwischen voll beschäftigten Chinesen, der als anerkannter Asylbewerber froh war, unter Menschen zu kommen und seine Deutschkenntnisse verbessern zu können, anstatt abgeschirmt von der Außenwelt in einem Chinarestaurant als Tellerwäscher zu arbeiten. Die Fähre heißt im Volksmund inzwischen „Zum himmlischen Frieden", beschäftigt zwei Vollzeitkräfte und hat den geplanten Brückenbau überflüssig gemacht: Dienstleistung statt Ressourcenverbrauch. Mittlerweile verkehren etwa zehn Solarboote Neckar auf- und -abwärts – zumeist als Ausflugsschiffe, die Radler wieder an ihren Ausgangsort zurückbringen (Auszüge aus Jobst Kraus: Wir ziehen an einem Strang. Visionen entlang einer S-Bahn-Strecke. Unveröffentlichtes Manuskript, Boll 1999).

Zukunft lässt sich nicht definitiv voraussagen, auch wenn Zukunftsforscher Trends fortschreiben. Zukunft lässt sich letztlich nur denken und träumen, sie lässt sich nicht schaffen, sondern nur in kleinen Schritten erarbeiten. Und wenn sie dann Gegenwart geworden ist, überrascht sie doch jedes Mal. Visionen können Motor einer nachhaltigen Entwicklung werden und ihrerseits das Dorf-, Stadt- und Regionalgespräch beleben und vor allem zur nötigen Phantasie ermutigen, sich auf neue, nachhaltige Wege zu begeben.

Philipp Granzow

Klimaschutz als Stadt-Aktion

Die social-marketing-Kampagne der Brundlandstadt Viernheim

1. Vorbemerkung, Ziele und Projektschwerpunkte

Viernheims zukunftsweisende Energiepolitik und die ökologische Stadtentwicklung fanden Anerkennung und Unterstützung und wurden 1994 mit dem Titel „Brundtlandstadt" durch das Hessische Umweltministerium ausgezeichnet. Brundtlandstadt bedeutet Energiesparstadt. Mit der Auszeichnung ist die Verpflichtung verbunden, den eingeschlagenen Weg nicht nur fortzusetzen, sondern die Aktivitäten im Bereich Klimaschutz zu intensivieren. Dafür stehen Fördermittel des Hessischen Umweltministeriums bereit.

Die Stadt verfolgt das ehrgeizige Ziel, die CO_2-Emissionen bis zum Jahr 2010 um 30 Prozent zu reduzieren. Gelingen kann das nur mit einem guten Konzept und dem Willen dieses auch umzusetzen, ausreichenden Ressourcen und mit einer aktiven Beteiligung aller Bürgerinnen und Bürger. Schon im Brundtlandbericht 1987 wird empfohlen, der Bevölkerung eine breite Partizipation am Prozess der nachhaltigen Entwicklung einzuräumen. Neben dem Energiemanagement, der Erstellung und Umsetzung eines integrierten Klimaschutzkonzepts und einem umfangreichen Förderprogramm zur wärmetechnischen Sanierung von Altbauten, liegt auf den werblichen Maßnahmen zum Klimaschutz ein Schwerpunkt.

Klimaschutz sollte also zum Stadtgespräch und zur Stadt-Aktion werden. Mit einer professionellen social-marketing-Kampagne wurden alle Fäden zusammengehalten.

Auf der Informationsebene wurde Viernheim als Brundtlandstadt dargestellt und positioniert. Die CO_2-Problematik wurde erläutert und lokale Lösungswege aufgezeigt. Auf der Imageebene wurde Viernheim als ökologische Vorreiterkommune dargestellt und im Laufe des Projekts bundesweit bekannt. Auf der Sympathieebene sollten alle lokalen Partner zum Mitmachen aktiviert werden. Dazu passt auch der Projektslogan „Klimaschutz – Wir sind dabei".

2. Allgemeine Maßnahmen für die breite Öffentlichkeit

Für den Erfolg der Kampagne war es zunächst notwendig, die sehr abstrakten Themen „Klimaschutz“, „Treibhauseffekt“ und „CO_2-Minderung“ zu versinnbildlichen und zu konkretisieren.

2.1 Klimaschutz als Mitmach-Spiel

Zu diesem Zweck wurde vor dem Rathaus ein Treibhaus aufgestellt und mit 1000 bunten Bällen, die den Schriftzug CO_2 trugen, gefüllt.

Damit waren sowohl ein Symbol für den Treibhauseffekt, den Energieverbrauch in der Stadt als auch für das Brundtlandprojekt selbst geschaffen. Aber das Treibhaus sollte auch als CO_2-Barometer dienen – mit fallender Tendenz – und die Aktivitäten der Viernheimer Bevölkerung im Bereich Klimaschutz anzeigen. Bürgerinnen und Bürger wurden aufgerufen, mitzuhelfen die „Ball-Last“ abzutragen, indem sie sich klimafreundlich verhalten. Dazu wurden ganz konkrete Handlungsvorschläge gemacht und in einem Heft zusammengestellt. Bewusst wurden einfache und preiswerte Maßnahmen mit aufgenommen. Belohnt wurde die Umsetzung der Energiesparaktivitäten mit der extra eingeführten Klimaschutzwährung „GRO „ (benannt nach dem Vornamen der ehemaligen norwegischen Ministerpräsidentin GRO Harlem Brundtland, der Namensgeberin des Projekts). Der Kauf einer Energiesparlampe war 2 GRO wert, der Kauf eines 24h-tickets 1 GRO, der Besuch eines Ökologiekurses in der VHS 2 GRO, der Einbau einer Solaranlage oder eines Brennwertkessels 10 GRO. Die „GRO“ wurden als Marken ausgegeben und wie Rabattmarken in einem Heft gesammelt. War es mit 20 Marken voll, erhielten die Sammler als Anerkennung einen Ball aus dem Treibhaus sowie eine Energiesparlampe. Um die Motivation bei den Stammsammlern zu erhalten und neue Sammler zu gewinnen, wurde ein ganzes „Fan-

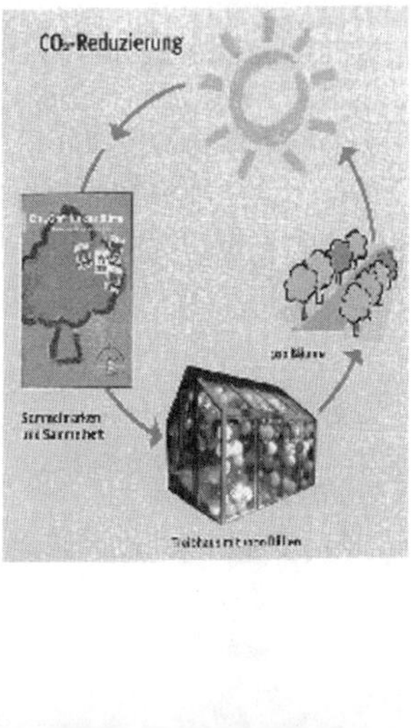

GRO-Marken-Sammelheft

Artikel-Sortiment" mit Brundtland-Logo und Slogan angefertigt. Dazu gehörten Klemmbretter, Collegemappen, T-Shirts, Baseball-Caps, Bunt- und Bleistifte. Alle Artikel wurden entweder als Belohnung für ein volles GRO-Marken-Heft eingesetzt oder als Preise bei Verlosungen. Das langsame Verschwinden der Bälle war also ein sichtbarer Indikator für den Grad der Beteiligung der Bevölkerung an den Klimaschutzaktivitäten. Durch das Netz von Ausgabestellen (Stadtwerke, Volkshochschule, Elektrofachgeschäfte, Gärtnereien, Verkehrsbetriebe, Brundtlandbüro) waren zahlreiche Multiplikatoren eingebunden und machten die Aktion stadtbekannt. Für je zehn entnommene Bälle pflanzte die Stadt einen Baum. So entstand in fünf Jahren ein Brundtlandhain mit 100 Bäumen als dauerhafte Erinnerung und neues Symbol.

Zwei Grundprinzipien sind bei der Planung und Durchführung des Mitmachspiels rund um das Treibhaus verfolgt worden: Einmal der bewusste Verzicht auf technikorientierte Einheiten, wie kWh und CO_2-Tonnen. An deren Stelle rückten konkrete Handlungsvorschläge, die auf die Einleitung einer Verhaltensänderung abzielen. Außerdem sollte der spielerische Aspekt im Vordergrund stehen. Zum zweiten war die Hemmschwelle, sich zu beteiligen, bewusst sehr niedrig gehalten, um zu zeigen, dass jeder etwas zum Thema Klimaschutz beitragen kann.

Die Psychologen sprechen von „Foot-in-the-door"-Technik und gehen davon aus, dass jemand, der erst mal eine einfache Maßnahme realisiert hat, sich später leichter für eine schwierigere und auch teurere entscheidet. Erst eine Energiesparlampe kaufen, dann einen Sparkühlschrank und später eine Solaranlage. So kann sich eine Verhaltensänderung hin zum Klimaschutz langsam entwickeln.

Nach fünf Jahren wurde die Treibhausaktion mit einem Fest für alle GRO-Marken-Sammler abgeschlossen. Dabei wurde mit den letzten Bällen jongliert, die engagiertesten Sammler ausgezeichnet und der letzte „goldene" Ball „amerikanisch" versteigert.

Rückblickend kann die GRO-Marken-Aktion als Erfolg bezeichnet werden, die wegen ihrer Einzigartigkeit und Anschaulichkeit bundesweit Beachtung fand.

In Viernheim selbst lobten 60 Prozent der Bevölkerung die Aktion als „gute und originelle" Idee, die „deutlich macht, was jeder zum Klimaschutz beitragen kann". Eine Mehrheit bezeichnete sie als „etwas für alle Bürgerinnen und Bürger". Die positive Einschätzung bedeutete allerdings nicht automatisch eine aktive Beteiligung der halben Bevölkerung. Diese beschränkte sich auf gut 400 Familien, vorwiegend auf solche mit Kindern.

Um mehr Menschen zu erreichen, wurde das Brundtlandprojekt im öffentlichen und gesellschaftlichen Leben der Stadt etabliert, z.B. durch eigenständige Aktionen im Rahmen ohnehin stattfindender Ereignisse wie Viernheimer Frühjahrsmesse, Challange-Day oder Radl-Markt.

Daneben werden eine Reihe projektorientierter Aktionen und Maßnahmen organisiert, die zum einen das Ziel verfolgen, Informationen zu einer Vielzahl von Themen zu verbreiten, zum anderen einfach die Aufmerksamkeit auf das Thema Klimaschutz lenken.

2.2 KLARO-Magazin

Das Klimaschutzmagazin KLARO erscheint viermal pro Jahr. Das vierseitige Blatt hat Zeitungsformat und -qualität und wird als Beilage in einer Wochenzeitung an alle Haushalte verteilt. Die Redaktion teilen sich die Mitarbeiter des Brundtlandbüros und ein freier Journalist, der auch das Lay-out und die Erstellung der Druckvorlage übernimmt.

KLARO berichtet über die aktuellen Projektinhalte, Erfolge und Veranstaltungen. Allgemeine Klimaschutzthemen werden aufgegriffen und mit ihrem lokalen Bezug dargestellt. So erzählen in der Sparte „Leute“ Menschen von ihren Erfahrungen mit Wärmedämmung im Altbau oder dem Leben im Passivhaus. Im Kapitel „Wissenschaft und Technik“ wird die Funktionsweise von Thermografien erläutert, während in der Rubrik „Junge Leute“ eine Schulklasse von ihrem Besuch im Brundtlandbüro berichtet.

Die aktuellen Ausgaben sind auch als Download auf unserer Homepage *www.viernheim.de/brundtland* verfügbar.

2.3 Brundtland-Fest

Beim jährlich stattfindenden Brundtland-Fest stehen eher die Aktionen und der Spaß im Vordergrund. Gerade letzteres wird beim ernsten Thema Klimaschutz viel zu oft vernachlässigt.

Das Brundtland-Fest wird von zahlreichen Vereinen, Schulklassen und sonstigen Organisationen unterstützt, die mit eigenen Kreationen und Ideen stets für ein facettenreiches Programm sorgen:
- Theaterstück „Ein Stromausfall mit Folgen“ (Schulklasse)
- Energiesparparcours (Pfadfinder)
- Basteln mit Altmaterial (Kinderschutzbund)
- Prominenten-City-Ralley mit verschiedenen Verkehrsmitteln (Umweltverein)
- Bau eines Klimakiller-Monsters (Spielmobil e.V.)
- CO_2-Molekül-Wurfbude (Brundtlandbüro)
- Fahnen-Mal-Wettbewerb „Klimaschutz“ (Schule und Kunstförderverein)
- Luftballon-Wettbewerb „Viernheimer schicken Energiespartipps in alle Welt“ (Brundtlandbüro)
- „Brundtland-Performance„: Ein Jazz-Tanz in drei Akten zeigt den Weg vom grauen Chaos in die solare Zukunft (Sportverein)

Ganz im Sinne des Kampagnenkonzepts gelingt es dabei, wichtige Zielgruppen

Das fast leere Treibhaus im August 1999

Brundtland-Fest mit CO_2-Molekül-Wurfbude

Brundtland-Fest: „Luftballonwettbewerb – Viernheimer schicken Energiespartipps in alle Welt“

und Multiplikatoren für die Mitorganisation zu gewinnen. Alle Akteure haben sich in der Vorbereitung mit dem Thema Klimaschutz auseinander gesetzt. Ihre Ideen und Überlegungen wurden mit Freunden, Kollegen, Vereinskameraden und Mitschülern diskutiert, so dass allein dadurch ein gewisser Multiplikatoreneffekt im Sinne des Brundtlandprojekts erzielt wurde.

3. Zielgruppenspezifische Maßnahmen

Die sozialwissenschaftliche Begleitforschung zum Projekt zeigte die Wichtigkeit der zielgruppenspezifischen Vorgehensweise der social-marketing-Kampagne auf. Die „ökologisch Engagierten“ (27 Prozent der Bevölkerung) stehen bereits voll hinter dem Projekt und tragen dessen Ideen aktiv weiter. Die „traditionell Sparsamen“ (18 Prozent der Bevölkerung) sind ebenfalls eine wichtige Stütze, wenn auch aus anderen Motiven. Diese orientieren sich z.B. an den Wertvorstellungen „Sparsamkeit“ und „Bescheidenheit“. Für diese Gruppe ist Sparsamkeit (auch im Umgang mit Energie) selbstverständlich. Die lokale Verwurzelung des Brundtland-Projekts ist zum guten Teil dieser Gruppe zu verdanken.

Beide Gruppen fühlen sich durch die bisherige Informations-Kampagne angesprochen und loben diese.

Ganz anders bei den „Distanziert-Modernen“, die dem Brundtland-Projekt ambivalent gegenüberstehen. Die ökologischen Ziele werden akzeptiert, das bisherige Informationsmaterial und die Aktivitäten finden aber nicht den Anklang dieser Gruppe, die bislang nicht oder nur zum Teil für das Projekt gewonnen werden konnte. Es fehlt ihnen der Aspekt der „Modernität". Um der Technikorientierung der „Distanziert-Modernen" gerecht zu werden wurde beschlossen, in den Bereich Sport-Sponsoring einzusteigen.

3.1 Sponsoring

Die Idee eines Brundtland-Turniers beim Tennisverein wurde zugunsten des Brundtlandt-Triathlons verworfen. Dieser neuen Sportart haftet noch nichts Traditionelles an. Kleidung und Ausrüstung bestehen aus Hightech-Materialien. Mit dem ausrichtenden Verein wurde eine Vereinbarung über ein Titelsponsoring getroffen. Im Sommer 2001 startet nun bereits der 4. Brundtland-Triathlon, der den Sponsoren zahlreiche Werbemöglichkeiten bietet. Vom Anmeldeformular bis zur Ergebnisliste, Sponsorentreffen mit Presse, Stadiondekoration mit Brundtland-Fahnen und Bannern, Durchsagen des Stadionsprechers zu aktuellen Klima-Themen bis hin zur Siegerehrung, bei der der Bürgermeister die Chance nutzt, ein paar Sätze zum Brundtland-Projekt zu sagen. Interessant ist auch die Berichterstattung auf der Sportseite, auf der ein Klimaschutzprojekt sonst nicht auftaucht.

Ebenfalls im 4. Jahr wird der Brundtland-City-Lauf ausgerichtet, eine Breitensportveranstaltung, bei der aber auch „Zeitenjäger" starten.

Neben der Unterstützung von Tagesveranstaltungen wird mittlerweile in der zweiten Saison eine Oberliga-Handballmannschaft werblich begleitet.

Neben allen bereits oben genannten Mitteln, sich als Sponsor zu präsentieren, eröffnen sich hier noch andere Möglichkeiten, z.B. auf den Eintrittskarten, die auf der Rückseite mit einem Energiespartipp versehen sind.

Des Weiteren benennt die Handball-Mannschaft einen Energiebeauftragten, der mit dem städtischen Energiebeauftragten zusammenarbeitet. Auf diese Weise kann sich nach und nach der Energiespargedanke in der Handballabteilung und später im gesamten Verein ausbreiten.

Das Sport-Sponsoring kann nur ein Baustein in einer breit angelegten Werbekampagne sein. Schließlich geht es beim Klimaschutz um ein Thema mit ernstem Hintergrund und erfordert auch die Vermittlung von Sachinhalten. Diese dürfen zwar mal zu Gunsten des Spaßaspekts zur Nebensache werden, sollten aber nie ganz entfallen. Hier sollte sich ein Klimaschutz-Projekt qualitativ unterscheiden von seinen Mitsponsoren wie BAUHAUS, Coca-Cola, BMW, McDonald's oder Sportartikelherstellern. Verbindungen zu Projektinhalten lassen sich durch Informationstände, Grußworte, Sachpreise (z.B. Energiesparlampen) leicht herstellen. Die Sponsoring-Partner sehen diese Notwendigkeit durchaus und räumen entsprechende Möglichkeiten ein.

Die Werbewirksamkeit von Maßnahmen im Sponsoringbereich kann noch nicht objektiv beurteilt werden. Gewissheit wird eine Untersuchung im Laufe des Jahres bringen.

Vorab bleibt eine subjektive Einschätzung: Man wird mit seinem Anliegen sicher wahrgenommen und erreicht vielleicht erstmalig die gewünschte Zielgruppe. Im bislang realisiertem Maß ist das Sponsoring sicher eine sinnvolle Maßnahme, die aber nicht allein stehen sollte.

3.2 Kinospot

Die Projektevaluation deckte ebenfalls auf, dass Jugendliche bislang zu wenig angesprochen wurden. Um diese Zielgruppe dennoch für den Klimaschutz zu motivieren, kam die Idee auf, einen Kinospot zu drehen. Damit sollten die meist jugendlichen Kinogänger angesprochen werden. Mit Unterstützung eines Medienfachmanns wurde von Jugendlichen ein Drehbuch entwickelt und vom Bühnenbild über Darstellung und Vertonung selbst umgesetzt. Der 13,2 Sekunden ‚lange' Spot lief bis März 2000 ca. 4.000-mal im Werbeblock des Viernheimer Großkinos und sorgte für viel Aufmerksamkeit. Es war gelungen die Ernsthaftigkeit des Themas mit einem spaßigen Konzept zu verbinden und Jugendliche auf „ihrer" Ebene anzusprechen.

Ein Blick in die Dreharbeiten zum Kinospot

3.3 Brundtland-Initiativen

Die Evaluation bescheinigte den hauptamtlich Aktiven im Klimaschutz ein gutes Image bei der Bevölkerung. Es wurden aber auch Bedenken geäußert, dass privaten Initiativen nicht genug Freiraum bliebe, um eigene Aktionen zu realisieren.

Hinter den Brundtland-Initiativen steckt daher die Idee, private Klimaschutz-Ideen ideell zu fördern und finanziell abzusichern. Gruppen von mindestens drei Personen können im Rahmen eines Förderprogrammes bis zu 3.000,– DM für die Realisierung ihrer Klimaschutzmaßnahme erhalten. Auf den Aspekt der öffentlichen Wirksamkeit wird dabei besonderer Wert gelegt. Förderfähig sind Aktionen in den Bereichen Öffentlichkeitsabeit, Verkehr, Energie und Ökologie.

Gefördert wurden bislang:

- zwei Pflanz-Aktionen in Kindergärten
- zwei Carsharing-Werbeaktionen der Ortsgruppe Viernheim
- eine Umfrage durch den Klima-Tisch „Verkehr“ an allen Grundschulen bezüglich der Gründe, warum Kinder mit dem Auto gebracht werden
- vier Kurse zum energiesparenden Autofahren durch zwei Fahrschulen. Die Teilnehmer erreichten Einsparungen von bis zu 40 Prozent
- ein Vortrag zum Thema „Bewahrung der Schöpfung“ im Rahmen der Woche für das Leben bei einer Kirchengemeinde

Für die Entwicklung eines Brundtland-Spiels liegt eine Anfrage vor.

3.4 Klima-Tisch „Energie sparendes Bauen und Sanieren“

Teilnehmer an diesem Arbeitskreis sind die lokalen Baufachleute aus den Bereichen Architektur, Dämmstoffhandel, Bauhandwerk, Geldinstitute, Bürger und Verwaltung, insgesamt ca. 15 Personen. Ziel ist es, die Mitwirkung der Interessenvertreter an der Gestaltung der Brundtlandstadt deutlich zu stärken.

Die Mitglieder des Klima-Tischs „Energiesparendes Bauen und Sanieren“ arbeiteten an selbst gewählten Projekten und nach dem Motto „Keine Sanierung ohne Dämmung“. Die Arbeitstreffen wurden moderiert.

In der ersten Phase befassten sich die Mitglieder des Klima-Tisches mit Maßnahmen, die geeignet waren, die Akzeptanz und Verbreitung des Förderprogrammes zu steigern. So wurde zur leichteren Vermarktung und Argumentationshilfe für Handwerker eine einfache Wirtschaftlichkeitsberechnung von Wärmedämm-Maßnahmen entwickelt. Mit wenigen Rechenschritten kann ein interessierter Bauherr die Amortisationszeit für sein in Dämmung investiertes Kapital ermitteln.

Um auf anschauliche Weise Wärmedämmung zu demonstrieren und gegebenenfalls Vorbehalte abzubauen, wurde eine Viernheimer Dämm-Tour organisiert. Bereits wärmetechnisch sanierte Altbauten wurden dabei vorgestellt.

Die beiden am Klima-Tisch beteiligten Kreditinstitute entschieden sich dafür, einen speziellen, besonders zinsgünstigen Wärmedämmkredit anzubieten. Finanziert wurden damit Kosten, die in direktem Zusammenhang einer Wärmedämm-Maßnahme stehen und nicht über das Förderprogramm gedeckt waren. Neben der Beschäftigung mit dem Förderprogramm fand das Thema „Qualitätssicherung“ am Bau, speziell im Zusammenhang mit Wärmedämm-Maßnahmen, das Interesse der Mitglieder des Klima-Tisches. Neben aller Theorie im „Hörsaal“ fanden zwei weitere Exkursionen zu den Themen „Blower-door-test“ und „Thermografie“ statt. Eingeladen waren Baufachleute und die breite Öffentlichkeit.

4. Erfolge und Ausblick

Das Thema Klimaschutz hat in Viernheim einen hohen Stellenwert. 93 Prozent der Viernheimer halten die Aktivitäten zum Klimaschutz für „wichtig" bzw. „sehr wichtig". Die Ziele des Brundtland-Projekts finden einen breiten gesellschaftlichen Konsens, das Problembewusstsein für den Klimaschutz ist ausgeprägt. Es ist gelungen den Regionalstolz mit den Projektinhalten zu verknüpfen. So äußerten 66 Prozent der Bevölkerung, dass sie „stolz darauf sind, dass Viernheim Brundtlandstadt ist". Die social-marketing-Kampagne wird von zwei Dritteln der Viernheimer als sehr gut bezeichnet. Mit ausschlaggebend für den Erfolg ist aber auch die Tatsache, dass die Werbekampagne als „weiche" Maßnahme nicht allein steht, sondern zusammen mit konkreten, messbaren Projekten Teil eines Gesamtkonzepts ist. Durch konsequentes Energiemanagement in den städtischen Gebäuden konnten 1999 bereits 134 000,– DM Energiekosten eingespart werden. Damit ist zumindest für die kommunalen Gebäude nach der halben Zeit bereits die Hälfte der angestrebten 30%igen CO_2-Reduzierung erreicht. Wegen des Vorbildcharakters ist das ein sehr wichtiger Schritt. Der bauliche Wärmeschutz von 12 Prozent der Viernheimer Wohnfläche wurde in den letzten sieben Jahren im Rahmen des Förderprogramms „Wärmetechnische Sanierung" erheblich verbessert. Damit verbunden ist eine CO_2-Minderung von 2000 t pro Jahr und eine Investition von ca. 14-17 Mio. DM, die zum großen Teil dem lokalen Gewerbe zu Gute kommt. Dass im Gegensatz zum Bundestrend auch in der ganzen Stadt die CO_2-Emissionen leicht zurückgehen ist sicher darauf zurückzuführen, dass Klimaschutz in Viernheim zum Stadtgespräch geworden ist und Investitionsentscheidungen immer häufiger im Sinne des Brundtland-Gedankens getroffen werden.

Wegen des Gesamterfolgs werden die in Viernheim gemachten Erfahrungen nun im Rahmen des Südhessischen 3-Städte-Klimaschutzprojekts an Lampertheim und Lorsch weitergegeben (www.3-Staedte-Klimaschutzprojekt.de).

Kapitel V

Nachhaltigkeit als Maßstab?

Zur Qualitätsdiskussion im Bildungsbereich

Wolfgang Beer

Einführung: Nachhaltigkeit als Maßstab?

Zur Qualitätsdiskussion im Bildungsbereich

Der Leitwert „Nachhaltigkeit" hat eine zentrale Bedeutung für die Bereiche Bildung und Wissen erlangt. Die Begründungen für diese Entwicklung ebenso wie die inhaltlichen, konzeptionellen, methodischen und lernorganisatorischen Implikationen sind in den vorangegangenen Kapiteln ausgiebig erörtert und – hoffentlich – deutlich geworden. Gleichzeitig erlebt der gesamte Bildungsbereich in den letzten zehn Jahren eine sehr intensive Diskussion um die Entwicklung eines Qualitätsmanagements in Bildungseinrichtungen. Ausgangspunkt ist dabei der Anspruch, die auf der Folie von Kunden- und Verbraucherschutz entwickelten Qualitätskonzepte auf den Bildungsbereich zu übertragen. Diese Diskussion begann sehr intensiv bis hin zu Zertifizierung und Qualitätsgütesiegeln im Feld der beruflichen Weiterbildung, hat inzwischen jedoch die gesamte Palette der Bildungseinrichtungen einschließlich der Schule erfasst. In den letzten Jahren sind zu unterschiedlichen Bildungsfeldern vielfältige Qualitätskonzepte entwickelt worden, die auch den jeweiligen Besonderheiten versuchen gerecht zu werden.[1] Die Diskussion um Qualitätsentwicklung im Bildungsbereich ist auf dem Hintergrund einer weiter reichenden Ökonomisierung des gesamten Feldes zu sehen, die letztlich eine Folge der zunehmenden Armut der öffentlichen Hände und damit auch der meist von öffentlichen Zuschüssen abhängigen oder zum öffentlichen Dienst gehörenden Bildungseinrichtungen ist. Begriffe wie Markekting, Butgetierung, Controlling und eben Qualitätssicherung haben in die pädagogisch-konzeptionelle Debatte im Bildungsbereich Einzug gehalten.[2] Sie bestimmen heute die Realität der Einrichtungen, ihr Planen und Handeln zu nicht unerheblichen Teilen mit.

Wenn nun aber mit dieser Tendenz zur Ökonomisierung eine neue Ebene der Reflexion sich im Bildungsbereich gebildet hat, dann ist zu fragen, ob bei einer sich verändernden beziehungsweise zusätzlichen inhaltlichen Orientierung, wie sie die Nachhaltigkeitsdiskussion darstellt, nicht beide Bereiche auch aufeinander zu beziehen sind. Wenn Nachhaltigkeit zu einem Leitwert für Bildungseinrichtungen wird, dann hat dieser auch für die ökonomische Ausgestaltung eine Relevanz. Nachhaltigkeit wird somit zu einem Kriterium für das Qualitätsmanagement von Bildungseinrichtungen. Und gleichzeitig kann die Qualitätsdiskussion ein Weg sein, um den Leitwert der Nachhaltigkeit auf den unterschiedlichen Ebenen einer Bildungseinrichtung zu verankern.

Das Nachhaltigkeitskriterium mit seinen beiden zentralen Aspekten der ökologischen Ressourcenschonung und der Verteilungsgerechtigkeit hat dann Auswirkungen auf die unterschiedlichen Handlungsfelder und Leistungsbereiche einer Einrichtung. Programmentwicklung, Büroorganisation, Gestaltung von Tagungsräumen und -haus, Küche und Service, Einkauf, die Entwicklung von Werbematerial bis hin zu den Bereichen Public Relation und Image müssten unter dem Aspekt von Ressourcenschonung und Verteilungsgerechtigkeit, auch gegenüber zukünftigen Generationen, betrachtet und überprüft werden. Um nur ein Beispiel zu nennen: Eine Heimvolkshochschul deren Träger sich dem Leitbild der Nachhaltigkeit verpflichtet fühlt und regelmässig Veranstaltungen zu Weltklima und Entwicklungspolitik anbietet, kann ihre Teilnehmenden nicht im Wechsel mit Currywurst und Pommes Frites oder Hähnchenschenkeln aus Massenhaltung sowie dem Frühstücksei aus der Legebatterie verpflegen, ohne ihre Glaubwürdigkeit zu verlieren.

Eine wichtige Aufgabe der Diskussion um die Nachhaltigkeit als Qualitätskriterium für Bildungseinrichtungen wird es zukünftig verstärkt sein, darauf zu achten, dass nicht einseitig die ökologische Komponente des Nachhaltigkeitskonzeptes betont und gefördert wird. Neben dem Ziel der ökologischen Ressourcenschonung muss auch das unverzichtbar gleichwertige Ziel der sozialen, internationalen und intergenerativen Verteilungsgerechtigkeit Eingang finden in die Leitbilder, Programme, Handllungs- und Organisationsstrukturen von Bildungseinrichtungen. Hier gilt es auch und gerade im Bildungsbereich dem Defizit, das in der politischen Diskussion in den Industrienationen generell, aber auch in vielen Agenda 21 Prozessen zu beobachten ist, entgegenzuwirken. Die aufgrund von fehlenden Betroffenheitszusammenhängen und begrenzten Handlungsmöglichkeiten vor allem im Bereich der internationalen Gerechtigkeit nachvollziehbare wenn auch nicht akzeptable Überbetonung des Ökologieaspektes gefährdet den Erfolg des Nachhaltigkeitskonzeptes insgesamt: seine globale Wirksamkeit kann es nur entfalten, wenn Ressourcenschonung und Verteilungsgerechtigkeit gleichberechtigt und konsequent aufeinander bezogen werden. Gerade in der Zusammenführung von Ökologie und Gerechtigkeit liegt die großartige Chance des Nachhaltigkeitsansatzes: lokal und global, aktuell und bezogen auf die kommenden Generationen. Und gerade in der Betonung und Vermittlung dieses Zusammenhanges bestehen Aufgaben und Chancen einer auf nachhaltige Entwicklung bezogenen Bildung. In der Zusammenführung von Ökologie und Gerechtigkeit ist auch ein spezifisches Qualitätskriterium von Bildungseinrichtungen angelegt, die die politische und pädagogische Chancen, die im Leitwert Nachhaltigkeit liegen, ergreifen.

Die folgenden drei Beiträge greifen den Leitwert Nachhaltigkeit als Maßstab für Bildungsarbeit und ihre Einrichtungen in sehr unterschiedlicher Weise auf.

Willi Real beschreibt „*Nachhaltigkeit als Qualitätskriterium für die Förderung von Bildungsprojekten in der Deutschen Bundesstiftung Umwelt*". Ausgangspunkt ist die

Festellung, dass Bildung eine unverzichtbare Rolle bei der Umsetzung des Umweltschutzes spielt und dass Umweltbildung immer auf eine Veränderung von menschlichem Verhalten zielt. In der Revision der Förderrichtlinien ist seit 1998 die Nachhaltigkeit das neue Leitbild für die Fördertätigkeit der Stiftung. Nachhaltigkeit ist dabei nicht nur überzeugendes Profil von Qualitätsanforderung, sondern weiter gehend ein Instrument zur praxisnahen Umsetzung. Zusammengefasst unter dem Stichwort Umweltkommunikation wird auch für die Umweltbildung eine stärkere Vernetzung mit der Informationsvermittlung, der Erziehung, der Ausbildung und der Beratung angestrebt. Umweltschutz im Sinne der Stiftung muss immer mit sozialem, ökonomischem und kulturellem Handeln verknüpft sein.

Der Autor benennt sieben Kriterien, die sich aus der Fachdiskussion um das Leitbild Nachhaltigkeit für die Förderung ergeben: System- und Problemorientierung, Verständigungs- und Wertorientierung, Kooperationsorientierung, Situations- und Handlungsorientierung, Partizipationsorientierung, Selbstorganisation und Ganzheitlichkeit. Auf dieser Basis werden Projekte in vier Förderschwerpunkte unterstützt, in denen die Umweltkommunikation praxisnah umgesetzt werden soll: Verbreitung und Umsetzung des Nachhaltigkeitsthemas auf lokaler Ebene, Umweltkommunikation für Kinder und Jugendliche in Massenmedien, Änderung von Lebensstilen und Konsumgewohnheiten, Umweltkommunikation und Umweltbildung in Museen. Die Deutsche Bundesstiftung Umwelt versteht ihre am Leitbild Nachhaltigkeit orientierten Qualitätsanforderungen als beispielhafte Beiträge zur Qualitätsdiskussion in der Umweltbildung und Umweltkommunikation.

Anneliese Heilinger beschreibt unter dem Titel *„Qualitätskriterium Nachhaltigkeit. Bildungseinrichtungen unter der Lupe"* vor dem Hintergrund der Qualitätsentwicklungsdiskussion im Österreichischen Volkshochschulverband die Zugänge und Zuspitzungen, die sich aus dem Leitwert Nachhaltigkeit als Kriterium ergeben. Die Autorin geht davon aus, dass es sich bei der Qualitätsdiskussion wie dem Nachhaltigkeitsdiskurs um Protagonisten zweier ideologisch unterschiedlicher Paradigmen handelt. Diese weisen jedoch letztlich eine gemeinsame Zielsetzung auf, nämlich die Zufriedenheit und das Wohlergehen der Menschen. So aufeinander bezogen kann Qualitätsentwicklung ein Steuerungsinstrument für Nachhaltigkeit und Nachhaltigkeit ein Maß für die Qualität von Bildungseinrichtungen werden. Nachhaltigkeit, so die Autorin, sollte in das Leitbild einer Bildungseinrichtung aufgenommen werden und in die Kompetenzanforderungen an die Lehrenden eingehen mit Fähigkeiten wie: Denken in Systemen und Kreisläufen, Interdisziplinarität, Reflexivität des Handelns und Wertefähigkeit.

Vor diesem Hintergrund wird das Nachhaltigkeitskriterium auf fünf Qualitätsbereiche von Bildungseinrichtungen hin diskutiert: Programmqualität, pädagogische Qualität, Qualität der Mitarbeiter/innen, Qualität der Infrastruktur und Servicequalität. Heilinger schlägt abschließend ein „Gütesiegel für Nachhaltigkeit“ vor, das Solidarität und Verantwortung signalisiert. Entscheidend ist jedoch dabei, dass die Nachhaltigkeit nicht gekoppelt wird mit Verzicht und schlechtem Gewissen, sondern als „Siegerkonzept“ vermittelt und aufgegriffen wird, welches nicht Einschränkung fordert, sondern für den Einzelnen wie für die Gesellschaft die Perspektive für eine Lebensverbesserung eröffnet.

Michael Müller schließlich geht in seinem Beitrag *„Nachhaltigkeit – eine kulturelle Herausforderung. Akademien als Kompetenzzentren für einen neuen Fortschritt“* aus von einer Analyse der gesellschaftlichen Folgen der Globalisierung. Sie sieht er nicht nur als einen ökonomischen Prozess, sondern als eine kulturelle Herausforderung, die uns in eine unklare Zwischenwelt (Oskar Negt) führt, welche demokratisch-kulturelle Suchbewegungen notwendig macht, um Lösungen mit mehr Solidarität und Zusammenhalt zu kreieren. Nachhaltigkeit ist für Müller in dieser Situation eine regulative Reformidee, pfleglich und doch wirtschaftlich ertragreich mit den sozialen und ökologischen Ressourcen umzugehen. Sie kann Ausgangspunkt, Leitlinie und Ziel einer Modernisierung sein, die globale Erfordernisse mit nationalen, regionalen und sektoralen Erfordernissen verbindet.

Gerade weil Nachhaltigkeit kein bloßes Akademiethema sein darf, so der Autor, müssen Akademien zu anerkannten Trägern der gesellschaftlichen Debatte werden. Sie können Kompetenzzentren sein, die Nachhaltigkeit als Prinzip auf die Bildung übertragen helfen. Akademien haben die Reputation und die Kompetenz, Nachhaltigkeit und Bildung zusammenzuführen, dem inflationären und verwässernden Gebrauch des Begriffs entgegenzuwirken, die Inhalte zurückzuerobern und ihnen mehr Klarheit zu verschaffen. Nachhaltigkeit ist das Gerüst, das die Zivilgesellschaft stärkt und die Brücke zwischen Politik, Ökonomie, Sozialem und Natur schlägt. Akademien haben die Aufgabe, unabhängig vom schnellen Zeitgeist auf Entwicklungen und Chancen rechtzeitig aufmerksam zu machen und Weichen für eine Zukunft mit einem menschlichen und friedlichem Gesicht (mit) zu stellen.

Literatur

1 Einen Überblick über die Qualitätsdiskussion im Weiterbildungsbereich ist u.a. zu finden in: Felicitas von Küchler/ Klaus Meisel (Hrsg.): Qualitätssicherung in der Weiterbildung, Band 1+2. Frankfurt/M. 1999

2 Vgl. Hannelore Bastian/Wolfgang Beer/Jörg Knoll: Pädagogisch denken – wirtschaftlich handeln. Zur Verknüpfung von Ökonomie und Profession in der Weiterbildung. Bielefeld 2002

Zur schulischen Diskussion vgl. u.a.: Bildungskommission NRW: Zukunft der Bildung. Schule der Zukunft. Neuwied/Kriftel/Berlin 1995, hier insbesondere S. 151 ff.

Zur Diskussion in der politischen Bildung vgl.: Wolfgang Beer: Politische Bildung im Epochenwechsel. Grundlagen und Perspektiven, Weinheim/München 1998, S. 189 ff.

Willi Real

Nachhaltigkeit als Qualitätskriterium für die Förderung von Bildungsprojekten in der Deutschen Bundesstiftung Umwelt

Grundsätzliche Anforderungen an Förderprojekte

Für eine Förderinstitution ist eine Qualitätsdiskussion ein unverzichtbarer Teil ihrer Tätigkeit. Sie wird versuchen, in einem höchstmöglichen Maße die ihrer Arbeit gesteckten Ziele und die erhofften positiven Wirkungen zu erreichen, zugleich ist es ihre Aufgabe, die ihr für diesen Zweck zur Verfügung gestellten Finanzmittel höchst effizient einzusetzen.

Die Deutsche Bundesstiftung Umwelt hat den Auftrag erhalten, Vorhaben im Bereich der Umwelttechnik, Umweltforschung, Umweltkommunikation sowie Umwelt und Kulturgüter zum Schutz und zur Entlastung der Umwelt zu fördern.

Sie fordert von ihren Projekten Innovations- und Modellcharakter. Mit der ersten Anforderung werden an die Inhalte, Ziele, Umsetzungen und Auswirkungen der Projekte höchste Ansprüche gestellt. Die Modellhaftigkeit betont die Vorbildfunktion, die die Nachahmung und damit die Verbreitung der neuen Ideen, Handlungsimpulse, Verfahren und Produkte auslöst.

Zur Notwendigkeit, Zielsetzung und Umsetzung von Umweltbildung

Die Fördertätigkeit der Deutschen Bundesstiftung Umwelt im Bereich der Umweltbildung fußt auf der Erkenntnis, dass Umweltschutz auf Dauer nur gelingen kann, wenn die überwiegende Mehrzahl der Bevölkerung um die Umweltsituation weiß, die Optionen der Handlungsmöglichkeiten und ihre Wirkungen kennt und bereit ist, aktiv an der Gestaltung mitzuwirken. Entsprechend kommt der Bildung eine unverzichtbare Rolle in der Umsetzung des Umweltschutzes zu.

Soll Umweltbildung fruchtbar werden, muss sie eingebettet sein in ein Konzept von Maßnahmen und Angeboten mit dem Ziel, nicht nur das Umweltbewusstsein zu stärken und die notwendigen Informationen zu vermitteln, sondern die Menschen tatsächlich zum umweltgerechten Handeln zu bewegen. Insofern ist

Umweltbildung immer auf eine Veränderung von menschlichen Verhaltensweisen ausgerichtet.

Umweltbildung beschränkt sich also nicht auf eine reine Wissensvermittlung. Über die Information Einzelner hinaus soll das Umweltbewusstsein verändert und die Handlungsbereitschaft gefördert werden.

Ziel ist es, Fachgrenzen zu überwinden und zu versuchen, durch übergreifende Ansätze themen- und problembezogener Zusammenarbeit zwischen verschiedenen Akteuren der Vielfältigkeit und der Komplexität von Umweltproblemen gerecht zu werden.

Deutlich dürfte sein, dass Umweltbildung diesem Verständnis nach weit mehr darstellt als nur Pädagogik. Sie steht in enger Wechselwirkung zu benachbarten Disziplinen wie Kommunikation, Psychologie, Soziologie, politische Wissenschaften oder Sozialökonomie, um die gewünschten Entwicklungen zu unterstreichen.

Die hier in einer kurzen Zusammenfassung geltenden Anforderungen und Bewertungskriterien für Förderprojekte der Deutschen Bundesstiftung Umwelt im Bereich der Umweltbildung sind bereits gewichtige Elemente einer Qualitätsdiskussion, die sich letztlich in den Förderleitlinien der Stiftung niedergeschlagen haben.

Neuausrichtung der Qualitätsmaßstäbe an der Leitidee der Nachhaltigkeit

Mit dem einsetzendem Fachdiskurs über die auf der Konferenz von Rio verabschiedete Agenda 21, die ausdrücklich in Kapitel 36 eine Neuausrichtung der Umweltbildung auf die Idee der Nachhaltigkeit fordert,[1] orientierte sich die Fördertätigkeit der Stiftung im Bereich der Umweltbildung – wie sie es auch in den anderen Förderbereichen tat – immer stärker auf dieses neue Leitbild. Dies fand seinen Niederschlag in der Revision der Förderleitlinien seit 1998.[2]

Der Leitgedanke der Nachhaltigkeit enthält für die Tätigkeit der Stiftung viele unentbehrliche weit tragende Qualitätskriterien für die Förderung von Bildungsprojekten und der damit verbundenen Auseinandersetzung mit dem Leitbild der Nachhaltigkeit. Verbunden mit der Agenda 21 entwickelt die Idee von der Nachhaltigkeit darüber hinaus nicht nur ein überzeugendes Profil von Qualitätsanforderungen, sondern auch ein Instrument zur praxisnahen Umsetzung.

Im Sinne der Retinität, wie sie im Umweltgutachten 1994 vom Rat der Sachverständigen für Umweltfragen ausführlich diskutiert wurde, ist auch für die Umweltbildung eine stärkere Vernetzung mit der Informationsvermittlung, der Erziehung, der Ausbildung und der Beratung notwendig.

Die in diese Vernetzung zusammengefasste Umweltkommunikation bedeutet mehr als die traditionelle Umweltbildung und reine Wissensvermittlung. Es müssen Beziehungen zwischen den Akteuren im Umweltschutz hergestellt werden, die zum Handeln führen. Umweltschutz muss dabei mit sozialem, ökonomischem und kulturellem Handeln verknüpft werden und darf nicht als Sonderaufgabe daneben bestehen. Nur durch eine solche Verankerung des Umweltschutzes im Alltagsleben und durch eine grundlegende Werteorientierung wird kontinuierliches Handeln für eine dauerhafte umweltgerechte Entwicklung ermöglicht. Die Umweltkommunikation hat hierzu neue Wege zu verfolgen und muss der wichtigen Aufgabe dienen, konkrete Handlungsoptionen zu vermitteln.[3]

Bereits in anderen Bereichen erprobte Formen der Visualisierung, der Medien und der Kommunikationstechniken sind dabei zu erproben, neue didaktische Methoden und Instrumente sind gefragt, die dazu beitragen, möglichst viele Menschen in einen partizipativen prozesshaften Dialog mit einzubeziehen. In ihrer Qualitätsdiskussion und der damit verbundenen Auseinandersetzung mit dem Leitbild der Nachhaltigkeit berücksichtigt die Fördereinrichtung in Anlehnung auch den laufenden Diskurs der Fachkollegen und -kolleginnen, der sich mit den Stichworten

- System- und Problemorientierung
- Verständigungs- und Wertorientierung
- Kooperationsorientierung
- Situations- und Handlungsorientierung
- Partizipationsorientierung
- Selbstorganisation
- Ganzheitlichkeit

am kürzesten beschreiben lässt.[4]

Zu einer Qualitätsdiskussion in einer Fördereinrichtung gehört es aber auch, konkrete Wege aufzuzeigen, um die erkannten und gesetzten Qualitätsziele in Fördervorhaben zu erreichen. Die Stiftung hat versucht, dies in der Vorstellung von Förderschwerpunkten zu beschreiben.

Förderschwerpunkte als Beispiele praxisnaher Umsetzung von Qualitätsanforderungen

Die nachfolgend vorgestellten einzelnen Förderschwerpunkte dienen als Beispiele für eine Hilfestellung zu einer praxisnahen Umsetzung des Qualitätsanspruches in der Umweltbildung. Sie nehmen für die verschiedenen Arbeitsfelder der Umweltbildung und Umweltkommunikation die unterschiedlichen Anforderungen des Leitgedankens der Nachhaltigkeit auf.

1. Beispiel: Förderschwerpunkt: Verbreitung und Umsetzung des Nachhaltigkeitsthemas auf lokaler Ebene

Die notwendige positive Grundvoraussetzung für eine Verbreitung in der Umsetzung der Nachhaltigkeitsidee wird nur durch eine breite Zustimmung in der Bevölkerung erreicht. Dies wird vor allem auf lokaler Ebene erfolgen und in entscheidendem Maße davon abhängen, inwieweit es gelingt, das Verhalten der Menschen im Alltag zu beeinflussen. Der Umweltbildung kommt in diesem Zusammenhang eine zentrale Rolle zu.

In einem besonderen Schwerpunkt sollen die Verbreitung und Umsetzung des Nachhaltigkeitsthemas durch Maßnahmen der Umweltbildung und Umweltinformationsvermittlung unterstützt werden. Dies bedeutet u. a.

- konkrete Umsetzung von Nachhaltigkeitsprojekten mit Bildungsbezug (Lokale Agenda 21, Klima-Thematik, Verbindung lokaler und globaler Bezüge etc.)
- bewusste Einbeziehung von einzelnen Bevölkerungsgruppen, Vereins- und Verbandsstrukturen, die nicht unmittelbar mit dem Thema befasst sind (Sport, Kirchen, Kultur, Wirtschaft, Schulen etc.), um bestehende Infrastrukturen für die Verbreitung zu nutzen
- Initiierung und Durchführung von breitenwirksamen und partizipationsorientierten Aktionen zur Schaffung eines Nachhaltigkeitsbewusstseins in der Bevölkerung
- Qualifizierung von Multiplikatoren (Politiker, Bildungsfachleute u.a.)
- Umgestaltung von öffentlichen Institutionen und Verwaltungen im Sinne des Nachhaltigkeitsgedankens
- Vernetzung und Transfer erfolgreicher Ansätze im lokalen Bereich

2. Beispiel: Förderschwerpunkt: Umweltkommunikation für Kinder und Jugendliche in Massenmedien

Bei der Etablierung von Umweltbewusstsein und der Vermittlung von Umweltinformationen kommt den Medien insgesamt, vor allem aber den Massenmedien, eine zentrale Bedeutung zu.

Massenmedien, insbesondere das Fernsehen, gehören für Kinder und junge Heranwachsende zum festen Bestandteil ihres Alltags und bestimmen einen großen Teil ihrer Denkweise und ihres Verhaltens.

Neue altersgerechte Umweltkommunikationsformen für Kinder und Jugendliche unter der Nutzung der Massenmedien (Film, Fernsehen, Rundfunk und Printmedien) sollen in einem Förderschwerpunkt erprobt und erforscht werden. Folgende Akzente sind hervorzuheben:

- Entwicklung, Erprobung und Evaluierung umweltbezogener Kommunikationsmaßnahmen in unterschiedlichen Medienformaten für die Bereiche Film und Fernsehen, Rundfunk, Zeitungen und Zeitschriften

- Durchführung von breitenwirksamen Wettbewerben und Aktionen zum Thema „Nachhaltigkeit im Alltag" für Kinder und Jugendliche unter aktiver Beteiligung der Massenmedien
- Förderung des Wissensaustausches zwischen Akteuren aus den Bereichen Medien, Bildung, Umweltschutz sowie Kinder- und Jugendarbeit
- Erstellung und Verbreitung von Medienpaketen und didaktischen Lehrmaterialien in Verknüpfung mit Massenmedien für schulische und außerschulische Umweltbildungsarbeit
- Forschung zu den Wirkungsmöglichkeiten und -grenzen der Umweltkommunikationsformen in Massenmedien

3. Beispiel: Förderschwerpunkt: Änderung von Lebensstilen und Konsumgewohnheiten

Die Umsetzung der nachhaltigen Entwicklung ist nach einhelliger Ansicht von Wissenschaft und Politik (vgl. Berichte des Rates von Sachverständigen für Umweltfragen, der Enquetekommission „Schutz des Menschen in der Umwelt", des wissenschaftlichen Beirates der Bundesregierung u.a.) durch wissenschaftlich-technische Innovationen und administrative Maßnahmen allein nicht zu erreichen. Der damit verbundene ökologische Strukturwandel verlangt Änderungen „von Produktions- und Konsumgewohnheiten, die mittel- bis langfristig einen tief greifenden Wandel von Wertvorstellungen sowohl zur Folge als auch zur Voraussetzung haben".

Notwendig sind der Prozess des Bewusstseinswandels, die Änderung von Konsumgewohnheiten, die Ausbildung neuer Werthaltungen und neuer Lebensstile und die Entwicklung einer ökologischen Ethik.

Die erforderliche Kommunikation darüber darf nicht auf einen kleinen Kreis von Experten beschränkt bleiben, sondern muss in die Bevölkerung hineingetragen werden mit dem Ziel einer breiten Konsensfindung.

Gleichzeitig geht es darum, in diesem Kommunikationsprozess an der Sprache, den Erfahrungshorizont und der bestehenden Mentalität der Bürger anzusetzen. Wertvorstellungen, neues Konsumverhalten, neue Lebensstile, eine Umweltethik müssen sich im Alltagshandeln als umsetzungsfähig erweisen.

Gefördert werden sollen deshalb Projekte, die

- die wissenschaftliche Diskussion über Veränderungen von Konsumverhalten und Entwicklung neuer Lebensstile im Sinne der Agenda 21 zielgruppenorientiert und praxisnah in die Umweltinformations- und -bildungsarbeit umsetzen,
- die mit Informations-, Beratungs-, Bildungs- und Qualifikationsangeboten zur Neuorientierung mit Wertvorstellungen und Lebensgewohnheiten an der realen Lebenssituation ansetzen im Bereich der Privathaushalte (Wohnung, Energie, Ernährung, Kleidung etc.), der Betriebe (Produktgestaltung, Trans-

port, Kreisläufe etc.) und des Mobilitäts- und Freizeitverhaltens (Verkehr, Tourismus, Sport, Medien etc.),
- durch die Kommunikation über Wertvorstellungen und ethische Prinzipien einen Beitrag liefern, mit den unterschiedlichen Interessenlagen umzugehen, Konflikte zu bewältigen und Konsens zu finden.

4. Beispiel: Förderschwerpunkt: Umweltkommunikation und Umweltbildung in Museen

Das traditionelle Bildungskonzept eines Museums basiert auf den vorhandenen wissenschaftlichen oder künstlerischen Sammlungen, deren Gegenstände und Inhalte dem Besucher in Form von Präsentationsausstellungen gezeigt werden sollen. In den vergangenen zwei Jahrzehnten hat sich jedoch ein Wandel in der Auswahl von Ausstellungsthemen und Darstellungsformen vollzogen. Themenbezogene Ausstellungen werden methodisch vielseitiger dargeboten und sprechen vermehrt Neugier, Spieltrieb oder das Bedürfnis nach Unterhaltung an. Verschiedenste Medien werden zum Einsatz gebracht. Museumspädagogen bieten eigene unterstützende Vorbereitung und Betreuung von Besuchergruppen an. Die Verknüpfung moderner Museumsarbeit mit aktuellen Themen des Umweltschutzes in Umweltmuseen und naturwissenschaftlich/naturkundlichen Museen ist dabei jedoch stark unterrepräsentiert.

Auch historische, kulturgeschichtliche, technische und heimatkundliche Museen sowie Museumsdörfer bieten aus inhaltlichen Gründen gute Voraussetzungen dafür, vermehrt Aufgaben der Umweltkommunikation zu übernehmen. Sie sind mit ihren großen und kleinen Einrichtungen in der Fläche verbreitet, in der Region etabliert und weisen kontinuierlich hohe Besucherzahlen auf. Sie können zu einem facettenreichen Netzwerk von Umwelt-Lernorten werden. Die Museen verfügen über die geeignete Infrastruktur, um Ausstellungen zu präsentieren und Bildungsarbeit durchzuführen und besitzen einen Stamm von qualifizierten Mitarbeiterinnen und Mitarbeitern. Durch eine Verlagerung der hauseigenen Zielsetzung hin zu umwelttechnischen und umweltschutzrelevanten Themen können dauerhaft gesicherte Umweltkommunikationsangebote geschaffen werden. Gezielte Impulse durch genau definierte Projekte sind geeignet, die Funktion von Initialzündungen für diesen Prozess zu übernehmen und das Thema Umweltkommunikation in den aktuellen Diskurs über Zielgruppenorientierung, moderne Museumskommunikation und Museumsmanagement einzuführen.

Folgende Akzente sind hervorzuheben:
- Erarbeitung von interaktiven, verschiedene Sinne ansprechenden und attraktiven Erlebnisausstellungen zu aktuellen Themen des Umweltschutzes
- Maßnahmen zur dauerhaften Verknüpfung der Museumspädagogik mit modernen Konzepten der Umweltbildung und Öffentlichkeitsarbeit

- Innovative Pilotvorhaben zur Kooperation von Museen und Bildungseinrichtungen wie Umweltbildungszentren, Schulen, Volkshochschulen, Träger der Erwachsenenbildung, Universitäten usw. zur Entwicklung von dauerhaften Synergien für die Umweltbildungsarbeit
- Entwicklung neuer, zielgruppengerechter Konzepte für die Kommunikation von umweltschutzrelevanten Inhalten für Kinder und Jugendliche, z.B. Kindermuseen
- Begleitende Evaluation der im Förderschwerpunkt durchgeführten Projekte

Zusammenfassung

Die hier vorgestellten Überlegungen erheben nicht den Anspruch, ein normatives und immer gültiges Qualitätsprogramm von Fördereinrichtungen für Vorhaben der Umweltkommunikation und Umweltbildung zu sein. Auch hier gilt eine der wichtigsten Botschaften der Agenda 21. Die Idee der Nachhaltigkeit kann nur umgesetzt werden in einem ständigen Dialog mit allen Beteiligten unter Berücksichtigung und im Einklang mit den spezifischen Voraussetzungen, Gegebenheiten und Möglichkeiten an den unterschiedlichen Orten und in verschiedenen Zusammenhängen. Die erreichten Ergebnisse müssen darüber hinaus für prozesshafte Weiterentwicklungen offen bleiben.

So sind auch die entwickelten Qualitätsanforderungen der Deutschen Bundesstiftung Umwelt an ihre Förderung der Umweltbildung und Umweltkommunikation als beispielhafte Beiträge zur weiteren Diskussion zu verstehen.

Eines hat sich jedoch in der Auseinandersetzung mit diesen Fragen als überzeugend herausgestellt. Die Nachhaltigkeit kann ein wichtiger Gegenstand und Maßstab in der Qualitätsdiskussion im Bildungsbereich und der damit zusammenhängenden Förderung sein.

Anmerkungen

1 Report of the United Nations: Conference on Environment and Development. Rio de Janeiro 1992, Chap. 1 u. 36

2 Deutsche Bundesstiftung Umwelt: Förderleitlinien 2001, insb. S. 1 u. 20-28

3 W. Real: Challenges of Agenda 21 to the environmental education. In: Fresenius Environmental Bulletin 8, 1999, S. 231 ff.

4 Ausführlich dazu: K. Schleicher/Ch. Möller: Perspektivenwechsel in der Umweltbildung. Erschließung und Bearbeitung komplexer Probleme 1997, S. 247-299
G. de Haan/U. Kuckartz: Umweltbildung und Umweltbewusstsein. Forschungsperspektiven im Kontext nachhaltiger Entwicklung 1998, S. 7-12, 219-239. G. Michelsen: Umweltbildung und Agenda 21. In: M. Beyersdorf/G. Michelsen/H. Siebert: Umweltbildung, Theoretische Konzepte, empirische Erkenntnisse, praktische Erfahrungen, 1998, S. 41-47

Anneliese Heilinger

Qualitätskriterium Nachhaltigkeit

Bildungseinrichtungen unter der Lupe

Im vorliegenden Buch wird das Thema Nachhaltigkeit unter verschiedenen Aspekten behandelt. In Bezug zu Qualitätsentwicklung in Bildungseinrichtungen seien drei herausgestrichen.

1. Nachhaltigkeit ist eine zukunftssichernde Aufgabe, die alle Menschen der Welt betrifft. Damit wird sie ein weltpolitisches Programm ersten Ranges. Wenn auch heute die USA noch verkünden können, sich an der Reduzierung von Schadstoffausstoß nicht zu beteiligen, ist zu erwarten, dass dies gleichzeitig den Stellenwert von Verantwortung für Umwelt und Ressourcen sowie den Zusammenhalt der übrigen Vertragspartner stärkt. Bildungseinrichtungen, die nicht Stellung beziehen, die Nachhaltigkeitsaspekte negieren, ähneln der derzeitigen Position der USA. Neutralität diesen Zukunftsfragen gegenüber ist nicht mehr möglich.
2. Nachhaltigkeit ist Ausgangspunkt und Folge eines veränderten Bewusstseins. Das bedeutet, sie ist eine Bildungsangelegenheit. Bildungsinhalte und die Frage, wie Bewusstseinsänderungen zu bewirken sind, lassen an dieser Stelle zentrale pädagogische und weltpolitische Fragen ineinander fließen.
3. Das Nachhaltigkeitskonzept wird ad absurdum geführt, wenn wir glauben, es läge an den anderen, es umzusetzen. Das so genannte „Florianiprinzip"[1] kann niemand (ohne Schaden für alle) und können insbesondere Bildungseinrichtungen nicht anwenden. Gerade sie müssten Bewusstsein in Handlungen umsetzen und Vorbild sein.

Diese und andere Überlegungen veranlassen uns zu behaupten, Nachhaltigkeit selbst sei ein Qualitätsmaßstab für Bildungseinrichtungen.

Einige Parallelitäten: Qualitätsentwicklung und Nachhaltigkeit weisen einige Gemeinsamkeiten auf

- Es gibt eine „Konjunktur von Themen" – Qualitätsentwicklung und Nachhaltigkeit haben heute Hochkonjunktur. Ihre Wirksamkeit entfalten allerdings beide nur, wenn sie auch morgen noch Geltung haben.

- Beide Begriffe sind nicht neutral, sondern parteiisch, sind ideologisch jedoch unterschiedlich gefärbt und die Protagonisten zweier Paradigmen: Qualitätsentwicklung heutigen Zuschnitts im Sog von Fortschritt, Steigerung und Erfolg; Nachhaltigkeit unter der Bürde von Verantwortung, Vernunft und Selbstbeschränkung. (Dass die eine Entwicklung weitaus lustvoller und attraktiver klingt als die andere, sollte uns zu denken geben.)
- Qualitätssicherung und -entwicklung der letzen zehn Jahre bringen Verfahren aus Wirtschaft und Produktion in den Dienstleistungssektor und im Zuge der allgemeinen Ökonomisierung aller gesellschaftlichen Bereiche auch in Bildungseinrichtungen. Diese Verfahren vom exakt definierten Produkt über die Ablaufplanung zu dessen „Fertigung" und die Kontrolle dienen dem Ziel, durch Fehlervermeidung Effizienz und Kundenzufriedenheit zu steigern und letztlich Kosten zu reduzieren. Damit wird unter anderem auch der Anschluss von Bildungseinrichtungen an den Markt vorprogrammiert. Sind diese einmal marktförmig ausgerichtet, scheint sich kein „öffentliches Gewissen" mehr zu regen, wenn nun öffentliche Verantwortung mehr und mehr niedergelegt und Bildung verstärkt marktgängig gemacht wird.
  Auch Nachhaltigkeit ist eine gesellschaftspolitische Aufgabe in öffentlicher Verantwortung. Die Verpflichtungen von Einzelpersonen dürfen nicht dazu verführen, Nachhaltigkeit dem Trend von Entpolitisierung, Privatisierung aller Lebensbereiche und Rücknahme öffentlicher Verantwortung anheimfallen zu lassen.
- Maßnahmen von Qualitätsentwicklung verfolgen ebenso wie die des Nachhaltigkeitskonzepts das Ziel von Zufriedenheit und Wohlergehen der Menschen. Es wird ökonomisch gehandelt, um Fehler und Folgekosten zu vermeiden, alle Verfahren erfolgen unter dem Aspekt von Effektivität, müssen Ziele durch Bewusstseinsbildung und Partizipation aller Beteiligten erreichen und stiften Nutzen durch Erfolg.

Qualitätsentwicklung als Steuerungsmittel für Nachhaltigkeit! oder Nachhaltigkeit, ein Maß für Qualität in Bildungseinrichtungen!

Wie passen nun Qualitätsentwicklung und Nachhaltigkeit in der Praxis zusammen? Wie sind Maßnahmen zur Nachhaltigkeit und zur Qualitätsentwicklung im konkreten Bildungsalltag zu verschränken?

Ausgangspunkt der Betrachtungen sind Qualitätskriterien für die Volkshochschulen in Österreich, die – unter der Federführung der Pädagogischen Arbeits- und Forschungsstelle des Verbandes Österreichischer Volkshochschulen – erarbeitet wurden.[2] Es sind Kriterien für die Kategorien „Programmqualität", „Pädagogische Qualität", die „Qualität der MitarbeiterInnen", „Qualität der Infrastruktur" und „Servicequalität".

Kein Leitbild ohne Nachhaltigkeit

Programmqualität

Die Angebotsplanung nimmt eine Schlüsselstellung in Bildungseinrichtungen ein. Das Programm ist im engeren Sinn deren Programmatik und nach außen kommuniziertes Leitbild wie Identitätsausweis der Einrichtung.[3] In den Qualitätsrichtlinien der „Empfehlung zur Qualitätssicherung an Österreichs Volkshochschulen" ist daher folgerichtig die *Umsetzung* von „Leitbildern, Statuten und sonstigen Richtlinien" *ein* Qualitätsmerkmal.

In diesem Kriterienkatalog der Volkshochschulen ist Nachhaltigkeit bei der Programmqualität nicht explizit enthalten. Sie wird aber indirekt angesprochen. Einmal, wenn für die Volkshochschulen ein regional gesichertes Standardangebot gefordert wird und „Natur – Ökologie – Technik" ein Bereich davon ist.[4] Wenn Nachhaltigkeit unter anderem auf ein Partizipationskonzept aller Menschen hinausläuft, so ist der in der „Empfehlung" angeführte Hinweis auch für eine auf Nachhaltigkeit ausgerichtete Bildungseinrichtung passend: „Entsprechend dem Selbstverständnis österreichischer Volkshochschulen werden keine Inhalte zugelassen, die antidemokratisch, rassistisch, antisemitisch, frauenfeindlich und andere Menschengruppen diskriminierend sind.[5] In diese Richtung kann auch ein dritter Passus gedeutet werden: „Volkshochschulen leisten emanzipatorische Bildungsarbeit, haben politische Bildung als Prinzip und garantieren Angebote für bildungspolitisch benachteiligte Gruppen und Regionen. Volkshochschulen sind eine Plattform für Begegnung, Diskussion und kontroversielle Auseinandersetzung mit aktuellen und gesellschaftspolitisch relevanten Fragen."[6]

Wollten wir jedoch dem Konzept von Nachhaltigkeit nicht nur einen prominenten, sondern einen immanenten Platz einräumen, müsste es in den Leitlinien einer Einrichtung dezitiert angesprochen sein und als eine Leitidee herausgestrichen werden.

Dies würde die Bildungseinrichtung zu vermehrtem Angebot von Veranstaltungen mit Bildungsinhalten zu den unterschiedlichen Belangen von Nachhaltigkeit – in ihrer ökologischen, ökonomischen, sozialen und kulturellen Dimension –, aber auch zu Konsequenzen im „eigenen Haus" verpflichten.

Lernen zielt auf Nachhaltigkeit

Pädagogische Qualität

Die Gestaltung von Lehr- und Lernprozessen stellt in ihrer pädagogischen Qualität den Kernbereich jeder Qualitätssicherungsmaßnahme dar.

In den Kriterien zur Pädagogischen Qualität finden sich in der schon genannten „Empfehlung" einige Forderung an Lehrende. Sie beziehen sich

- auf deren Sach- und Fachkompetenz;
- auf eine Zielorientierung und die Fähigkeit, durch professionelle Vorbereitung, Herstellen von geeigneten Rahmenbedingungen, die Kompetenz in Bezug auf Didaktik und Methodik, den Einsatz von geeigneten Medien und Lernmaterialien, die Förderung von Selbsttätigkeit, Berücksichtigung von Transfer des Gelernten, Reflexion des Lehr- und Lerngeschehens und Ergebnissicherung Lernenden in optimaler Weise Lernen zu ermöglichen;
- auf die soziale Kompetenz der Lehrenden im Umgang mit Einzelpersonen und Lerngruppen sowie
- auf das persönliche Engagement, das ein Lernklima ebenso mitbestimmt wie den Umgang mit z.B. Andersdenkenden.

Unter dem Aspekt von Nachhaltigkeit wären allerdings noch andere Kompetenzen bei Lehrenden zu fordern und zu fördern. Dies sind, um einige zu nennen:

- Denken in Systemen und Kreisläufen (Zusammenhänge erkennen und Handlungsfolgen abschätzen können, möglichst schon beim Lernen erlebbar gemacht);
- Interdisziplinarität (nationale, regionale, ethnische, kulturelle sowie sprachliche Grenzüberschreitungen, die auf ein gegenseitiges Verstehen ebenso angelegt sind wie auf das Erweitern von Blickwinkeln und Aushalten von Unsicherheit und Mehrdeutigkeit);
- Reflexivität des Handelns (aus dem eigenen Handeln, Denken und Fühlen „aussteigen" können, gleichsam eine Beobachterperspektive einnehmen und die Metaebene für Erkenntnisse nützen, das sind Fähigkeiten, die Lehrende nicht nur unter dem Aspekt von Nachhaltigkeit zur Verfügung haben sollten);
- „Wertefähigkeit": Wir sind heute fähig, Dinge mit derart gravierenden Konsequenzen zu vollbringen (z.B. bezüglich Technik oder Gentechnologie), dass wir einer neuen „Wertefähigkeit" bedürfen. Unsere Werte müssen kommunizierbar, in ihrer Tragweite bewusst gemacht und mit anderen abzustimmen sein.
- Teilen von Wissen und Know-how muss selbstverständlich geschehen, gegenseitig erfolgen und nicht als Sondereistung und Monopolstellung von Lehrenden angesehen werden.
- Bei der Unterrichtsgestaltung muss einem bedeutungsvollen und lebendigen Lernen[7] der Vorrang gegeben werden.
- Die Aus- und Weiterbildung von Lehrenden müsste all diesen Anforderungen Rechnung tragen.

Wo Denken, Empfinden und Handeln zusammenfallen müssen

Qualität der MitarbeiterInnen

Die Qualitätskriterien für die österreichischen Volkshochschulen bezüglich ihrer MitarbeiterInnen beschäftigen sich mit Kennzahlen zur professionellen personellen Besetzung (Wie viel hauptberufliches Personal, ist für welche Gemeindegröße mit welchen Bildungsaufgaben notwendig?). Es geht ebenso um Forderungen nach Funktions- und Arbeitsplatzbeschreibungen, Zielvereinbarungen, kundiger Personalauswahl sowie um genügend und passende Weiterbildungsmaßnahmen.

Was zu tun ist, wenn sich MitarbeiterInnen auf tiefer greifende Änderungsprozesse (solche wären bei der Berücksichtigung von Nachhaltigkeit vorauszusehen), einstellen sollten, wird in der „Empfehlung" nicht behandelt. Änderungsprozesse einzuleiten und voranzutreiben sind zwar Managementaufgaben, werden vielfach von außen unter dem Modewort Change-Management begleitet, gehören – modern gesagt – zum Wissensmanagement einer „lernenden Organisation", sind aber in der Praxis nicht leicht umzusetzen. Der Wandel mentaler Modelle der handelnden Personen sind weitaus mehr zu berücksichtigen als Verhaltensmodifikationen.

Soll Nachhaltigkeit ein Gütezeichen von Bildungseinrichtungen sein, so ist dies Leitungsaufgabe gleichermaßen wie Aufgabe aller MitarbeiterInnen. Da die Umsetzung einer Konzeption von Nachhaltigkeit in hohem Maß Einstellungs- und Haltungsänderungen der Beteiligten betrifft, mag dies die größte Herausforderung im Zuge von Qualitätsentwicklung und der Umsetzung von Nahhaltigkeitsprinzipien sein. Ohne Gespräche, ohne das Schaffen einer Wir-Erfahrung im gemeinsamen Entwickeln von Strategien und Maßnahmen, ohne die Möglichkeit von gemeinsam erreichten „Erfolgen" – um nur einige Punkte zu nennen – liegt es nahe, dass die Zielerreichung an Widerständen scheitert. Widerstände können sich in vielfältigem Gewand zeigen und werden in diesem Zusammenhang nur in den seltensten Fällen offen geäußert.

Nachhaltigkeit findet ihren unmittelbaren Ausdruck

Qualität der Infrastruktur

Allgemeine Qualitätskriterien bezüglich der Infrastruktur beziehen sich einerseits auf die Funktionalität von Gebäuden, Räumen und Ausstattung, um professionelle Bildungsarbeit zu ermöglichen. Andererseits zielen sie auf lernfördernde

Rahmenbedingungen, die z.B. durch Atmosphäre in Haus und Räumen, kommunikationsfördernde Zonen und ästhetisch-künstlerische Gestaltung unterstützt werden sollen.

Das Gütekriterium Nachhaltigkeit hieße in Bezug auf die Infrastruktur von Bildungseinrichtungen: sparsamer, effizienter, umweltverträglicher und dem Wohlbefinden von Menschen zuträglicher Mitteleinsatz.

Praktisch sind wir dabei auf Hintergrundwissen angewiesen, um nach diesen Maßgaben den Mitteleinsatz zu entscheiden. Wir benötigen das Wissen um Produktionswege und Energie- und Rohstoffverbrauch bei der Herstellung unserer Gebrauchsgegenstände. Neu- oder Umbauten sollen hier nur Erwähnung finden, denn auch im „Geschäftsalltag" einer Bildungseinrichtung muss der Mittelleitsatz sorgfältig entschieden werden und betrifft: Papierverbrauch, Kauf oder Leasing von Geräten, Stromverbrauch der Geräte, Schadstoffausschüttung, Entsorgung von Schadstoffen und Müll, Recycling, Reinigung, Glas, Pappe, Alufolie oder Plastik bei Gegenständen für Essen und Trinken, Umgang mit Chemikalien, Gartenpflege, gegebenenfalls Tierhaltung, Schädlingsbekämpfung und vieles andere mehr.

Der „ökologische Rucksack" soll möglichst „leicht" gepackt sein. Das heißt, bei der Bereitstellung der „Dienstleistung" Bildung sollen indirekte Materialströme (Energie- und Materialumsätze), die nicht weiter verarbeitet werden, gering gehalten sein bzw. reduziert werden. Z.B. soll jeder Materialeinkauf durch geringstmögliche Zulieferungen erfolgen (Verkehrsbelastung, Benzinverbrauch, Schadstoffausschüttung, ...), in leer stehenden Räumen wird nicht voll geheizt, eine gute Raumaufteilung verhindert Verschwendung von Ressourcen usw.

Materialeinsatz und Energieverbrauch, Kaufentscheidungen (die z.B. auch den Welthandel und seine Mechanismen mit berücksichtigen), Wassernutzung und Verkehrsfragen tangieren uns. Der Standort einer Bildungseinrichtung entscheidet, ob umweltschonende öffentliche Verkehrsmittel zum Einsatz kommen oder ein großer Parkplatz den Individualverkehr steigert.

Ein ganz anderer Aspekt ist angesprochen, wenn bei Qualitätskriterien an dieser Stelle die behindertengerechte Ausstattung angeführt ist. Auch das Konzept der Nachhaltigkeit verlangt nach gebildeten, gut qualifizierten, am öffentlichen Leben und an politischen Entscheidungen partizipierenden BürgerInnen – unabhängig von Geschlecht Alter, Stand, Religionszugehörigkeit oder gar von Körperverfassung.

Konsumentenschutz, Transparenz und Nachhaltigkeit als Serviceleistung

Servicequalität

Unter Servicequalität beschreibt die „Empfehlung" jene Leistungen, die den TeilnehmerInnen im Vor- und Umfeld von Bildungsveranstaltungen die passende Auswahl erleichtert oder die Teilnahme bequemer macht. Dazu gehört Transparenz und Klarheit, was die Ausschreibung des Angebots und die Geschäftsbedingungen betrifft, aber es geht auch um alle Serviceleistungen mit Zusatznutzen für die „KundInnen".

Einen zusätzlichen Nutzen – eventuell in Abgrenzung zu anderen Bildungseinrichtungen – könnten TeilnehmerInnen in der konsequenten Ausrichtung der Bildungseinrichtung auf Nachhaltigkeit erfahren. Allerdings muss dieser Nutzen kommuniziert und vermittelt werden können.

Ein Gütesiegel für Nachhaltigkeit würde mehreres signalisieren: Solidarität, Verantwortung für die Ressourcen und Lebensgrundlagen der Menschen, Freude an der Fülle und am Reichtum, der möglichst allen auch in Zukunft zur Verfügung stehen soll und den es zu schützen gilt.

Viel wird davon abhängen, ob Nachhaltigkeit als „Siegerkonzept" vermittelt werden kann. Denn überall, wo Nachhaltigkeit mit Verzicht ohne spürbarem Gewinn gepaart ist, rückwärts gewandte Ideologie zum Ausdruck bringt (z.B. Frauen sollen wieder für Hegen, Pflegen, Schonen und Wachsen zuständig sein), wo Sparsamkeit an Geiz grenzt oder Nachhaltigkeit nicht mehr mit Lebensfreude in Verbindung gebracht werden kann, werden die AnhängerInnen dieses Konzepts ausbleiben.

Anmerkungen

1 Im Volksmund wird als Florianiprinzip jene Art des Denkens bezeichnet, die bei Feuergefahr lieber dem Nachbarn einen Brand wünscht, wenn damit das eigene Haus verschont bleibt.

2 In einem durch den Pädagogischen Ausschuss des Verbandes Österreichischer Volkshochschulen (VÖV) eingesetzten, österreichweit besetzen Arbeitskreis wurden 1997 Qualitätskriterien erarbeitet. Siehe „Empfehlung zur Qualitätssicherung an Österreichs Volkshochschulen". In: Handbuch zur Qualitätsentwicklung an Österreichs Volkshochschulen. Konzept und Redaktion: Anneliese Heilinger. Hrsg. vom Verband Österreichischer Volkshochschulen, Pädagogische Arbeits- und Forschungsstelle. Wien 1999, 360 Seiten.

3 Vgl. Erhard Schlutz: Programm- und Angebotsplanung. In: Grundlagen der Weiterbildung. Praxishilfen. Ergänzungslieferung Nr. 41 (2001). Neuwied, 4.30.20, S. 1

4 Der übrige geforderte Minimalstandard sind Angebote zu „Allgemeiner und politischer Bildung", „Kultureller Bildung", „Sprachen (mindestens 3)", „Gesundheit und Sport", „Alltags- und Freizeitbildung", „Berufsorientierter Bildung" und zum „Zweiten Bildungsweg".

5 Empfehlung zur Qualitätssicherung an Österreichs Volkshochschulen", a.a.O., S. 3. Dieser Passus ist ein Zitat aus der „Empfehlung zur Gestaltung der Bildungsarbeit an Volkshochschulen" aus dem Jahr 1994, die aus einer österreichweiten Diskussion, geleitet von der Pädagogischen Arbeits- und Forschungsstelle des Verbandes Österreichischer Volkshochschulen (VÖV), entstand, vom Vorstand des VÖV beschlossen und der Hauptversammlung vorgelegt wurde.

6 a.a.O., S. 3

7 Wie es etwa das Modell der Themenzentrierten Interaktion von Ruth Cohn fordert.

Michael Müller

Nachhaltigkeit – eine kulturelle Herausforderung

Akademien als Kompetenzzentren für ein neuen Fortschritt

Globalisierung: Herausforderung an die Zivilgesellschaft

Mittlerweise ist es eine Binsenweisheit, dennoch sind wir nicht in der Lage, die Tragweite dieser Wirklichkeit auch tatsächlich zu begreifen: Mit der *Globalisierung* leben wir in einer Phase tief greifender Umbrüche, die nur noch mit der industriellen Revolution selbst zu vergleichen sind. Die damalige Great Transformation schuf die Grundlagen für die Selbstproduktion der modernen Gesellschaft, weil die technisch-ökonomische Dynamik stets über den vorgegebenen Rahmen hinaustreibt und sie dadurch gestaltbar macht.

Nun stehen wir mit der globalen Wissensgesellschaft erneut an dem Scheidepunkt einer *Great Transformation*: Die Welt des 21. Jahrhunderts ist zwar nicht mehr in Ost und West gespalten, aber sie droht umso mehr in Arm und Reich, Nord und Süd, Ökonomie und Ökologie zu zerfallen. Die herausragenden Merkmale sind Übereffizienz und Ungleichheit. Wenn es nicht zu einem neuen Ausgleich zwischen Ökonomie, Ökologie und Sozialem kommt, kann unser Jahrhundert nicht die Chancen nutzen, die es wie kein anderes zuvor für ein gutes Leben hat, sondern wird zu einem Jahrhundert der Ausgrenzung und Verteilungskämpfe. Doch die bisherigen Antworten reichen nicht aus, um die neuen und alten Gefahren zu bändigen. Vielmehr stellt sich in aller Schärfe wieder die alte Frage: „Wie ist Fortschritt möglich?"

Die Globalisierung ist zuerst eine kulturelle Herausforderung, die von uns Orientierung und Leitbilder abfordert. Hierin liegt die zentrale Bedeutung der Nachhaltigkeitsidee, die eine Antwort auf die Herausforderung unserer mit rasendem Tempo zusammenwachsenden Welt ist, die zu einer zerbrechlichen Einheit werden kann. Nachhaltigkeit ist nicht nur ein Leitbild, sie setzt auch Prozesse in Gang und gibt Prinzipien vor, sie fordert mehr Demokratie und setzt auf die Kreativität der Menschen.

Die heutige Form der Globalisierung müssen wir zuvorderst als totale Entgrenzung des Raums, radikale Beschleunigung der Zeit und völlige Auflösung traditioneller Zusammenhänge begreifen. Sie ist letztlich ein Angriff auf die Moderne selbst, denn die demokratische Gesellschaft kann nur auf dem Zusammenspiel von Vertrautem und Neuem gründen. Sie muss wachsen und kann nicht nur gemacht sein, sondern muss *geworden sein.* Radikale Brüche und Abbrüche, wie wir sie heute von der Gentechnik bis zur virtuellen Weltmacht des Finanzkapitals erleben, zerstören ihre Fundamente und machen sie boden- und haltlos. Alain Touraine sieht den großen Konflikt heraufziehen zwischen der globalen Welt des Tauschs, die entsozialisiert und weitgehend anonym ist, und – als Gegenreaktion darauf – der Suche nach Identität, Orientierung und Sicherheit, die nur unzureichend befriedigt wird.

Am Beginn der Globalisierung fehlen neue Rahmensetzungen und Verträge, damit die systematische Produktion von Überschüssen, die der modernen Wirtschaft inne ist und die sich mit der Öffnung der Märkte noch verschärft, nicht nur, wie dies zur Zeit geschieht, in neuer Machkonzentration und Ungleichheit mündet, sondern mehr Gerechtigkeit, Zusammenhalt und Freiheit schafft. Denn die Gefahren, die heute Wirklichkeit werden, wurden schon vor über 150 Jahren im Kommunistischen Manifest grandios beschrieben – und sie haben damals und müssen auch heute zu einer grundlegenden Modernisierung des politischen Systems führen:

„An die Stelle der alten lokalen und nationalen Selbstgenügsamkeit und Abgeschlossenheit tritt ein allseitiger Verkehr, eine allseitige Abhängigkeit der Nationen voneinander. Und wie in der geistigen so auch in der materiellen Produktion. Die Erzeugnisse der einzelnen Nationen werden Allgemeingut. ... Die bürgerlichen Produktions- und Verkehrsverhältnisse ..., die moderne bürgerliche Gesellschaft gleicht dem Hexenmeister, der die unterirdischen Gewalten nicht mehr zu beherrschen vermag, die er heraufbeschwor. ... Alles Ständische und alles Stehende verdampft, alles Heilige wird entweiht, und die Menschen sind endgültig gezwungen, ihre Lebensstellung, ihre gegenseitigen Beziehungen mit nüchternen Augen anzusehen".

Zentrale Bedeutung gewinnen in der Globalisierung die Aktivitäten auf der Zirkulationssphäre, insbesondere durch die Vernetzung der Finanzinstitutionen entsteht eine Arbitrageökonomie. Mit ihr werden die weltweiten Unterschiede in den rechtlichen, sozialen und ökologischen Standards ausgebeutet und in mehr oder weniger großem Stil mit den Aktien- und Wechselkursen spekuliert. Extrem kurzfristige Prozesse gewinnen eine überragende Bedeutung, denn für die Käufe und Verkäufe von Waren, Geld und Kapital werden die Preisdifferenzen im globalen Raum ebenso ausgenutzt wie die erwarteten Preisschwankungen in der Zeit. Sie setzen die Nationalstaaten unter gewaltigen Deregulierungs- und Anpassungsdruck. Richard Sennett definiert das als den flexiblen Kapitalismus, der alle Entscheidungen radikal auf die Gegenwart programmiert. Dadurch reißt das Band zu Vergangenheit und Zukunft, zu Geschichte und Fortschritt gleichermaßen ab.

Sozialstaat und Tarifvertrag verlieren ihre Grundlagen. Nicht mehr die Kette aus Investitionen, Arbeit und Wertschöpfung steht im Zentrum des ökonomischen Systems, sondern das Interesse, überteuerte Aktien zu bedienen oder absinkende Aktien zu verhindern. „Melken oder gemolken werden". Shareholder-Kapitalismus heißt im Kern rücksichtslose Vereinzelung und Herauslösung. Die Faktoren Besitz, Management und Arbeit, die in der sozialen Marktwirtschaft zusammengeführt wurden, werden in der ökonomisch versachlichten *Technostruktur* (John Kenneth Galbraith) völlig voneinander isoliert.

Die globale Welt des Kapitals ohne Normen und Grenzen zerfällt in Einzelinteressen. Dabei braucht die Gesellschaft mehr denn je ein neues Gleichgewicht: „Das größte Problem besteht darin, dass die Erfolge auf der wirtschaftlichen Ebene den Erfolg auf der politischen Ebene dermaßen übertreffen, dass Wirtschaft und Gesellschaft nicht miteinander Schritt halten können", beschrieb 1930 der *Economist* die Ursachen der Weltwirtschaftskrise. „Ökonomisch ist die Welt eine umfassende Handlungseinheit. Politisch ist sie jedoch zerstückelt geblieben. Die Spannungen zwischen den beiden Gegensätzen lösten reihenweise schwere Erschütterungen und Zusammenbrüche aus". Auch heute haben wir es mit einer Erosionskrise zu tun, wieder tritt die Janusköpfigkeit der Moderne, die Möglichkeit von Fortschritt oder Niedergang, zu Tage:

Einerseits eröffnen sich große Chancen für eine Weltinnenpolitik, wenn die gewaltigen Möglichkeiten der Wissens- und Informationsgesellschaft für soziale und ökologische Reformen genutzt werden. Das aber erfordert die konkrete Vision einer *grossen Geschichte*, statt sich in vielen kleinen Geschichten zu verlieren.

Andererseits zeigt sich erneut die dunkle Seite, vor allem soziale Ausgrenzung und ökologische Zerstörung. Was vermag die demokratisch legitimierte Politik gegen die Übermacht der Globalökonomie noch zu leisten, zumal die Epoche des ungetrübten Wachstums zu Ende ist, die ihren Wohlstand mit ökologischen Zukunftshypotheken und der Spaltung zwischen Nord und Süd erkauft hat. Die Folgen holen uns bereits ein. So wurde im letzten Jahrhundert die Beschäftigungsfrage auch auf Kosten der Umwelt gelöst. Dieser Weg ist zunehmend verstellt, denn heute verbinden sich Arbeitslosigkeit, Ausgrenzung und Naturzerstörung zu einem eng verflochtenen Problembündel, weil Arbeit und Umwelt von dem dritten Faktor, dem Kapital, gleichsam aufgesaugt werden. Je mehr sich dennoch der Wachstumspfad der ersten Welt durchsetzt, desto schneller wird ein *dezivilisatorischer Downswing* (Eric Dunning) denkbar.

Parallelen zu der tiefen Interpretationskrise am Ende des 19. Jahrhunderts tun sich auf, die Hugo von Hofmannsthal im ‚Brief des Lord Chandos' als *Fin de siécle* beschrieben hat: „Die abstrakten Worte, deren sich die Zunge naturgemäß bedienen muss, um irgendwelches Urteil an den Tag zu geben, zerfielen mir im Munde wie modrige Pilze". Oder, um das klassische Bild von Claude Lévi-Strauss aufzugreifen: Unsre Gesellschaft heizt sich wie eine Dampfmaschine auf, weil der Abstand zwischen dem heißen und dem kalten Pol, dem internationalen und dem lokalen Pol, immer größer wird.

Die Distanz zur Demokratie zeigt sich in der sinkenden Wahlbeteiligung; die Shell-Jugendstudie belegt, dass die Suche nach Identität nur unzureichend befriedigt wird und deshalb zu neuen Anfälligkeiten für extremistisches Gedankengut führt; in den kommerzialisierten Soap-operas und dem Big-Brother-Narzismus spiegelt sich das Verlangen nach Authenzität wider, das unerfüllt bleibt. Es gerät einiges ins Rutschen. Ralf Dahrendorf befürchtet sogar, dass wir an der „Schwelle eines autoritären Jahrhunderts" stehen, wenn es nicht gelingt, „der Globalisierung im weitesten Sinne soziale Regeln zu geben".

Es ist zuerst die Aufgabe der Politik und Zivilgesellschaft, die Kräfte des Umbruchs zu erklären, Orientierung zu geben und den Menschen weitergehende Perspektiven zu vermitteln – kurz: die Globalisierung sozial und ökologisch zu gestalten, statt sich den Zwängen unterzuordnen. In dieser unklaren *Zwischenwelt*, wie Oskar Negt unsere Zeit beschreibt, ist eine demokratisch-kulturelle Suchbewegung notwendig. Dabei muss klar sein, dass die moderne Gesellschaft so komplex und verwoben, so ausladend und gewaltig, und so individualisiert ist, dass jede Lösung mehr Solidarität und Zusammenhalt voraussetzt. Deshalb kommt es wie nie zuvor auf eine Politik der Freiheit im radikalsten Sinne an, die den Einzelnen in seinen Fähigkeiten und in seinem Verantwortungsbewusstsein fördert und fordert.

Andernfalls läuft „die falsche Identität in der Einrichtung der Welt und ihren Bewohnern durch die totale Expansion von Wirtschaft und Technik auf die Bestätigung von Produktionsverhältnissen hinaus, nach deren Nutznießern man bald vergeblich sucht", so warnte Theodor Adorno in seiner Analyse des Spätkapitalismus. Auch Al Gore beschrieb den Zustand unserer Zivilisation mit der Metapher der *Dysfunktionalität*, die einem „planetarischen HIV-Virus" gleicht, der „Gaia, die Mutter Erde, mit AIDS infiziert, sie unfähig macht, ihren Widerstand aufrechtzuerhalten und ihre Immunität und ihr Gleichgewicht zerstört. Die globale Erwärmung ist, um im Bild zu bleiben, das Fieber, welches die verzweifelte Anstrengung eines Erkrankten begleitet, den eindringenden Virus zu bekämpfen".

Es geht also nicht um Teilkorrekturen, so wichtig die auch sein mögen. Die Globalisierung ist zuerst eine kulturelle Herausforderung, wie wir unsere Verantwortung für die Zukunft unserer Zivilisation verstehen. Vergleichbar mit dem, was Alexander und Margarete Mitscherlich in der „Unfähigkeit zu trauern" gefordert haben: das Bestehende verarbeiten, uns davon lösen und zur Erneuerung fähig werden.

Nachhaltigkeit braucht Vorbilder und Träger

Nachhaltigkeit ist eine *regulative Reformidee*, pfleglich, nicht ausbeutend und doch wirtschaftlich ertragreich mit den sozialen und ökologischen Ressourcen umzugehen. Nachhaltigkeit erweitert die Entscheidungen in Wirtschaft und Gesellschaft um eine zeitliche Perspektive und knüpft sie an qualitative Bedingungen. Unter diesem Dach ist sie Ausgangspunkt, Leitlinie und Ziel einer umfassenden Modernisierung, die globale Erfordernisse mit unterschiedlichen nationalen, regionalen und sektoralen Konzepten verbindet. Entscheidend ist: Mit der Nachhaltigkeit wird die Globalisierung zuerst von der Regionalität und Lokalität her gedacht, statt umgekehrt lokale und regionale Entscheidungen von globalen Zwängen abhängig zu machen. Das stärkt den Menschen und verringert die Sachzwänge.

Die Aufgabe, ein neues soziales und ökologisches Gleichgewicht zu schaffen, reicht weit hinein in Politik, Geschichte, Ökonomie, Wissenschaft, Psychologie und Religion. Sie braucht Träger und Vorbilder. Nachhaltigkeit darf kein bloßes Akademiethema sein, es muss hinein in alle Bereiche des Lebens und Wirtschaftens. Aber gerade deshalb müssen die Akademien zu anerkannten Trägern der Debatte werden und als Kompetenzzentren in der Gesellschaft wirken, sie motivieren, Aktivitäten zusammenführen und zeigen, was menschliche Kreativität zu leisten vermag. Nachhaltigkeit, dieses Prinzip aus der Ökologie, muss auf die Bildung übertragen werden.

Es gibt einen weiteren wichtigen Grund für ein verstärktes Engagement der Akademien: Nachhaltigkeit, dieser eigentlich schöne und im Kern zweifelsfreie Begriff, wurde durch einen inflationären Missbrauch nach und nach entwertet, überstrapaziert und verlor an Glanz. Nachhaltigkeit und Bildung gehören zusammen, um die Inhalte zurückzuerobern und ihnen mehr Klarheit zu verschaffen. Die Akademien haben die Reputation und die Kompetenz dies zu leisten. Dabei geht es nicht nur darum, das Naturvermögen so zu bewirtschaften, dass es regenerieren kann und erhalten bleibt, es geht auch um die Entwicklung der Persönlichkeit, die mit dieser Herausforderung umgehen kann. Denn Nachhaltigkeit erfordert nicht nur Grenzen ziehen, sondern auf Gesamtzusammenhänge Rücksicht zu nehmen, also Natur und Gesellschaft zu verbinden. Drei Aspekte sind besonders wichtig:

Nachhaltigkeit verlangt eine umfassende Emanzipation der Menschen, denn es geht nicht um bloße Erhaltung der Natur, sondern um das Verhältnis von Bewahren *und* Nutzen der Ressourcen, also um eine radikale Verpflichtung der Gesellschaft gegenüber ihren Nachfolgern. Die Entfaltung der Persönlichkeit wird erweitert um die Verantwortung für die Entfaltung nachfolgender Generationen. In der alten Industrie wurde die Wertschöpfung als „Sozialprodukt“ verstanden, die Kombination der Produktionsfaktoren Arbeit und Kapital bei hoher Arbeitsteilung und anschließenden Verteilungskämpfen, jetzt brauchen wir ein „Öko-Sozialprodukt", weil diese Verengung uns sonst tief in eine Sackgasse führt.

Ein zweiter zentraler Grund ergibt sich aus den Umbrüchen der Arbeitsgesellschaft. Die globale Industrie verteilt kaum noch sichere Arbeitsplätze. Die Zeit, in der eine große Gruppe ihre Arbeit gab und eine kleine sie nahm, geht zu Ende. Die künftige Ökonomie fordert entweder sehr viel mehr Selbstständigkeit, Selbstorganisation und kreative Entfaltung oder führt in eine entwürdigende Abhängigkeit und scheinbare Nutzlosigkeit. Die globalisierte Ökonomie verlangt selbstbewusste und verantwortungsbereite Persönlichkeiten mit hohem Bildungsniveau, fachliche Bildung und Ausbildung genügen nicht. Nachhaltigkeit zwingt uns, Zusammenhänge zu sehen und die künftigen Verhältnisse zu berücksichtigen. Das ist das wichtigste Kapital.

Prognosen sagen, dass künftig nur 20 bis 30 Prozent hochqualifizierter Arbeitskräfte in hochproduktiven Sektoren ausreichen, um 100 Prozent Bruttosozialprodukt zu erwirtschaften. Demnach wären 70 bis 80 Prozent der Erwerbsfähigen künftig ohne wirkliche Beschäftigung. Vieles spricht dafür, dass in den hochproduktiven Kernen tatsächlich wenig Platz sein wird. Umso weniger dürfen Akademien Kompetenzzentren in dem modischen Sinne sein, genau diese elitäre Verengung mitzumachen und damit Ausgrenzungen zu zementieren.

Es wäre falsch, das Ausbildungswesen auf diesen kleinen Sektor zu fokussieren. Stattdessen müssen die Akademien dazu beitragen, viel stärker in persönliche Wirtschaftsweisen, Interdisziplinarität, unterschiedliche Ausbildungswege und Persönlichkeitsentfaltung zu qualifizieren. Nachhaltigkeit fördert Kreativität statt Eindimensionalität.

Schließlich geht es um die Chancen: Die Fragen von Umwelt und Entwicklung werden heute überwiegend als unbequem empfunden. Klimaänderungen, BSE-Skandal, explodierende Energiekosten oder Finanzhilfen für die Dritte Welt tauchen als Bedrohung in unserer Alltagswelt auf. Sie werden – mit Ausnahme der lokalen Agenda 21 – nicht als Hoffnung auf einen neuen Fortschritt, auf mehr Freiheit und Lebensqualität in der globalen Welt, gesehen. Dabei eröffnet Nachhaltigkeit die Chance für einen neuen Aufbruch, vielleicht sogar die größte. Denn gegen den Trend von Konzentration, Beschleunigung und Vereinheitlichung werden regionale Zusammenhänge gestärkt, mehr Vielfalt möglich gemacht und Kreativität gefördert, ohne die globalen Anforderungen auszublenden. Im Gegenteil: Die Perspektive der Nachhaltigkeit eröffnet die konkrete Vision eines neuen Fortschrittsmodells, das in der Globalisierung bestehen kann. Nachhaltigkeit und Stärkung der Zivilgesellschaft gehören eng zusammen.

Nachhaltigkeit ist mehr als ein modisches Schlagwort, aber es verlangt ein tiefer gehendes Lernen. Sie ist das Gerüst, das die Zivilgesellschaft stärkt und die Brücke zwischen Politik, Ökonomie, Soziales und Natur schlägt. Nachhaltigkeit bedeutet

Kreativität und Innovationen, statt eines neoliberalen *pensée unique,* das sich aus der Eindimensionalität ökonomischer Verwertungsimperative ergibt. Die Bindungen der Menschen und unterschiedlichen Akteure in Wirtschaft und Wissenschaft an die Gesellschaft werden enger geknüpft und gleichzeitig wird ihnen mehr Raum gegeben. Denn ein wesentlicher Eckpunkt der Nachhaltigkeit ist die Ausweitung partizipativer Teilhabe. Die Agenda 21 ist ein wichtiges Feld, um mehr Demokratie zu wagen.

Die Akademien waren nie die Vermittlungsinstanzen des schnellen Zeitgeistes. Sie haben oftmals frühzeitig auf Entwicklungen aufmerksam gemacht und Weichen gestellt. Was ist wichtiger, als der Zukunft ein menschliches und friedliches Gesicht zu geben? Wir wissen alle Bescheid, dass es „auf keinen Fall so weiter geht, wenn es so weitergeht" (Erich Kästner). Aber die Folgen aus dieser Einsicht bleiben weitgehend aus. So wird die ökologische Steuerreform auch von Familienverbänden angegriffen, obwohl sie ein notwendiger Beitrag ist, Kindern und Kindeskindern ein gutes Leben zu ermöglichen. Da wird sonntags vor der realen Gefahr einer weltweiten Klimakatastrophe gewarnt und werktags der Umbau der Energieversorgung bekämpft. Da wird über hohe Verkehrsbelastungen geklagt und doch findet fast die Hälfte aller Autofahrten in der Freizeit statt.

Die Akademien müssen Zukunftswerkstätten bleiben, mutig und selbstbewusst, aber sie sollten sich konzentrieren, um mehr Wirkung zu haben. Nachhaltigkeit ist ein zentrales Thema, das die Arbeit zusammenbindet und ihr eine Richtung gibt, die in die Gesellschaft wirkt. Und wenn die Akademien auch selbst dem Anspruch der Nachhaltigkeit gerecht werden, dann sind sie auf dem richtigen Weg.

Anhang

Autorinnen und Autoren

Barbara Asbrandt, Dr. phil., Erziehungswissenschaftlerin, Referentin für Kampagnenkoordination und Fortbildung beim Weltladen-Dachverband e.V., Mainz

Wolfgang Beer, Dr. phil., Geschäftsführer der Evangelischen Akademien in Deutschland (EAD) e.V.

Gerhard De Haan, Prof. Dr., Fachbereich Erziehungs- und Unterrichtswissenschaften der Freien Universität Berlin

Andreas Fischer, Prof. Dr., Institut für Betriebswirtschaftslehre, Universität Lüneburg

Doris Freer, Leiterin des Frauenbüros der Stadt Duisburg

Hermann Garritzmann, Agenda 21-Büro, Kreis Höxter

Karlheinz Geißler, Prof. Dr., Institut für Pädagogische Praxis und erziehungswissenschaftliche Forschung, Universität der Bundeswehr, München

Anneliese Heilinger, Dr., Verband österreichischer Volkshochschulen, Wien

Margot Käßmann, Dr. th., Landesbischöfin der Evang.-Luth. Landeskirche Hannover

Ulrich Kaminski, Dipl.-Umweltpädagoge, Leiter des Umweltzentrums Herseamühle e.V. in Bad Salzuflen

Philipp Granzow, Brundtlandbeauftragter der Stadt Viernheim

Carsten Henschel, verantwortlich für Technik- und Umweltkommunikation sowie Public Affairs bei der Celanese AG, Frankfurt am Main

Jobst Kraus, Studienleiter für Umweltpolitik und Umweltbildung an der Evangelischen Akademie Bad Boll

Dorothee Kraus-Prause, Diplomsozialpädagogin, Gemeinderätin und freiberufliche Moderatorin, speziell im Bereich Lokaler Agenda 21, Bad Boll

Heike Leitschuh-Fecht, Dipl.-Pol., Umwelt- und Wirtschaftsjournalistin, Moderatorin und Beraterin mit dem Schwerpunkt nachhaltige Unternehmensentwicklung und Lokale Agenda-Prozesse, Frankfurt am Main

Peter Markus, Dr. rer. nat., Studienleiter an der Evangelischen Akademie Iserlohn

Michael Müller, MdB, Umweltpolitischer Sprecher der Fraktion der SPD, Berlin und Düsseldorf

Mario Nantscheff, Diplomsozialpädagoge (FH) und Werbefachwirt (VWA), von 1992 bis 1999 Mitinhaber der Werbeagentur Nantscheff & Lorenz, heute freier Führungskräfteberater und Weiterbildner speziell im Bereich Unternehmenskommunikation, Bertrimoutier, Frankreich

Gerhard Pfister, Dr., Wiss. Mitarbeiter und Projektleiter an der Akademie für Technikfolgenabschätzung in Baden-Württemberg, Stuttgart

Willi Real, Dr. phil., Abteilungsleiter in der Deutschen Bundesstiftung Umwelt, Osnabrück

Roswitha Terlinden, Dr. phil., Studienleiterin an der Evangelischen Akademie Tutzing

Klaus-Dietrich Wachlin, Direktor Diskurs an der Akademie für Technikfolgenabschätzung in Baden-Württemberg, Stuttgart

Adressen der Evangelischen Akademien und Bildungsstätten

EAD: Evangelische Akademien in Deutschland e.V.

Geschäftsstelle: Akademieweg 11
73087 Bad Boll
Tel.: 0 71 64/79-272/203
Fax: 0 71 64/79-410
E-mail: office@evangelische-akademien.de
Internet: http://www.evangelische-akademien.de

Evangelische Akademie Arnoldshain

Im Eichwaldsfeld 3
61389 Schmitten (Taunus)
Tel.: 0 60 84/9 44-0
Fax: 0 60 84/9 44-138
E-mail: office@evangelische-akademie.de
Internet: http://www.evangelische-akademie.de

Evangelische Akademie Bad Boll

Akademieweg 11
73087 Bad Boll
Tel.: 0 71 64/79-0
Fax: 0 71 64/79-440
E-mail: post@ev-akademie-boll.de
Internet: http://www.ev-akademie-boll.de

Evangelische Akademie Baden

Blumenstr. 1
76133 Karlsruhe
Tel.: 07 21/91 75-358
Fax: 07 21/91 75-350
E-mail: info@ev-akademie-baden.de
Internet: http://www.ev-akademie-baden.de

Evangelische Akademie zu Berlin

Charlottenstr. 53/54
10117 Berlin
Tel.: 0 30/20 35 5-500
Fax: 0 30/2 03 55-550
E-mail: akademie@eaberlin.de
Internet: http://www.eaberlin.de

Evangelische Akademie Görlitz

Am Kreuzberg 25
02829 Markersdorf/OTJauernick
Tel.: 03 58 29/6 38 60
Fax: 03 58 29/6 38 88
E-mail: ev-akademie-goerlitz@eksol.de

Evangelische Akademie Kurhessen-Waldeck

Schlösschen Schönburg
34369 Hofgeismar
Tel.: 0 56 71/8 81-0
Fax: 0 56 71/8 81-154
E-mail: Ev.akademie.hofgeismar@ekkw.de
Internet: http://ekkw.de/akademie.hofgeismar

Evangelische Akademie Iserlohn im Institut für Kirche und Gesellschaft der EKvW

Berliner Platz 12
58638 Iserlohn
Tel.: 0 23 71/3 52-152
Fax: 0 23 71/3 52-128
E-mail: akademie@kircheundgesellschaft.de
Internet: http://www.kircheundgesellschaft.de

Evangelische Akademie Loccum

	Postfach 21 58
	31545 Rehburg – Loccum
Tel.:	0 57 66/81-0
Fax:	0 57 66/81-900
E-mail:	eal@evlka.de
Internet:	http://www.loccum.de

Ev. Akademie Mecklenburg-Vorpommern

	Am Ziegenmarkt 4
	18055 Rostock
Tel.:	03 81/25 224-30
Fax:	03 81/25 224-59
E-mail:	info@ev-akademie-mv.de
Internet:	http://www.ev-akademie-mv.de

Evangelische Akademie Meißen

	Postfach 10 04 06
	01654 Meißen
Tel.:	0 35 21/47 06-0
Fax:	0 35 21/47 06-99
E-mail:	klosterhof@ev-akademie-meissen.de
Internet:	http://www.ev-akademie-meissen.de

Evangelische Akademie Mülheim

	Uhlenhorstweg 29
	45479 Mülheim/Ruhr
Tel.:	02 08/5 99 06-0
Fax:	02 08/5 99 06-600
E-mail:	EvAkademie.MH@t-online.de
Internet:	http://www.e-k-i-r.de/ev.-akademie-muelheim.de

Evangelische Akademie Nordelbien

	Marienstr. 31
	23795 Bad Segeberg
Tel.:	0 45 51/80 09-0
Fax:	0 45 51/80 09-50
E-mail:	info-segeberg@akademie-nordelbien.de
Internet:	http://www.akademie-nordelbien.de

Evangelische Akademie Nordelbien

	Esplanade 15-16
	20354 Hamburg
Tel.:	0 40/35 50 56-0
Fax:	0 40/35 50 56-16
E-mail:	info-hamburg@akademie-nordelebien-de
Internet:	http://www.akademie-nordelbien.de

Akademie der Ev.-Luth. Kirche in Oldenburg

	Haareneschstr. 60
	26121 Oldenburg
Tel.:	04 41/77 01-431
Fax:	04 41/77 01-419
E-mail:	akademie@ev-kirche-oldenburg.de
Internet:	http://www.akademie-oldenburg.de

Evangelische Akademie der Pfalz

	Domplatz 5
	67346 Speyer
Tel.:	0 62 32/60 20-0
Fax:	0 62 32/60 20-22
E-mail:	eapfalz@t-online.de
Internet:	http://www.evangelische-akademie-pfalz.de

Evangelische Akademie Sachsen-Anhalt e.V.

	Schlossplatz 1D
	06886 Lutherstadt Wittenberg
Tel.:	0 34 91/49 88-00
Fax:	0 34 91/40 07 06
E-mail:	Ev-Akademie-Wittenberg@t-online.de
Internet:	http://www.Ev-Akademie-Wittenberg.de

Evangelische Akademie Thüringen

	Zinzendorfhaus
	99192 Neudietendorf
Tel.:	03 62 02/9 84-0
Fax:	03 62 02/9 84-22
E-mail:	info@ev-akademie-thueringen.de
Internet:	http://www.ev-akademie-thueringen.de

Evangelische Akademie Tutzing

	Schlossstr. 2 + 4
	82327 Tutzing
Tel.:	0 81 58/2 51-0
Fax:	0 81 58/99 64 44
E-mail:	info@ev-akademie-tutzing.de
Internet:	http://www.ev-akademie-tutzing.de

Außerordentliche Mitglieder

Ev. Landjugendakademie Altenkirchen

	Dieperzbergweg 13
	57610 Altenkirchen
Tel.:	0 26 81/95 16-0
Fax:	0 26 81/7 02 06
E-mail:	info@lja.de
Internet:	www.lja.de

Deutscher Ev. Kirchentag

	Magdeburger Str. 59-61
	36037 Fulda
Tel.:	06 61/9 69 50-0
Fax:	06 61/9 69 50-90
E-mail:	fulda@kirchentag.de
Internet:	www.kirchentag.de

Forschungsstätte der Ev. Studiengemeinschaft e.V. (FEST)

	Schmeilweg 5
	69118 Heidelberg
Tel.:	0 62 21/9 12 2-0
Fax:	0 62 21/16 72 57
E-mail:	petra.bahr@fest-heidelberg.de info@fest-heidelberg.de
Internet:	www.fest-heidelberg.de

Evangelische Sozialakademie Friedewald

	Schlossstraße 2
	57520 Friedewald über Betzdorf (Sieg)
Tel.:	0 27 43/92 36-0
Fax:	0 27 43/92 36-11
E-mail:	ev.sozialakademie@t-online.de

Evangelische Medienakademie/ Journalistenschule

	Jebensstraße 3
	10623 Berlin
Tel.:	030/3 10 01-400
Fax:	030/3 10 01-440
E-mail:	sseidel@ev-medienakademie.de
Internet:	http://www.gep.de/medien/medien.html

Evangelische Akademie im Saarland

	Großherzog-Friedr.-Str. 44
	66111 Saarbrücken
Tel.:	06 81/3 87 00-51
Fax:	06 81/387 00-56
E-mail:	eas-ekir@t-online.de

WOCHEN SCHAU VERLAG

UMWELTBILDUNG

Neue Wege in der Umweltpolitik

Eine Einführung

Autoren: Martin Jännecke, Lutz Metz, Helge Jörgens, Kirstens Jörgensen, Klaus-Bernhard Roy, Christian Bode, Reinhard Wesel

Vom reaktiven zum strategischen Ansatz, Energiepolitik, Abfallpolitik, Ökonomie/Ökologie, Umweltpolitik in den USA, symbolische Umweltpolitik

Die Umweltpolitik ist in Bewegung. Der von der technisch-ökonomischen Entwicklung ausgehende Veränderungsdruck macht innovative Strategien erforderlich. Mit entsorgendem Umweltschutz, also mit bloßer Reperatur eingetretener Umweltschäden ist es nicht mehr getan; präventive und nachhaltige Umweltpolitik ist das Gebot der Stunde.

ISBN 3-87920-584-1, 96 S., € 8,60

Frank Mayer / Ulrich Witte (Hrsg.)

Nachhaltiges Leben lernen

Modelle der Umweltbildung mit Kindern und Jugendlichen

Die Deutsche Bundesstiftung Umwelt präsentiert wegweisende Projekte mit Pilotcharakter aus dem Bereich der Kinder- und Jugendbildung. Vorgestellt wird eine breite Palette von Projekten, vom ökologischen Kindergarten, dem Schulprojekt „Energiesparhaus", bis zur Aktion „Umwelt macht Schule". Die Authentizität der Beiträge prägt den Band. Detaillierte Ablaufbeschreibungen helfen, eigene Projekte zu planen.

ISBN 3-87920-059-9, 240 S., € 20,–

Lester R. Brown, Michael Renner, Brian Halweil

Vital Signs – Zeichen der Zeit 2009/2001

Schlüsselindikatoren der Weltentwicklung

Wer sich objektiv und zuverlässig über den Zustand der Welt informieren will, ist hier an der richtigen Quelle. Je nach Einschätzung dieser Zeichen der Zeit eröffnet sich zudem die Motivation für eigenes Handeln, um positive Trends zu unterstützen und negativen entgegenzuwirken. Die Zusammenarbeit mit der Heinrich-Böll-Stiftung bei der Publikation der deutschen Ausgabe unterstreicht die Absicht, auf eine nachhaltige Weltentwicklung hinzuwirken

ISBN 3-87920-052-1, 184 S., € 19,50

NEUE BÜCHER ZUM THEMA POLITIK

Adolf-Damaschke-Str. 103, 65 824 Schwalbach/Ts., Tel.: 06196 / 8 60 65, Fax: 06196 / 8 60 60, www.wochenschau-verlag.de